「伊勢新名所絵歌合－三津湊」（神宮徴古館蔵）の前後継ぎの刳舟

ものと人間の文化史 98

丸木舟

出口晶子

法政大学出版局

はじめに――本書のねらい

「ものと人間の文化史」シリーズがはじまったのは一九六六年、ほかでもない『船』（須藤利一編）がシリーズの船出であった。そのいきさつを改めて伺ったことはないが、たんなる偶然ではないだろう。新しい知の航海に乗りだす編集者の意気込みと覚悟のほどがそんなところにも認められ、人とものとのつながりはまことに奥深いものだと思う。

一九九五年には、さらに『和船』Ⅰ・Ⅱ（石井謙治著）がくわわって、和船技術史の一級の知見がここに結実された。

これら先学のすぐれた著作は、日本の船の歴史を通観しつつ、日本型構造船の全盛期ともいえる江戸時代の弁才船に焦点をあてた、いわば正統派の技術・文化史である。明治期以降にみる近代造船の幕開けは、他方弁才船の終焉《しゅうえん》でもあったため、一般に和船史といえば、近代以前が主たる対象となることは両書を読めば理解できる。

さてこのたび、シリーズに仲間入りした本書『丸木舟』は、日本の丸木舟で一冊をなすもので、しかも近現代の民俗事例をもっぱら扱っている。縄文時代ならいざしらず、近現代と丸木舟とはいささか不釣り合いな印象をもたれた方も多いだろう。まずその点で本書は、先学の船の書と趣を異にしている。

だが、たとえ丸木舟が列島の主流をなしていたのは、遠い昔との常識を認めるにせよ、日本の船を語るとき、丸木舟は避けて通れないものだという主張を私は述べねばならない。

太古に限っていうのではない。近現代の民俗事例に連なる歴史の積み重ねのなかで、刳りぬき技法を生かしたまことに多様な諸形態が出現し、かつ木造船の終焉期にいたる現代まで日本各地の海、川、湖で使われ続けてきたという点において、列島の文化史上、見落とすことができないものなのである。そしてそれは、世界の他と比較しても明らかに特色ある文化の質を示している。

これまでの丸木舟研究は、大きく分けると、(1)出土遺物にもとづく考古学的研究、(2)中世や近世の絵図や文書史料にもとづく歴史学的研究、(3)近現代に生きて使われてきた現船を対象とする民具・民俗学的研究がある。

本書は、いま、ここにある丸木舟の姿に目をこらしつつ、歴史のかなたに分け入って、ときにくっきりと、あるいはほの暗く、かすみゆくなかにうっすらと見えてくる技の姿に肉薄していく。ゆえに、本書では生きて造られ、使われる現代の舟、あるいは近過去に生きて造られ、使われた舟とその民俗を中心にすえながら、出土遺物、文書、絵図などの文献研究をも大いにとりいれる方法をとった。

いいかえると、みずから歩いて見聞したり、実測した現地調査のデータを骨子とし、なおかつ過去の姿にせまる場合にもその時代の出土遺物や実際に現物を実地見聞し、記録された史料、すなわちその時代のフィールド資料を重視するという点で、現場主義、現物主義に貫かれた内容となっている。

ところで、丸木舟は、昭和三〇年代以降、文化財保存の対象となり、海の博物館（三重県）やみちのく北方漁船博物館（青森県）の漁船群の国指定をはじめ、各地でその遺産化への努力がはらわれてきた。裏腹に丸木舟は、いよいよ博物館のなかでしか出会えなくなっていることも事実である。

だが、その現実を自明と流す前に、いま一度、考えていただきたい。丸木舟が少し前の列島のそこここで、水辺の暮らしと結びついたごく普通の道具であったこと、また列島の文化形成とかかわって存続してきた長い歴史をもつ道具であったということについてである。本書が少しでもその導きになるならば、ありがたい。

丸木舟は、ウミ（海・川・湖）から見た列島の歴史動態を浮かびあがらせるうえで、またものと人間の間に成立する技のことわりを知るうえで格好の題材である。

ともあれ、まず本書では、さまざまな丸木舟を分類整理し、その分布を見るところからはじめよう。まわりを海で囲まれた日本列島のことである。しかも船という、海をこぎわたる道具の話である。となれば、日本の丸木舟だけを見ていたのでは日本のことはわからないだろう。

そこで、丸木舟を通して列島と周辺アジアの間に形成される文化領域をつかんでみる。そのなかには、いくつかのまとまりある特徴的な技術群が認められそうだ。それらがどんなふうに造られ、使われているのか、どのように残ったのか、そのことわりはなにかを考える。

この丸木舟の旅、きっとおもしろい旅になるはずである。

目次

第五章　若狭湾以東のドブネ型丸木舟――トモブト・ドブネ、そしてカタブネ　195

（撮影協力　出口正登）

第Ⅰ部　多様な丸木舟

その種類・分類・分布

第一章　丸木舟の分類と分布

丸木舟とはなにか

一般に丸木舟ということばから連想される舟とは、一本の太い丸太を刳《く》りぬいただけの構造のものであろう。製作の道具はオノとチョウナ。

そう連想することは少しも間違いではない。だが、ただそれだけが丸木舟ととらえるならば、やはり間違いである。

丸木舟はさまざまある。

刳りぬき部材を前後に継いだり、左右に継いだり、刳舟の両側に舷側板（タナ）を継ぎたしたり、刳った舷側に船底板（シキ）を組み合わせたりと、さまざまに複材化したものがあり、それらを総称してここでは丸木舟ととらえている。

それはもう、一見したところ、いやよく眺めても、もはや丸木舟とはいいがたい構造をしているものがあるが、刳るという基本の造船技法を捨て去らずにとどめている点で、やはり丸木舟なのである。

このようにいえば、学者の勝手な解釈のようだが、生活の現場においてそう呼び慣わされているものが少なくないのである。つまり、マルキブネ、クリブネ、マルタブネといった呼称はいろいろな丸木舟にたいして使われており、土地の人々が数ある在地の船を呼び分けるさいに、板舟などと対照させてこの名称を用いていたのであり、生活の場における丸木舟とはけっして単材のものだけをさしていたわけではなかった。

人々は、いろいろな丸木舟を丸木舟と見る目をもっていたのである。

ところで、丸木舟は、別に「刳舟《くりぶね》」といういい方もある。

刳るという造船技法に着目した場合、学術用語としては、むしろこちらが適切であり、学術的には定着している。筆者もこれまで刳舟という表現を多用してきた。

このたび、本書の題名を『丸木舟』にしたのは、一般の人々にとって丸木舟の方が姿を想像しやすく、なじみやすいためである。したがって、本文においては、これまでどおり、刳舟の用語も用いていることをあらかじめお断りしておく。なお、「ふね」を表わす漢字には「舟」と「船」がある。両者に厳密な使い分けがあるわけではないが、本書では、話題の中心が比較的簡単な構造の舟であるので、「丸木舟」、「刳舟」とし、水上渡航手段一般を総称する場合などは「船」を用いることにした。

またその土地で使われている丸木舟の呼称は、文書の記載による以外はカタカナで表わし、複数呼称がある場合はより一般的な呼称を採用した。

丸木舟の分類

丸木舟には、どうやらいろいろあるらしいことはおわかりいただけただろう。では、その船体はどんな構造、どんな規則性をもっているのだろうか。

日本全体の丸木舟の比較研究にのりだした一九八〇年代、各地に残る丸木舟には、多様な姿がみられながらもいくつかの傾向があることに気づくようになった。船体を模式化し、その発達過程を単材刳舟から構造船の流れとして示す試みは、日本でもまた海外でもすでになされていたが、これまで示された発達モデルではこぼれ落ちる丸木舟が多く、むしろ広範な丸木舟を類型化できる分類モデルが必要と思われた。

つまり、従来のモデルは、単材刳舟から単系的に構造発達が示される点でわかりやすい反面、多様性を見落としやすく、基準が明確ではないという短所をもっている。

そこで、考えついたのが、次のような分類であった。

まず民俗事例では、単材以外の刳舟は、舷側にタナ板を継ぎたすか、左右の刳りぬき材を船底で合わせ、その間に板を入れて構造化する傾向が強い。そのため、船体の基本特徴は、横断面に表われることになる。そこで横断面を用いる模式化は従来の方法を踏襲しつつ、広範な事例比較に有効となるよう、二次元化してとらえることにした。

つまり、単材刳舟Oを基点に、シキ（船底板）の発達をx軸、タナ（舷側板）の発達をy軸にとって、発達の進み具合を四段階で表現する。x軸には、左右の刳りぬき材を船底で合わすX、その間にわずかな板を入れたY、船底部の大半を板で構成するZがある。

他方、y軸では舷側上部にタナ板をつけたA、舷側の半分以上をタナ板で構成するB、船底下方に刳りぬき材が残るCがある。

両軸方向の展開は、技術的に融合可能なものなので、両者の複合形態として、たとえば、二材の刳り

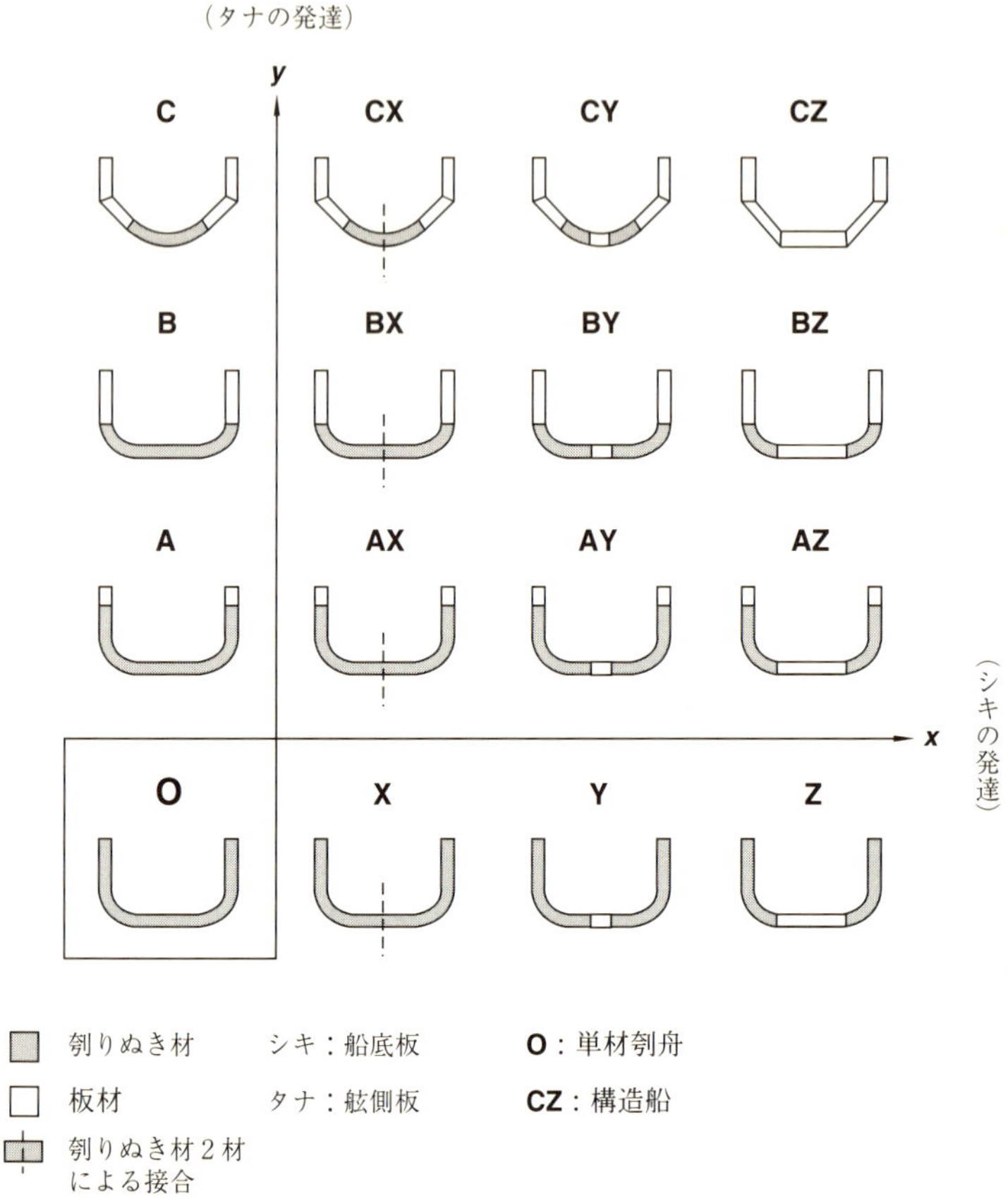

シキとタナの発達からとらえた刳舟の横断面分類

ぬき部材を船底で合わせたあと、舷側上部に板をのせた形態AXや、船底の大半を板で構成し、舷側下方に刳りぬき材をもつBZなどが設定可能である。このようにして単材刳舟を基点に船体全体が板合わせとなる構造船CZを対極として、合計一五の刳舟の発達諸形態を提示した（図参照）。

これは、単系的でないがゆえに、各地の広範な事例を包括でき、国内にとどまらず、世界の刳舟の構造比較、構造変化の序列化と類型化に有効と考えられた。

結論からいえば、シキ発達とタナ発達の二方向からとらえた分類の各類型は、いずれも実例をともない、架空の船体は存在しない。日本の民俗事例にみる刳舟の基本構造の大半は、この分類のいずれかにあてはまる。

なお、これら多様な諸類型は、その技術特徴から単材刳舟Oと構造船CZを結ぶ対角線を境に、x軸寄りをシキ（船底板）の発達に特徴づけられる刳舟群とy軸寄りをタナ（舷側板）の発達に特徴づけられる刳舟群に大別することもできる（上掲図右）。そこで、前者をシキ発達の刳舟、後者をタナ発達の刳舟と名づけておくことにした。

もっともこの場合、対角線上にあるAX、BYといった形態は、

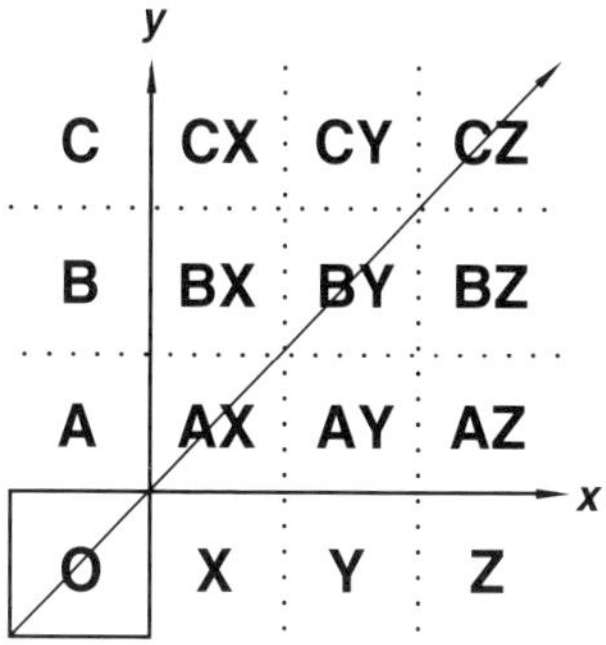

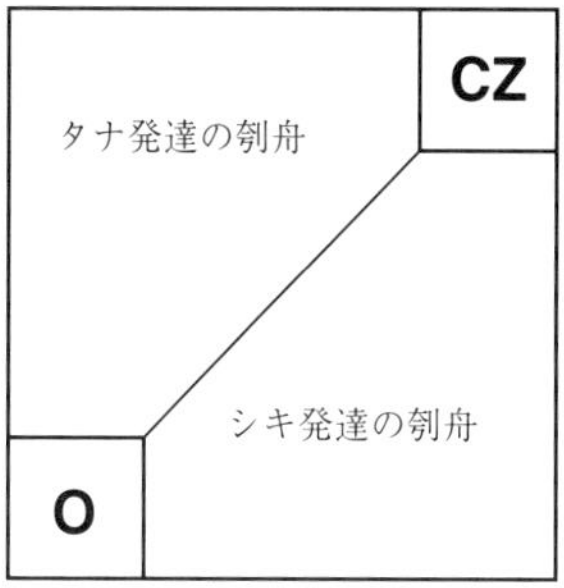

刳舟の類型区分

理論上どちらにも偏らない形態とみなすことができる。ただし、これらは単独の事例として存在するよりも、ある事例の船体構造のバリエーションの一つ、もしくは過渡的形態である傾向が強い。そのため、該当する事例を二大区分のいずれかにふくめることは可能なのである。

以上の区分は、一見したところたいへん機械的に操作されているように見えるが、じつは船体の構造化（複材化）とそれにともなう諸技術には互いに異なる複合関係がみられ、かつ地域的にも異なる分布展開が認められるのである。

その意味において、この分類は、たんに船体構造の序列化と類型化だけではなく、地域類型を示すものともなっている。

むろん、分類図に示した諸形態は、それぞれがまんべんなく同じ頻度で現われるわけではない。たとえば、シキ発達の刳舟群のなかでは、分類ＡＺ、ＢＺに事例が集中し、シキのみを発達させ、舷側板をもたないX、Y、Zといった事例は少ない。他方、タナ発達の刳舟群では、むしろA、Bといった単体の刳底からなり、舷側のみを付加した構造のものが多い。

つまり、民俗事例に依拠すると、刳舟と舷側板タナとの技術複合は、船底板シキを入れる技法よりも広域におよぶ、より普遍的な技術となっている。他方、刳舟のシキは、タナとは技術的系統を異にし、相対的に新しく、地域的にもやや限定された技法という見通しがえられるのである。

以上の観点から丸木舟を論じる本書では、この分類図を重視する。

ただし、補わなければならないことがある。日本の民俗事例にも、このような横断面分類では基本構造をとらえきれないものが若干存在するためだ。つまり、刳りぬき材を前後に継ぐケースであり、九州本島の刳舟の事例がそれにあてはまる。この前後継ぎの刳舟は、近現代の民俗にはその典型例が少ないものの、歴史的にはたいへん重要なものであり、出土遺物にも存在する技術である。したがって、これもまた検討にくわえる必要があろう。

結局、本書で扱う丸木舟とは、一般になじみのある(1)単材刳舟にくわえて、(2)前後継ぎの刳舟群、(3)タナ発達の刳舟群、(4)シキ発達の刳舟群ということになる。

つまり、日本の丸木舟は、縦・横・高さ、三次元での複材化がいずれの方向にも試されてきたといえるのである。

丸木舟の分布――現代と近代

では、丸木舟は、日本列島のいったいどこに、どの程度分布をしているのであろうか。まずは、その構造や技術特徴を区別せず、一括してその分布傾向をつかんでみよう。

次ページの図は、筆者による一九八〇年代以降の現地調査研究でえた民俗事例を中心に、民俗調査報告書や博物館の標本資料などを追加して作成したものである。

民俗事例の場合、資料年代は幅をもったものであり、使用・製作から遠ざかっていたものが長くだいじに保存されて、いまに伝わる場合もあれば、近い過去に使用されていながらその記憶の消失著しいものもある。

そのため、調査年代がすなわち現場に生きて使われている年代とはいえないものの、図にみる資料年代の多くは、二〇世紀半ばから末とみてよいだろう。なお、この分布図では、たとえば文献にマルキブネと登場するが、図面や伝承などによって船体構造が特定できない事例は省いている。

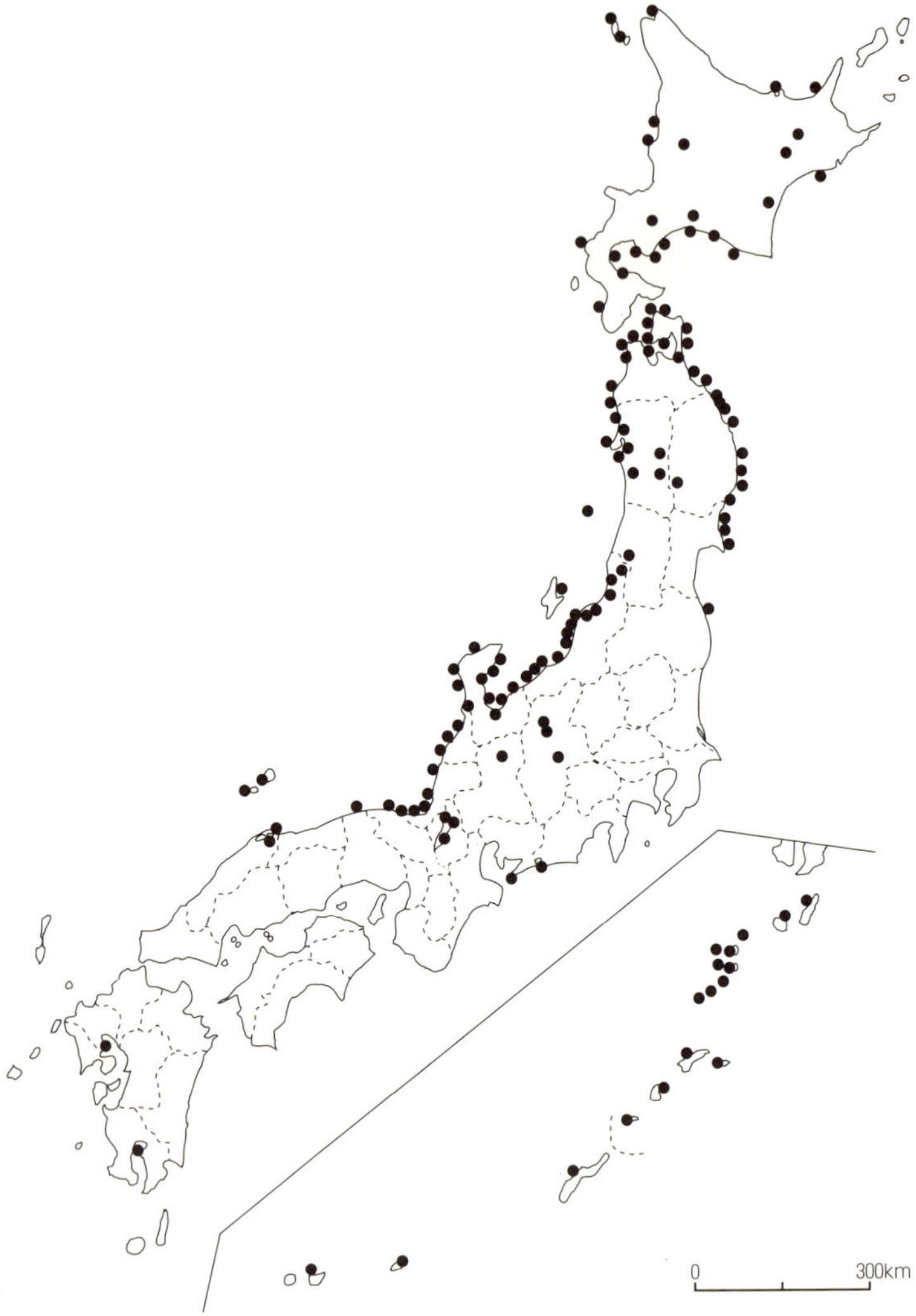

民俗資料による刳舟の分布

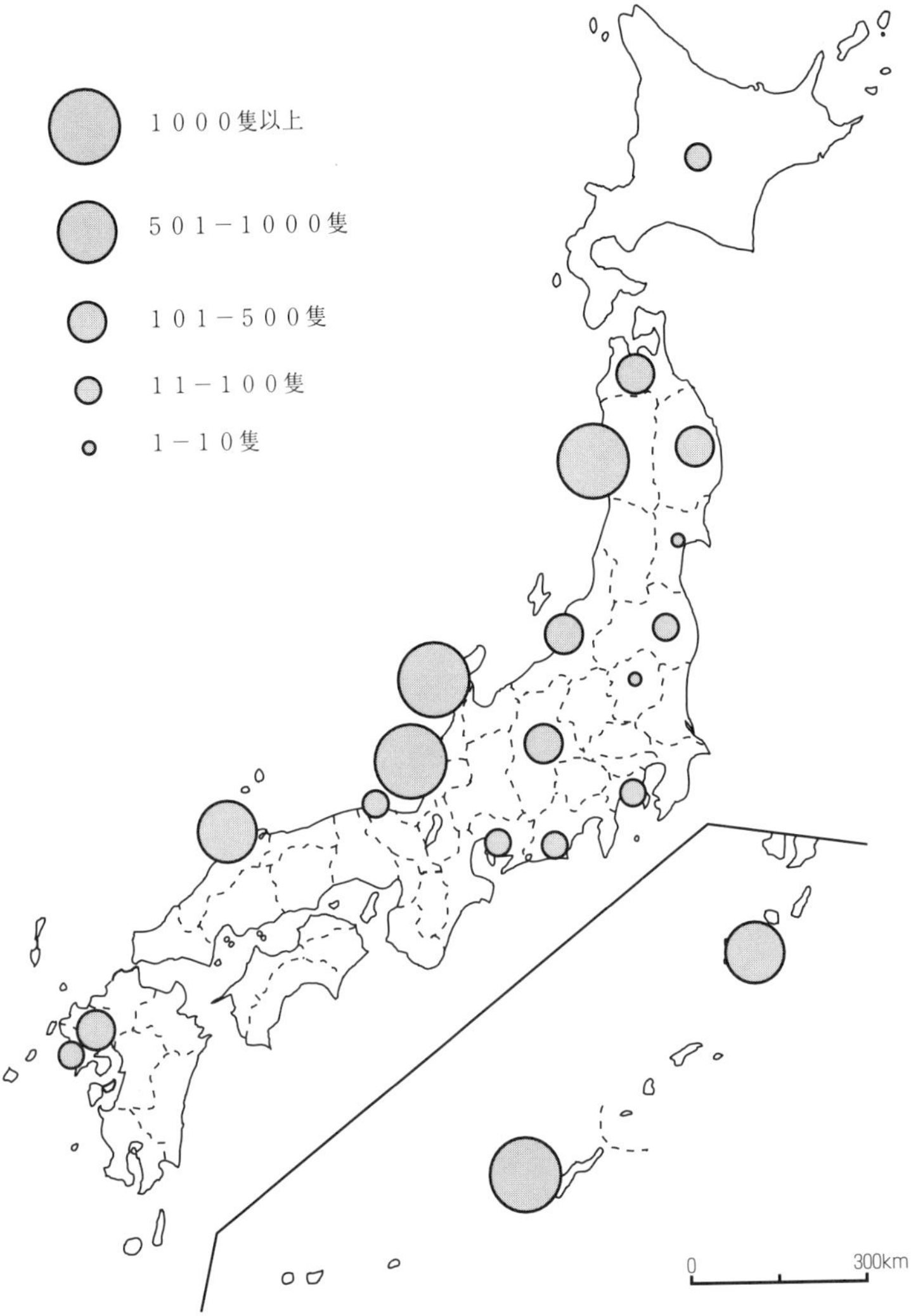

19世紀末「刳舟形」漁船の分布
資料：農商務省農務局『水産事項特別調査』1894年

これをみると、北海道から東北、本州日本海沿岸、南西諸島に多く分布し、中部太平洋岸、九州地方に散見する。

他方、前ページの図は、刳舟の分布状況を比定しうるもう一つの資料で、明治二七年（一八九四）に刊行された『水産事項特別調査』をもとに作成した分布図である。水産業者や漁獲物、漁場など多岐にわたる水産関連の県別統計である本資料には、在来型漁船についても「刳舟形」「伝馬形」「一枚棚」「二枚棚」の四つに分類され、その隻数が記載されている。

このうち刳舟形は、「丸木ヲ刳リタルモノ」とあり、さらに「丸木船」「舫舡《ぼうちょう》」「刳抜舟」「その他」の四種に細分されている。この細分化の基準については明記されてはいないものの、少なくとも「刳舟形」には、単材刳舟にとどまらないものがふくまれていたと理解できる。

この統計によれば、「刳舟形」は全国で一万二三八隻、全漁船中の約三％にのぼる。また、この時期西洋型漁船はわずか四隻が報告されているだけである。なお県別隻数については、青森のように刳舟形が今日数多く継承されているにもかかわらず、その隻数が一五八隻しか計上されていないなど、疑問な点がないわけではない。とはいえ、一〇〇年余り前の日本では、刳舟形漁船はなお統計からはずされないほどに現役であった。

しかも、興味深いことに、先の図（一〇頁）と比較すると、双方の分布域はほぼ一致しており、大きな違いがない。すなわち、隻数は減少したとしても、日本列島における刳舟の分布域は、この一〇〇年余の間、変化しておらず、一九世紀にさかのぼって、刳舟の分布は、ほぼ図の範囲に限られていたといえるのである。

別の表現をするならば、それは残るべくして残った地域であった。

以上、どんな丸木舟を本書でとりあげるかは述べた。それがどんな分布域であるかもつかんだ。丸木舟は、列島全体とはいわないまでもかなり広い地域にまたがっている。

せっかく鳥の目になって、列島を鳥瞰してきたのだから、もう少し鳥の目で丸木舟を見ることにしよう。先にあげた丸木舟、すなわち(1)単材刳舟、(2)前後継ぎの刳舟、(3)タナ発達の刳舟、(4)シキ発達の刳舟、これらはけっして列島だけに存在した舟ではないという点についてである。

列島と海を介した周辺アジアをふくめて、その舟の種類、特徴のあらましと分布、複合技術などを次章では述べる。

近現代の丸木舟に焦点をあてつつ、過去の存在を物語る考古学遺物などにも目配りしておくことにしよう。

第二章　丸木舟の種類と分布

単材刳舟——日本と周辺アジア

日本の単材刳舟

単材刳舟にしぼって近現代の分布を見てみよう（図参照）。分布は、北海道・東北・本州中部、日本海側の若狭湾から但馬にかけて、さらに南西諸島に広がっている。もっともこれらのうち、今日暮らしの道具として生かされているのは、のちに詳しく述べる男鹿半島と種子島であり、どちらも沿岸漁撈用のものである。それ以外は、記録や伝承として残る事例、博物館などに現物として保存されている例、現物がなくなった段階で郷土文化の象徴として新たに復元された例などである。

たとえば、それは神社の脇に苔むして路傍の地蔵のごとく鎮座している。長野県木崎湖からひきあげられたもので、長さ二・九メートル、幅四二センチメートルほど、クリ製の小ぶりの単材刳舟である。本船の時代は定かではないものの、大正期、同湖沿岸の森地区では、長さ二・八メートルほどのやはりクリの木の単材刳舟がムラ共同で使われていたので、今日残るこの舟も案外新しいものと思われる。パドル式の小櫂で推進していたという。

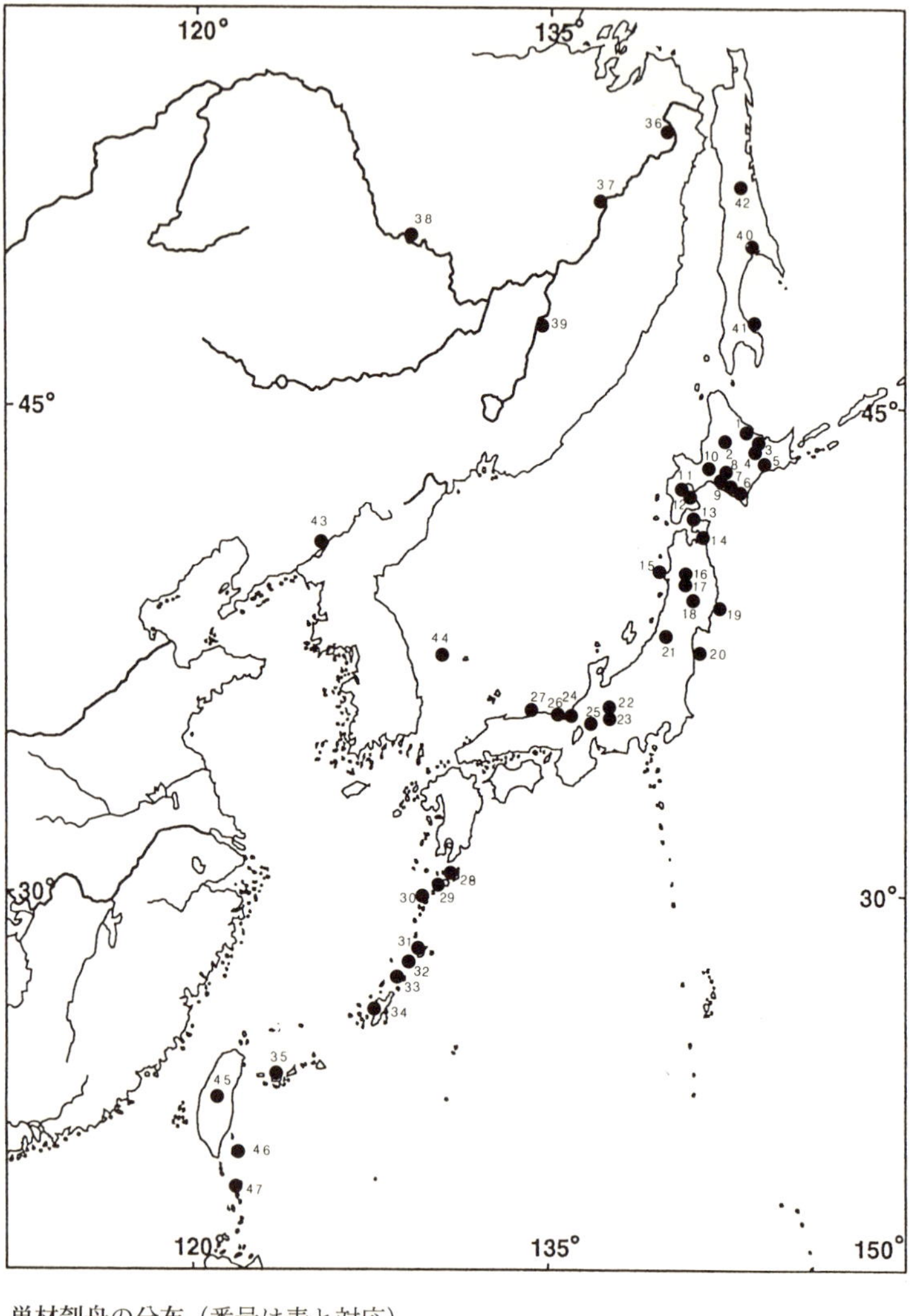

単材刳舟の分布（番号は表と対応）

単材刳舟の分布地

事例	使用地（民族名）	
1	北海道	常呂川（アイヌ）
2		旭川（アイヌ）
3		弟子屈町（アイヌ）
4		標茶町
5		釧路町
6		浦河町
7		静内町（アイヌ）
8		平取町（アイヌ）
9		門別町
10		恵庭（アイヌ）
11		八雲（アイヌ）
12		ユーラップ(アイヌ)
13	青森県	佐井村
14		小川原湖
15	秋田県	男鹿半島
16		大沼
17		田沢湖
18	岩手県	沢内村
19		三陸町
20	福島県	小高町
21	新潟県	三面川
22	長野県	木崎湖
23		青木湖
24	福井県	敦賀市
25	岐阜県	宮川
26	京都府	舞鶴市
27	兵庫県	浜坂町
28	鹿児島県	種子島
29		屋久島
30		トカラ列島
31		奄美大島・喜界島
32		徳之島
33		沖之永良部島
34	沖縄県	沖縄本島
35		西表島
36	アムール川下流（ウリチ）	
37	アムール川（ナナイ）	
38	アムール川中流（ビラール）	
39	ウスリー川支流（オロチ）	
40	サハリン敷香（ウィルタ）	
41	サハリン（アイヌ）	
42	サハリン（ニヴヒ）	
43	北朝鮮	鴨緑江
44	韓国	鬱陵島
45	台湾	日月潭
46		蘭嶼（ヤミ）
47	フィリピン	バタン島

他方、秋田県田沢湖でも、漁撈用に単材刳舟のコブネが活躍した。長さ五・八メートル、最大幅四二センチメートルほどでナラやヒノキ、スギで造られた。荒彫りから仕上げまでが十人手間、自分で造るほか、舟大工に頼んで造ってもらう。もっともそのような依頼の場合でも一〇日の手間にたいして一五日分の耕作仕事・ユイで返すのが慣わしで、お金を介さない相互扶助労働によってまかなわれていたという。田沢湖は、水力発電所が開設される一九四〇年以前まで、特産のクニマスもいたが、水量を増強するために塩酸性の玉川の水が田沢湖

長野県木崎湖の丸木舟
長野県木崎湖では3mに満たないほどのクリ製の単材刳舟がムラ共同で使われていた．湖底からひきあげられたものが，仁科神社境内に鎮座する．1993年秋．

に導入された結果、湖魚も漁業も壊滅し、コブネもまた使われなくなった。現在、田沢湖町立郷土史料館などに数隻が収蔵されているのみとなっている。

ところで、田沢湖には刳舟建造にまつわる興味深い伝説が残る。一九〇〇年代初頭にはほとんど板舟にかわり、単材刳舟を造らなくなっていたものの、もとは刳舟ばかりであり、そのわけは竜に化身した湖の主、タツコヒメ（別名カナヅル）が金気を入れると怒って暴れるため、釘を用いた板舟造りが禁じられていたのだという。やがて大木の調達が困難となり、単材刳舟は、板舟に転換したととらえられている。山中で造られる単材刳舟は山の文化を象徴する道具であるのにたいし、釘を用いた板舟は、それとは異質な文化象徴としてうけとめられていたのである。

コブネの推進具はパドル式の櫂で、鷹匠

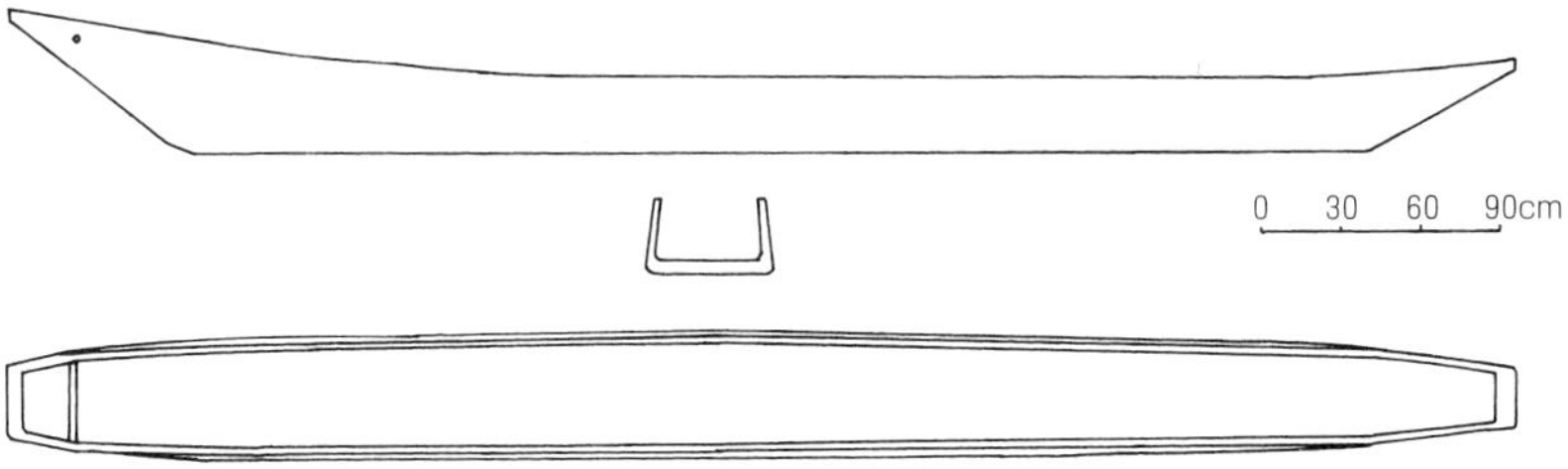

田沢湖のマルキブネ（田沢湖町立郷土史料館蔵）

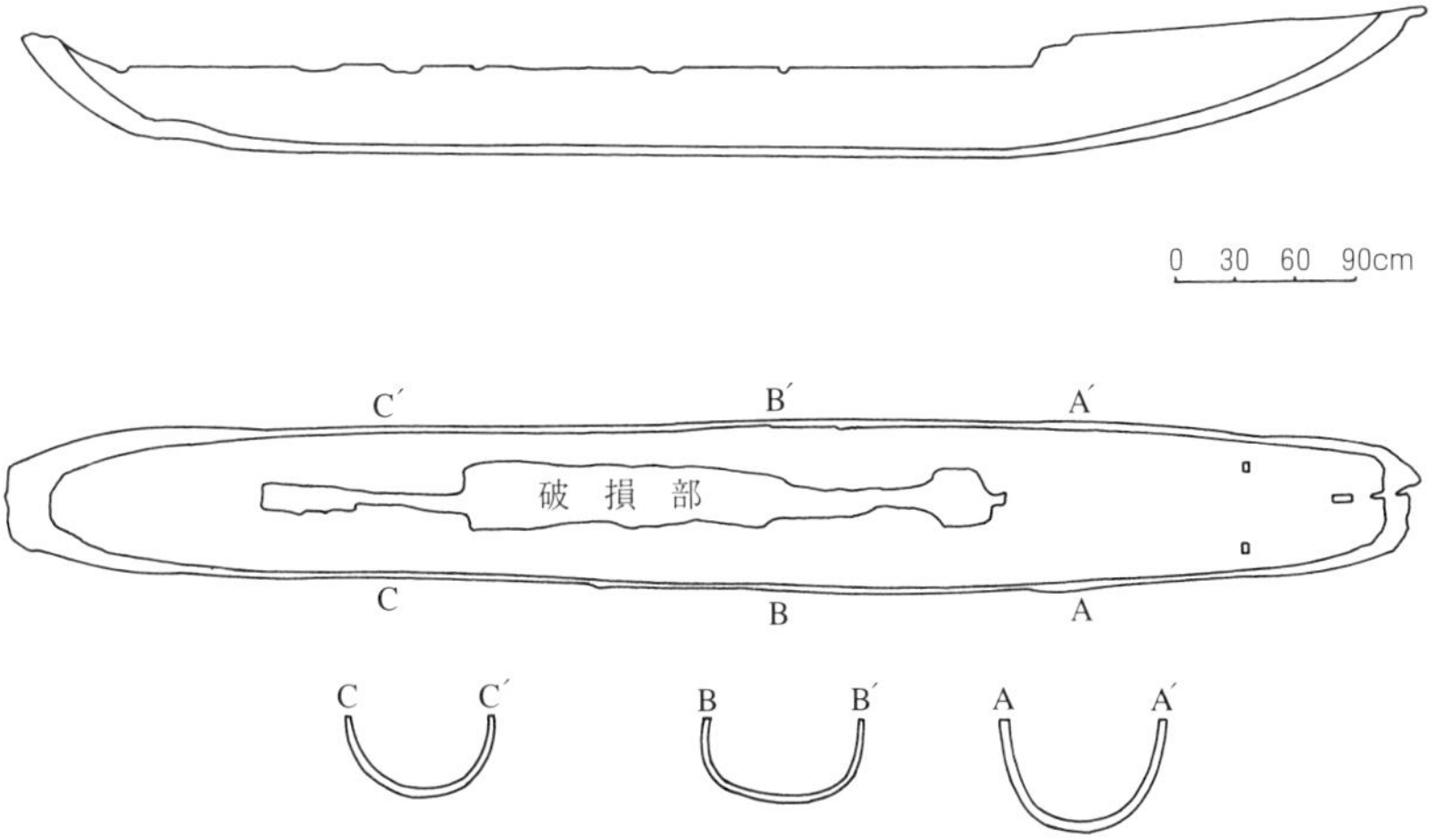

山口県江崎出土の単材刳舟（防府市立海洋民俗資料収蔵庫蔵）

やマタギたちが冬山歩行に携帯する雪かき用の道具コナゲヤとも似ていた。飛騨地方でも雪おろし用の木鋤が舟の推進具の代わりをなしていたように、櫂もまた山の道具と併用可能な道具であった。

もう一つ「単材刳舟の分布」図（一六頁）にふくまれない事例を紹介しておこう。山口県防府市には、山口県阿武郡田万川《たまがわ》町江崎の海岸から出土したというモミの一木を刳りぬいた単材刳舟が保存されている。長さ七メートル、幅八三センチメートル、深さ五三センチメートルと深さのある刳舟で、その使用年代は定かではない。もっとも島田智庵によって書かれた享保年間（一七一六—三六）の長門萩府の地理沿革書『萩古実未定之覚』によれば、そこからさして遠くない萩鶴江で、元禄・宝永の一七〇〇年前後まで刳舟が漁船として一般的に使われていたという。丸太舟といって「田舎の水溜のように」木を刳って、舟としたものだったが、享保年間には変革を遂げていたといい、当地では近世中期に板舟への移行が生じていたことを伝えている。

この出土船がモミ製である点も注目に値する。モミは、但馬地方の単材刳舟カンコや出雲地方の複材刳舟モロタブネやソリコブネなどにも共通し、本州日本海沿岸西部の船材の特性をなしている。

このほか単材刳舟の樹種は、東日本はカツラ、ナラなどの落葉樹のほかヒノキ、日本海沿岸はスギ、南西諸島はシイ、タブ、イジュといった照葉樹を中心に、種子島ではゴヨウマツなど在地の樹種が使われている。山中で荒刳りされる単材刳舟の場合、在地で入手可能な樹種に限られながらも、その選びとられた樹種はじつに多様であった。また、出土船をみれば、古くはケヤキやクスノキなども多く使われていた。

単材刳舟は、巨木を刳りぬいて一木で成形されるため、基本的に梁もしくはわずかなコベリをつける以外、付属構造物をもたない。ただし、奄美や沖縄では、船体のねじれの修整や腰の弱い船体のバランス補強をはかるため、モウソウダケなどで両舷側に安定浮材をつける工夫がとられることもあった。

近現代では、先の地域に限定される単材刳舟の分布も、出土船事例に目配りすれば、大阪や関東などさらに広域で使われていたことがわかる。すでに二〇〇例を優にこす日本の出土船のなかで、その大半が単材刳舟であること、しかも東京都北区の中里遺跡や千葉県安房郡丸山町の加茂遺跡、京都府舞鶴市浦入《うらにゅう》遺跡など各地の縄文遺跡から出土する事例に照らせば、五〇〇〇—六〇〇〇年におよぶ歴史をもち、単材刳舟が日本の船の原型をなしていたことは間違いない事実である。

単材刳舟の大きさは、出土例・民俗例を問わず、五—八メートル程度のものが多いが、出土船には、大阪市西淀川区大仁町鷺洲から発掘された古墳時代と推定される長さ一一・七メートルのクスノキの刳舟、山形県藤島町出土の奈良・平安中期のものとされるおよそ一〇〇〇年前の長さ一一・五メートルのスギの刳舟など、一〇メートルを越す大型のものもある。

たとえば、一九九八年、舞鶴湾に面した浦入遺跡から出土した舟も、幅約一メートル、推定全長一〇メートル（残存長四・六メートル）という大舟である。約五〇〇〇年前の縄文前期とみられるスギの刳舟で、幅は、縄文期の丸木舟としては最大、同じ遺跡からは、北陸系の羽状縄文土器や耳飾り、島根県の隠岐島産の黒曜石なども出土している。

縄文の人々は火や石斧を使いこなしながら、目的に応じてさまざまな規模の単材刳舟を造り、かつ遠距離交易を可能にする造船と航海の腕をもっていた。しかも日本の森は、このいささかぜいたくな資源消費を許すだけの豊かさを長らく保有していたといえる。

もっとも近現代の民俗事例にはこのように大型のものは認めがたい。すなわち、時代をくだるにしたがい、単材刳舟は小型船に限って手ごろな技術として存続しえたのであり、生かされこそすれ遅れた技

男鹿半島戸賀湾のエグリブネ
ワカメ採取の季節には，エグリブネが活躍する．船外機がつくが，漁場では櫓にきりかえ，磯見でとる．1991年春．

術として列島から完全駆逐されることはなかったのである。

単材刳舟の推進具

単材刳舟の推進具は、内水面（河川、湖沼など）では櫂（パドル）や棹が主である。

櫂の利用は早くからみられ、たとえば、一九九九年にも石川県田鶴浜町の三引遺跡の貝塚で、国内最古の櫂が見つかったという。縄文前期初頭（約六〇〇〇―六五〇〇年前）に使われていたとみられるカヤ製のパドルの羽部分で、今日使われているものと基本的にかわりはない。単材刳舟を櫂で推進する技法は、古くは海・内水面ともに利用されていたが、その後列島の南北両域と内水面をのぞく沿岸海域では櫓を使用するという技法が定着した。最後の現役船である男鹿半島と種子島の丸木舟はいずれも櫓こぎの舟である。

櫓は、船体にとりつけた凸部（ログイ）に

種子島・南種子町牛野のマルキブネ
櫓こぎの単材刳舟．1987年冬．

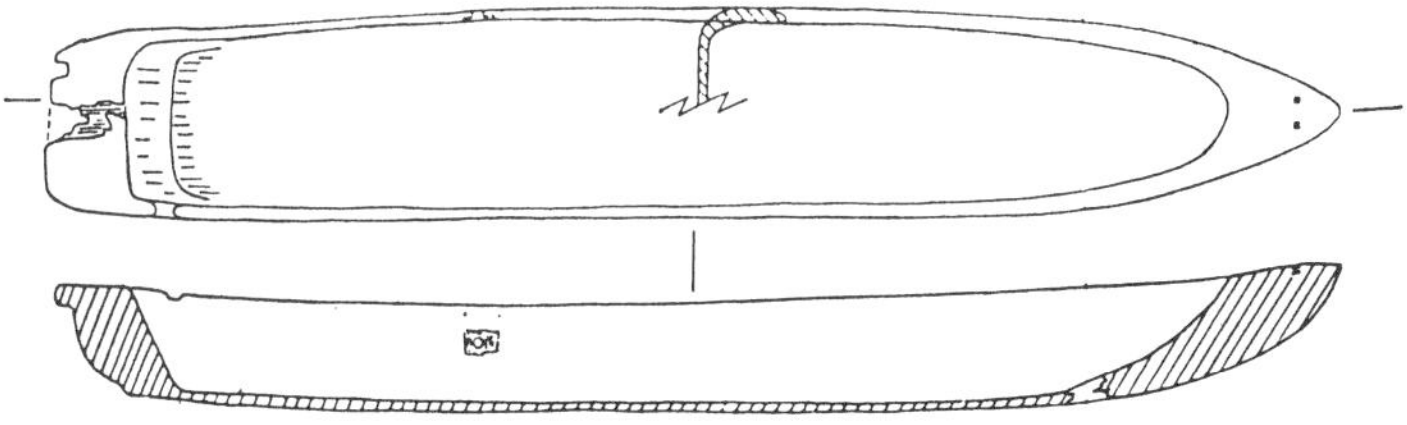

福島県井田川浦のドンボブネ（清水 1968）

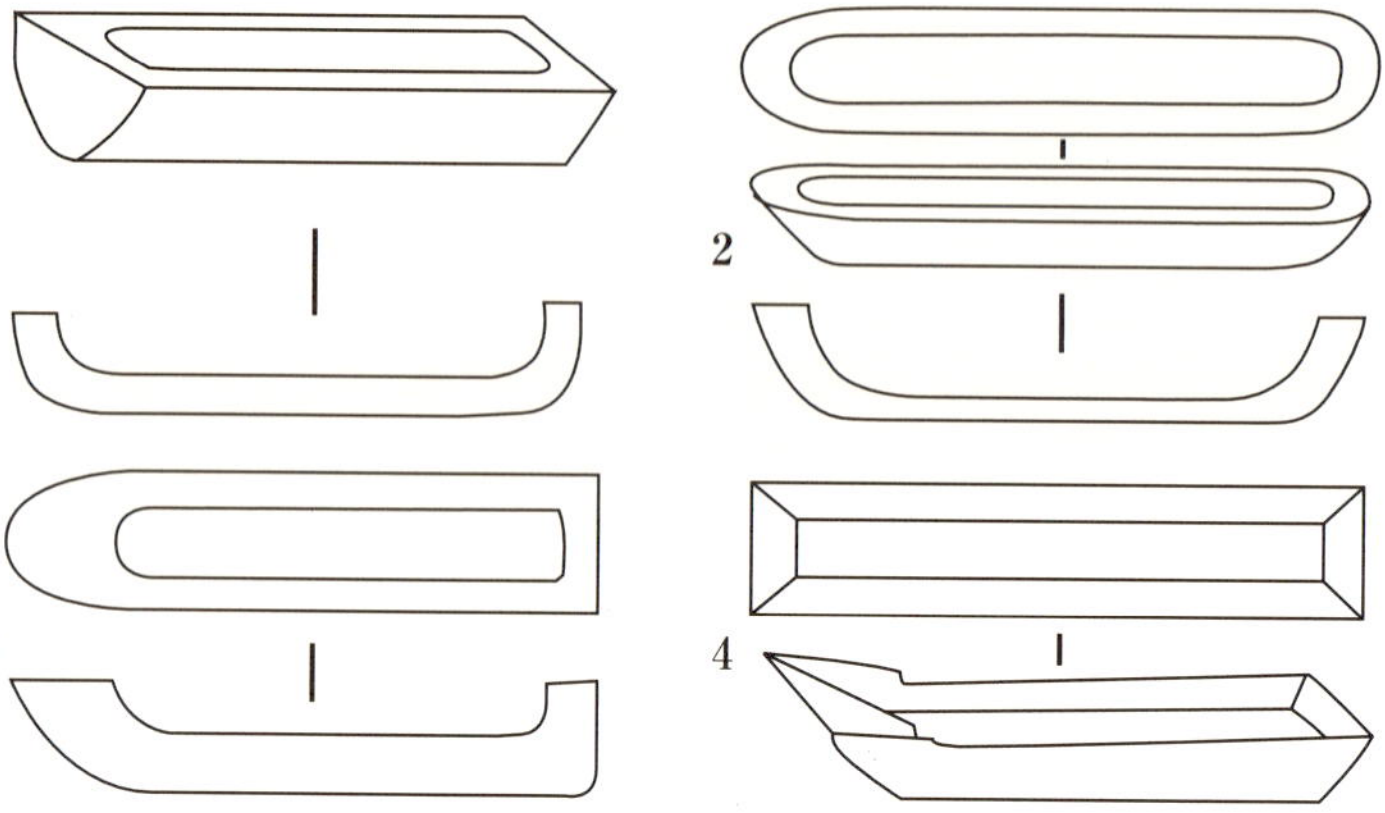

刳舟の形態（清水 1975）

一材もしくは二材からなる櫓の凹部（ロベソ）をあてがい、これを支点に揚力原理で進む東アジア特有の推進具である。

列島の場合、この推進具と単材刳舟との組み合わせは、男鹿半島のエグリブネが北限で、福島県小高町井田川浦のドンボブネ、舞鶴市田井の刳舟や兵庫県浜坂町但馬海岸のカンコ、種子島のマルキブネ、さらにトカラ列島のマルキブネを南限とする。つまり、列島の南北両地域にはその技術複合は認められない。

また、櫓こぎの単材刳舟の形状は、いずれも鰹節形にはならず、たとえ船首は尖っていても櫓を操作する船尾側は箱形をなしている。つまり、考古学でいう「折衷形」に相当する。この折衷形は、考古学では古墳期の関東地方にみられ、縄文・弥生時代に卓越する鰹節形より出現年代は遅いとされる。

基本的に立位による櫓こぎには横揺れの少ない安定した船体であることがもとめられるため、出土船に多くみられる深さの浅い単材刳舟とは構造上合致しにくい。また、櫓は、抵抗原理で進むパドルやオールにく

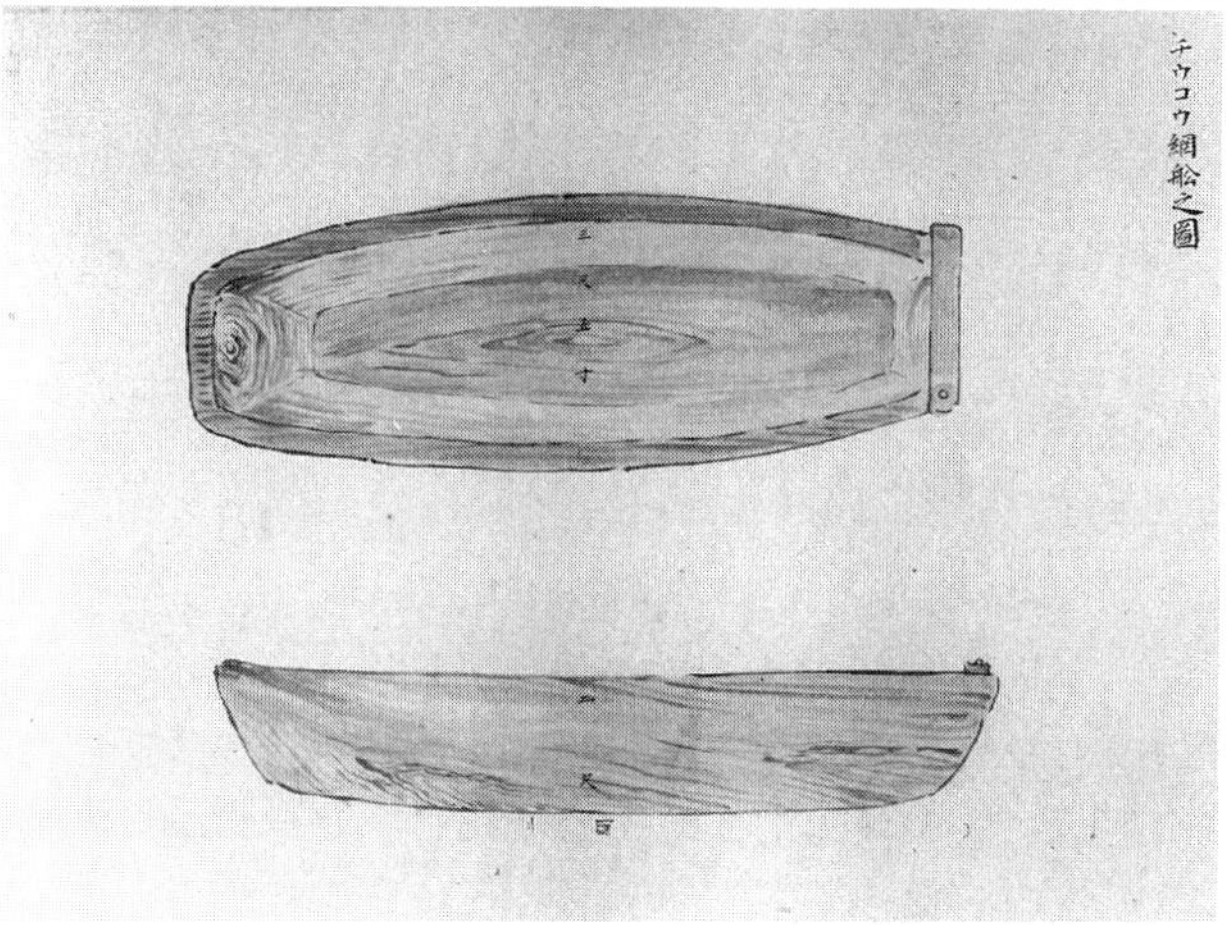

但馬海岸の単材刳舟・カンコ

『兵庫県漁具図解』（大日本水産会兵庫支会 1897，関西学院大学図書館蔵）による．チウコウ網船として登場する単材刳舟は，全長3.6m，幅約１m，モミもしくはマツの大木を刳った１人乗りの舟である．新調費は，明治29年（1896）調べで，10円58銭，うち船体製造費が9円75銭，残りが櫂・櫓・水棹１挺ずつの値段である．

らべ、持続的に高い推進効率をえられる推進具である一方、後進は困難で、船体の前後方向は一定となる。つまり、船体の船首尾が明確に区別されることになるため、折衷形は、凌波性（波切りのよさ）をもとめた船首と櫓の支持をえる安定性をもとめた船尾として、櫓こぎには理にかなう。

列島にみる単材刳舟と櫓の技術複合は、単材刳舟とパドルほど古くはないとしても、折衷形の出現が古墳期とするならば、あるいは櫓の導入も文献出現にみる七世紀初出よりさらにさかのぼる可能性が考えられる。

出土事例をふくむ折衷形単材刳舟のすべてが櫓こぎ用ではないにせよ、櫓の導入は、単材刳舟の折衷形への移行の重要な契機になったものと筆者は考えている。

他方、列島南部の奄美・沖縄では、海舟であれ、櫓を単材刳舟に導入することなく、もっぱら座位による櫂（パドル）が使われた。

周辺アジアの単材刳舟

海をはさんだ周辺アジアでは、北方のサハリンからアムール川、台湾からバタン諸島方面の島嶼に連続してみられ、朝鮮半島では、鴨緑江や鬱陵島などに散見できる。また、一六ページの分布図からははずれるが、中国では、西南部怒江流域のリス族、ナシ族、タイ族などの諸民族の間でも単材刳舟は利用されてきた。

たとえば、アムール川やサハリンの少数民族の間では、ハコヤナギがよく使われた。サハリン・ニヴヒの人たちは、川舟に手ごろな材を見つけると、日のあたる側とあたらない側を識別し、日のあたらない木質の柔らかな方から刳りぬくという。舟を軽やかに、かつよく進むようにするには木の根元を船首にあてて、流線形にする。船体の安定をえるには船底を舷側より厚めにして、重心を下方にえるよう工夫した。

北方諸民族にとって刳舟は、夏、氷の解けた季節の乗り物であり、冬は氷上をゆく橇にとってかわった。

朝鮮半島北部、鴨緑江では、河口部や薪島近くでスズキの延縄漁に長さ三メートル、幅四五センチメートルほどの小型の単材刳舟が利用された。一人乗りの櫂こぎで、帆を使うこともあり、すこぶる軽快な舟だったという。日本海に浮かぶ韓国・鬱陵島では、一九世紀にはじまった開拓移民たちによって、同島でとれるキリの木で造った単材刳舟が利用されていた。

他方、今日観光地として有名な台湾中部、中央山脈にある湖、日月潭では、かつて湖の浮き島に家屋を造り、刳舟で漁撈をして生活する人びとがいた。舟は、クス材の単材刳舟で、スペード形の羽をもつパドルを使って推進し、船首と船尾は、泥と芝で塗り固めたものだった。また台湾蘭嶼のヤミ族の舟は、刳板構造船であることがおもに注目されてきたが、以前は単材刳舟が使われていたという。

南に続くフィリピン・バタン島で使われるヴォンは、長さ二八五センチメートル、深さ三二センチメートルほどの一人乗りの単材刳舟で、船首尾がとがった木の葉形をしている。座って左右のオールで推進する。両舷側には竹管の安定浮材をとりつけ、横揺れによる転覆を防ぐ工夫がみられ、竹管を上下二段にとりつけてさらに安定性を高めることもある。船体は、一五年の耐用年数があり、五年ほどしかもたない刳板構造船タタヤよりもはるかに長い使用に耐えた。

また中国では、江南から南部にかけての地域に民俗事例を見いだすにはいたっていないが、出土船については、中国でも浙江省や江蘇省、福建省、広東省など華中・華南域から、多数の単材刳舟が発掘さ

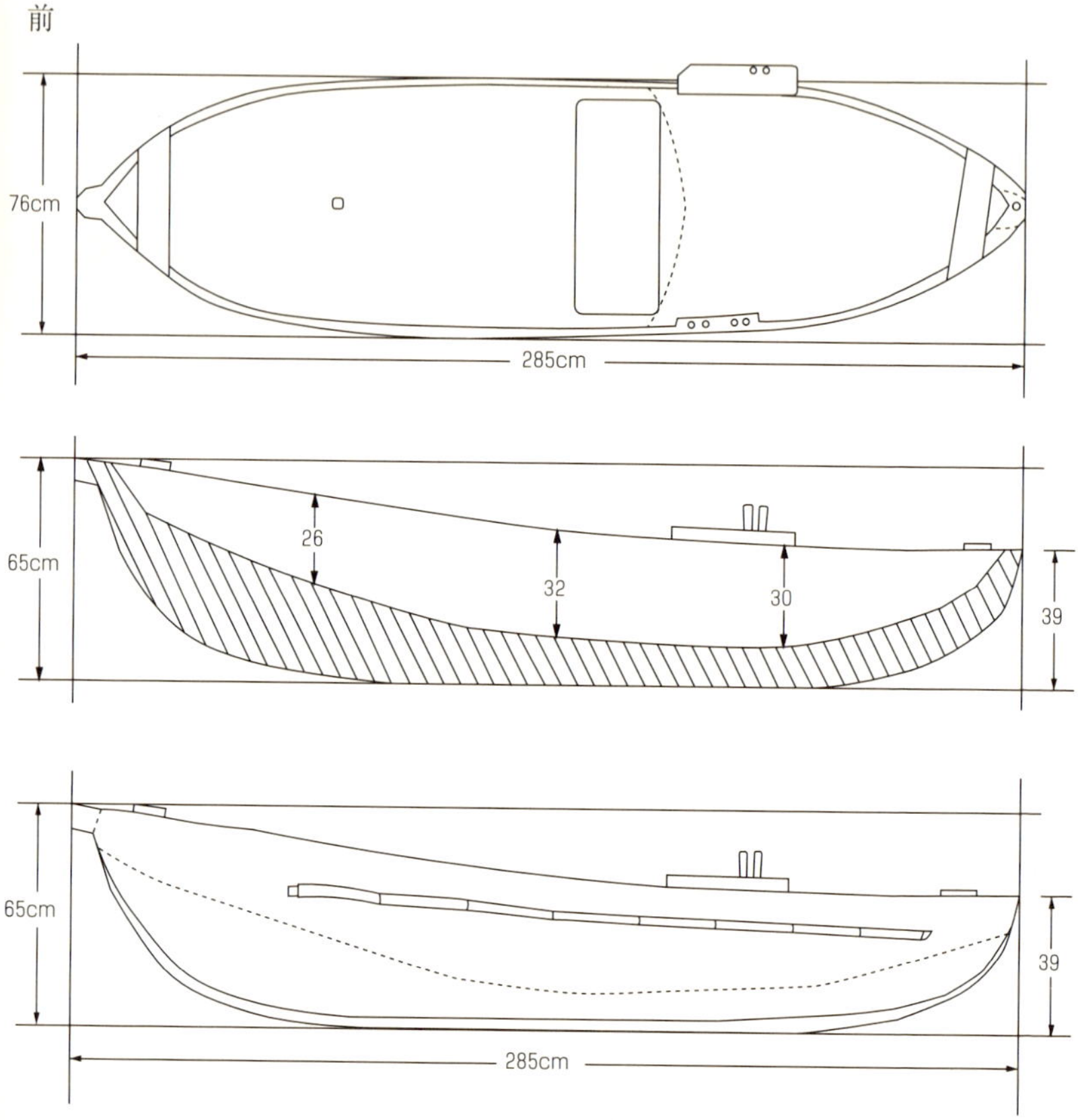

フィリピン・バタン島の丸木舟ヴォン
同様の規模のものは，北朝鮮・鴨緑江やフィリピン・バタン島にもみられ，いたって小型のものもある．(徐 1983)

れている。

たとえば、一九五八年江蘇省武進県奄城からは春秋戦国時代とされる一一メートルのものが、また一九六〇年には同省揚州から長さ一三・六五メートル、幅七五センチメートルのクスノキ（楠）製の唐代の大型丸木舟が出土した。

さらに、一九七三年には福建省連江建から残存長七・一メートルのクスノキ（樟）の丸木舟が、一九七六年には広東省化州から後漢の長さ五メートルのものが、一九八四年までに江蘇省宜興西渚からは合計一六隻が発掘されている。

こうした単材刳舟の出土は、従来、中国では刳舟がまれにしか存在しなかったという前提のもとに主張されてきた中国固有の隔壁構造をもったジャンク型構造船の祖型を筏舟にもとめる見解にたいして、根本的な疑問をなげかけている。

すなわち、日本ならびに周辺アジア地域では、単材刳舟は、もっとも普遍的な舟といってよく、材の選択や船型、推進具との技術複合などに在地性や技術交流の軌跡が表われている。

前後継ぎの刳舟——日本と周辺アジア

日本の前後継ぎの刳舟

刳りぬいた丸太を前後に継いで一つの船体にしあげる前後継ぎの刳舟は、古代の出土遺物、さらには中世絵図などにもよく登場する。他方、近現代の民俗事例としては、分布図で示すまでもなく、九州の二例にとどまっている。

まず一つは、佐賀県鹿島市浜町の事例で、一九六二年の『有明海の漁撈習俗』には、次のように記載される。

大正の初め頃まで楠のまる木舟が残されていたといわれるので、まる木舟も以前に用いられていたと考えられる。そのまるき舟は、長さ七米余りで、へ先・中央・ともの三つの部分を継ぎ合わせてあり、へ先とともはそれぞれ一本の刳り抜きであって中央部は底と両側の三枚はぎ付になっていたという。

すなわち、当時ですら聞き書きの伝承であり、現物が消滅して久しいが、この記述からは、それが前後を刳りぬき部材で構成していたことが理解できる。

この地におけるマルキブネの存在は、一九九二年現地調査のおり、筆者も老漁師から聞き取りをえたことがある。その記憶は、上述の記述よりも一層判然としないものとなっていたが、クスノキのマルキブネとの話であった。他方、山田開蔵の資料によれば、日清戦争（一八九四年）までは浜町の漁船はすべてマルキブネで、その大きさは長さ五―六間（九―一一メートル）、幅一間（一・八メートル）であったという。してみると、この土地のマルキブネは二〇世紀初頭の段階で急激に衰退したとみるよりほかはない。繰り返し語られることのないモノの記憶とは、一〇〇年ともたないものなのである。

なお、わずかながら、同様のマルキブネの存在を伝える資料はほかにもあって、明治二四年（一八九一）調査の『水産事項特別調査』には、佐賀県と長崎県に「丸木船」「舫舡」と合わせ、二四五隻という少なからぬ刳舟形漁船の隻数があがっている。さらに佐賀郡の「漁船漁具ノ取扱及保存期」の項目では、材はクスノキ、使用中二、三回は釘を抜きかえ、修繕することでたいてい四〇年もつとし、他の構造船より三、四倍もちのよい、釘接合による船体であったことが読みとれる。

モースのスケッチ（Morse 1917）
上：鹿児島で乗った舟
下：大阪で見た出土船

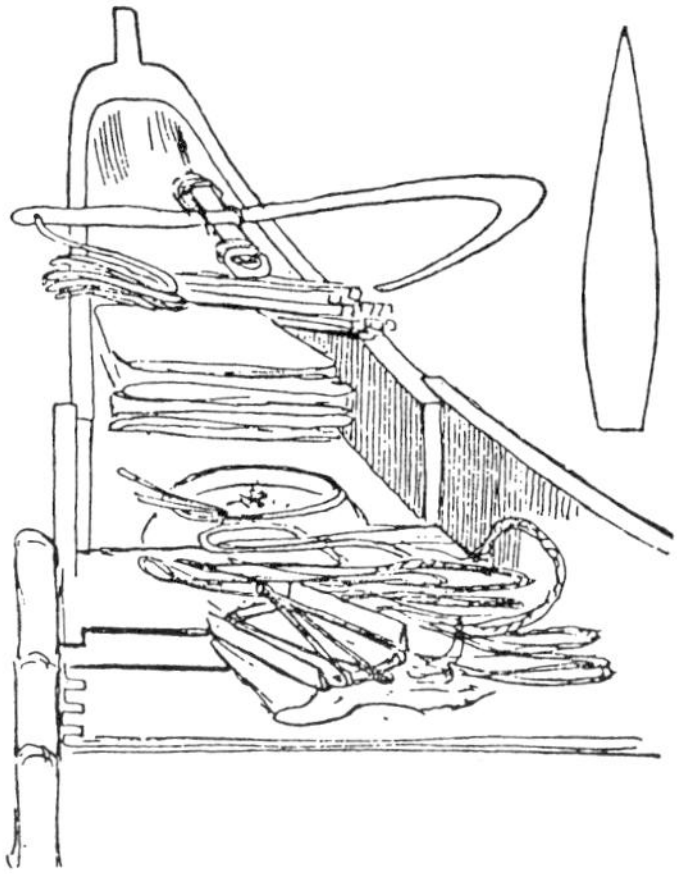

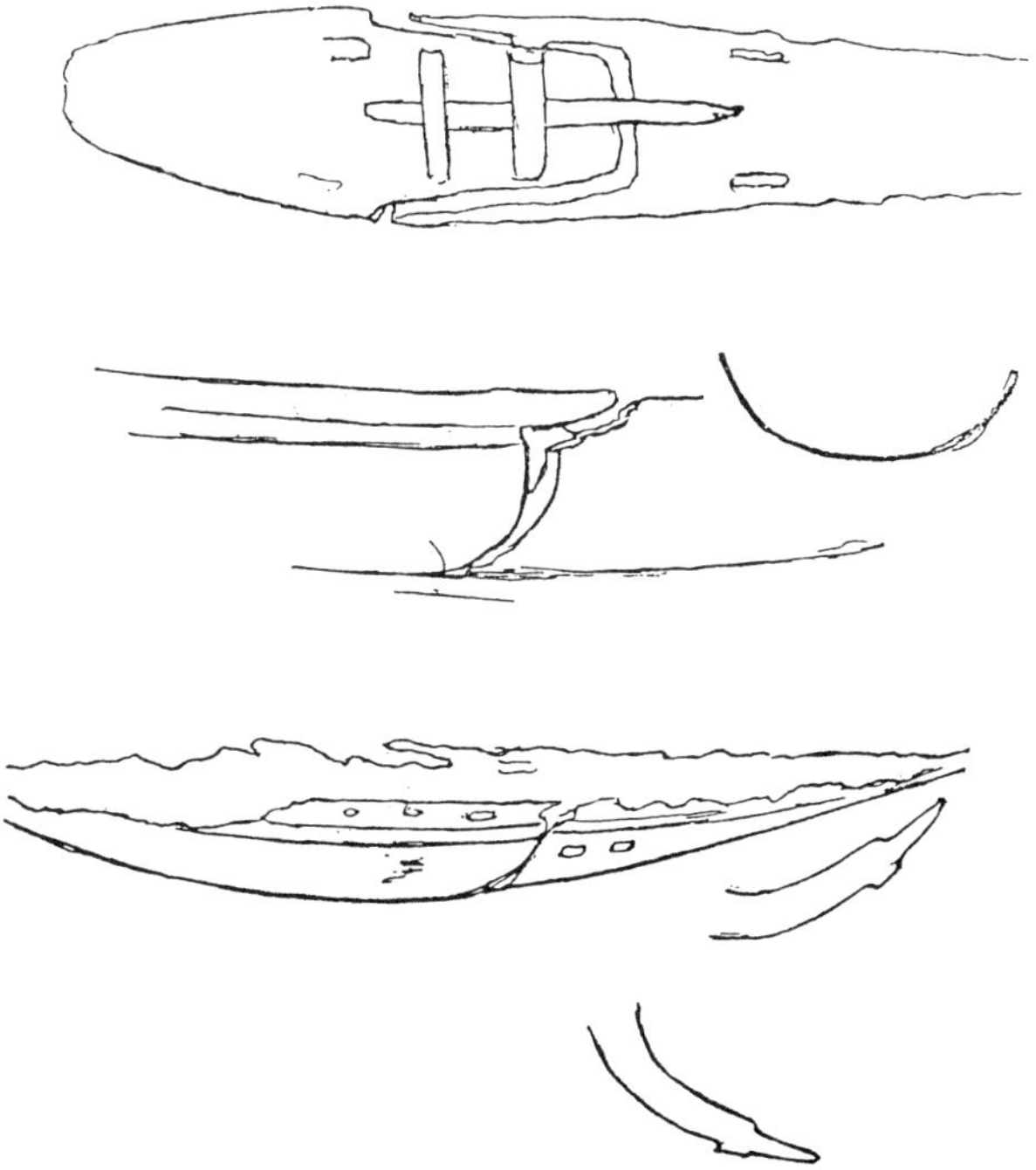

さて、もう一つの前後継ぎの刳舟は、鹿児島県の事例である。それは、アメリカの博物学者E・S・モースが明治前期、日本に滞在したおりに綴った日記『日本その日その日』に登場する。

明治一二年（一八七九）、モースが、底生動物を採集するために鹿児島湾で乗った舟は次のようなものであった。

薩摩の舟はこの種の中では最も能率的なもので、私はそれ迄に見た舟の中では最も速いものの一であり、台所の床――清潔で乾燥している場合の――みたいに奇麗である。舟首は図に示すように、一つの木塊からえぐり出してあり、舟の平面図は右に輪郭図に示してある。我々は暗くなる迄網を曳きいい物を手に入れた。

図を見れば、船首には刳りぬき材が使われ、継ぎ目を二重に重ね合わせた印籠継ぎの技法によって、前後に胴部とつないだものである。すなわち、この舟は、少なくとも船首部において前後継ぎの刳舟の技法をとどめたものであった。

このあと、モースはさらに、明治一一年（一八七八）に大阪難波の鼬川《いたちがわ》で出土したばかりの前後継ぎの刳舟を大阪の博物場で実見することになる。そのときの模様について、かれはこう記す。

展覧会には、大阪の近くで掘り出された船の残部が出ていた。保存された部分は、長さ三五フィート、幅四フィート半、深さ二フィートである。それは相嵌接した二つの部分からなり、その二つの部分を接合する横木を通すため、横の小穴を残すよう、底に木工細工されていた。かなりひどく腐っており、その構造の細部は、鑑識しにくかった。それは千年以前のものとされていた。

そして、

今日鹿児島湾で二つの部分に分かれた船が見られるのは、不思議である。としめくくる。

すなわち、モースは、ほぼ同じ旅程のなかで、場所と年代の隔たる二つの舟を実見し、両者の間に場所と年代を越えた技術の一致の不思議を見いだしていたのである。両者の共通点とは胴部に船首刳りぬき部材を前後に接合した船体で、その接合は印籠継ぎによるという点であった。

これら九州本島の刳舟については、出土事例をふくめて第三章で述べることにしよう。

前後継ぎの刳舟は、古代・中世を通じて、西日本に多かったが、近世期、秋田県米代川に「継ぎ船」と呼ばれる前後継ぎの刳舟が川舟として使われてもおり、これがほぼ北限と思われる。

海で使われる前後継ぎの刳舟は、さらに舷側板などをたちあげ、構造化したものが多く、考古学や和船史では、準構造船の名が使われてもいる。また古代には二股の船首尾をもったものなども出現する一

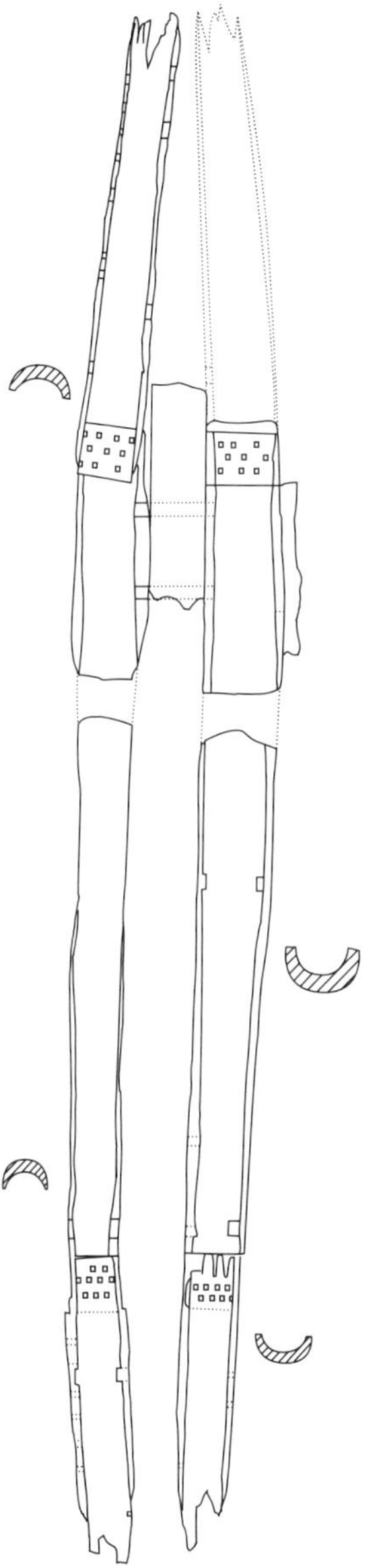

中国・山東省平度県出土の隋代船（山東省博物館ほか 1979）

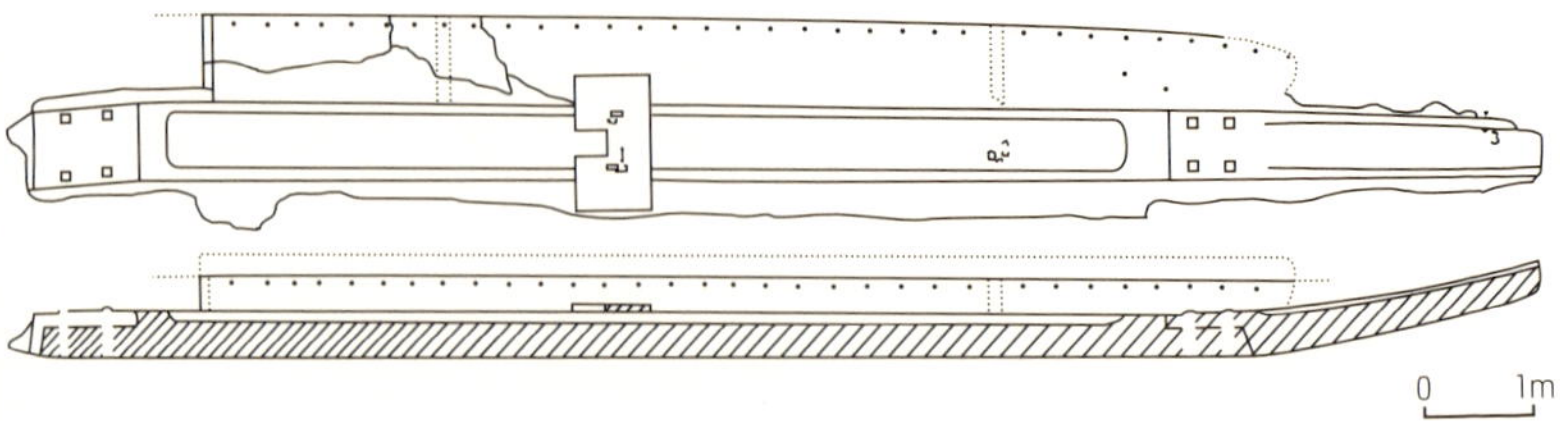

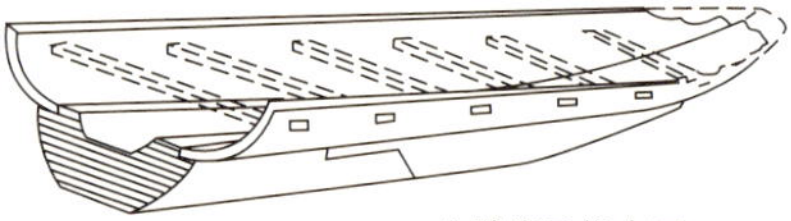

先端復元推定図

中国・上海出土の隋・唐代の川舟（王 1983）

方、中世絵図には、帆走とともに櫓を使用していた様も描かれる。

前後継ぎの刳舟は、和船の発達史上、弁才船前史における主要船体と位置づけられているものながら、近代には、九州地方にわずかにみられる以外は典型的な前後継ぎの刳舟はほとんど姿を消していた。

周辺アジアの出土船

前後継ぎの刳舟は、日本にのみ存在していたわけではなく、中国や韓国から同様のものが発掘されている。たとえば、山東省平度県から出土した隋代（五八一—六一八）のものは、二本の船体を左右並べてつないだ双胴船形式で、それぞれの船体は前後二カ所で釘接合し、船首・胴・船尾の刳りぬき部材からなる前後三材継ぎのものである。

使用されている船材は、クスノキとカエデ（楓香）で、ともに山東省には自生しない南方材であることから、建造あるいは少なくとも材木調達場所は中国南部であったとみられている。

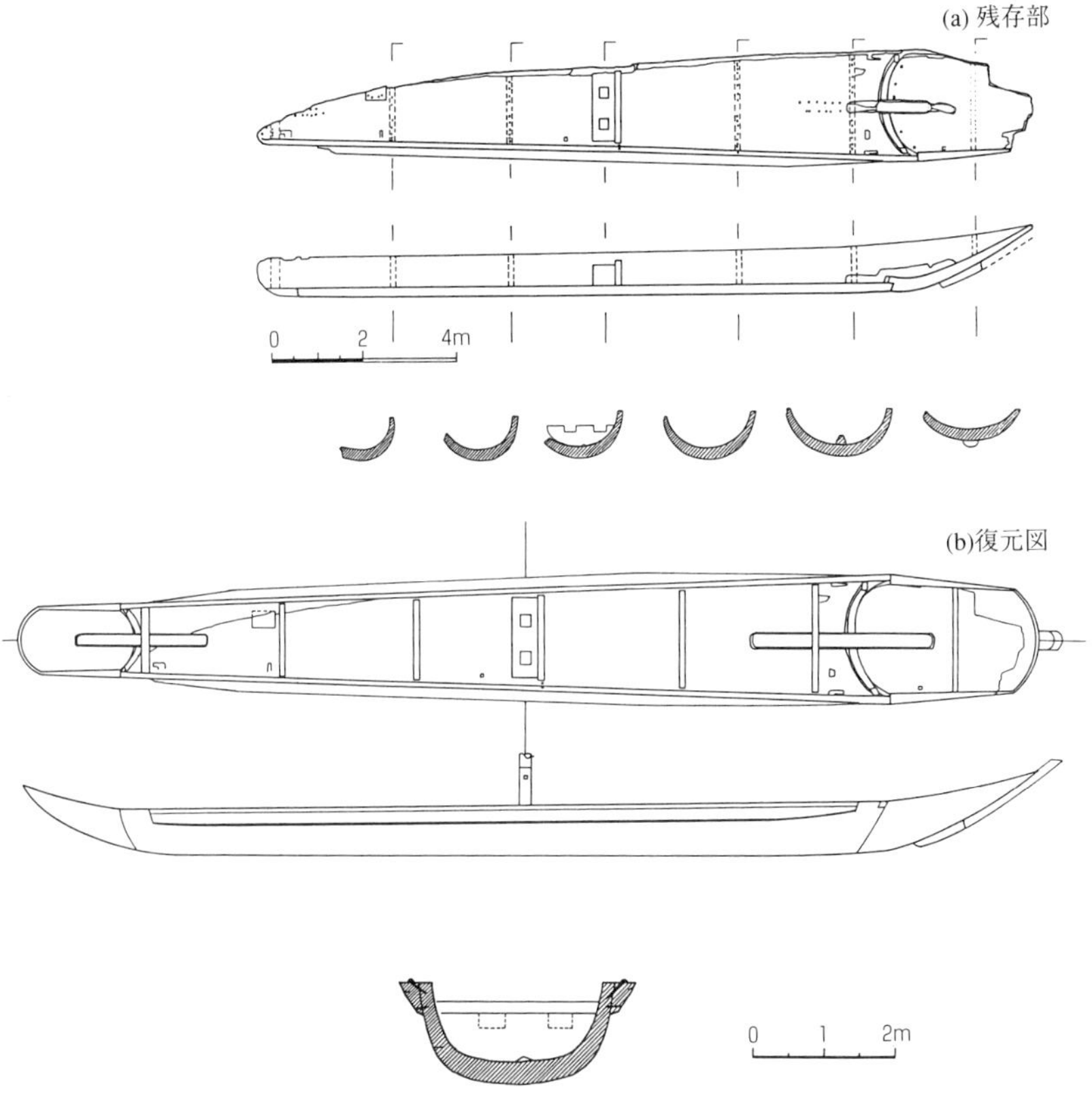

韓国全羅南道・珍島出土の舟（高麗時代）
（木浦海洋遺物保存処理所 1993）

また上海浦東郊区川沙県出土の隋・唐代とみられる川舟は、前後三材の刳舟を基底に舷側板を接合した構造で、船首船尾が樟木、胴部が楠木とクスノキの仲間が使われている。

他方、韓国西南岸珍島・碧波里から出土した前後三材からなるクスノキ製丸木舟は、残存長約一六・八五メートル、最大幅二・三四メートル、深さ七五センチメートル、船体の厚みが一〇―一二センチメートルという大型帆走船である。船体の材質は南方材であること、しかも中国宋代の銅銭が随伴することから、本船は中国南部の舟と推定されているが、高麗時代の磁器を多数積んでいることから、海外交易に使われた舟とみられている。一三―一四世紀とされる使用年代は、後に述べる「蒙古襲来絵詞」に表われた九州の前後継ぎの刳舟の時代とほぼ一致しており、同種の舟が、中国東海岸・朝鮮半島・西日本と東シナ海域をかこむ地域に広くまたがっていたことがうかがえる。

前後継ぎの刳舟は、タナ発達やシキ発達とともに、日本と周辺アジアに存在し、近代にその痕跡を残してきた舟であった。

タナ発達の刳舟――日本と周辺アジア

南北に隔たる列島上の分布

すでに述べたように、タナ発達の刳舟とは、刳底を基底に、舷側に板を継ぎたした船体の諸形態である。

近現代の民俗事例は、先の前後継ぎの刳舟などにくらべ、はるかに数多くみられるが、日本列島にみるその分布は、南北両域に分かれて偏在する。

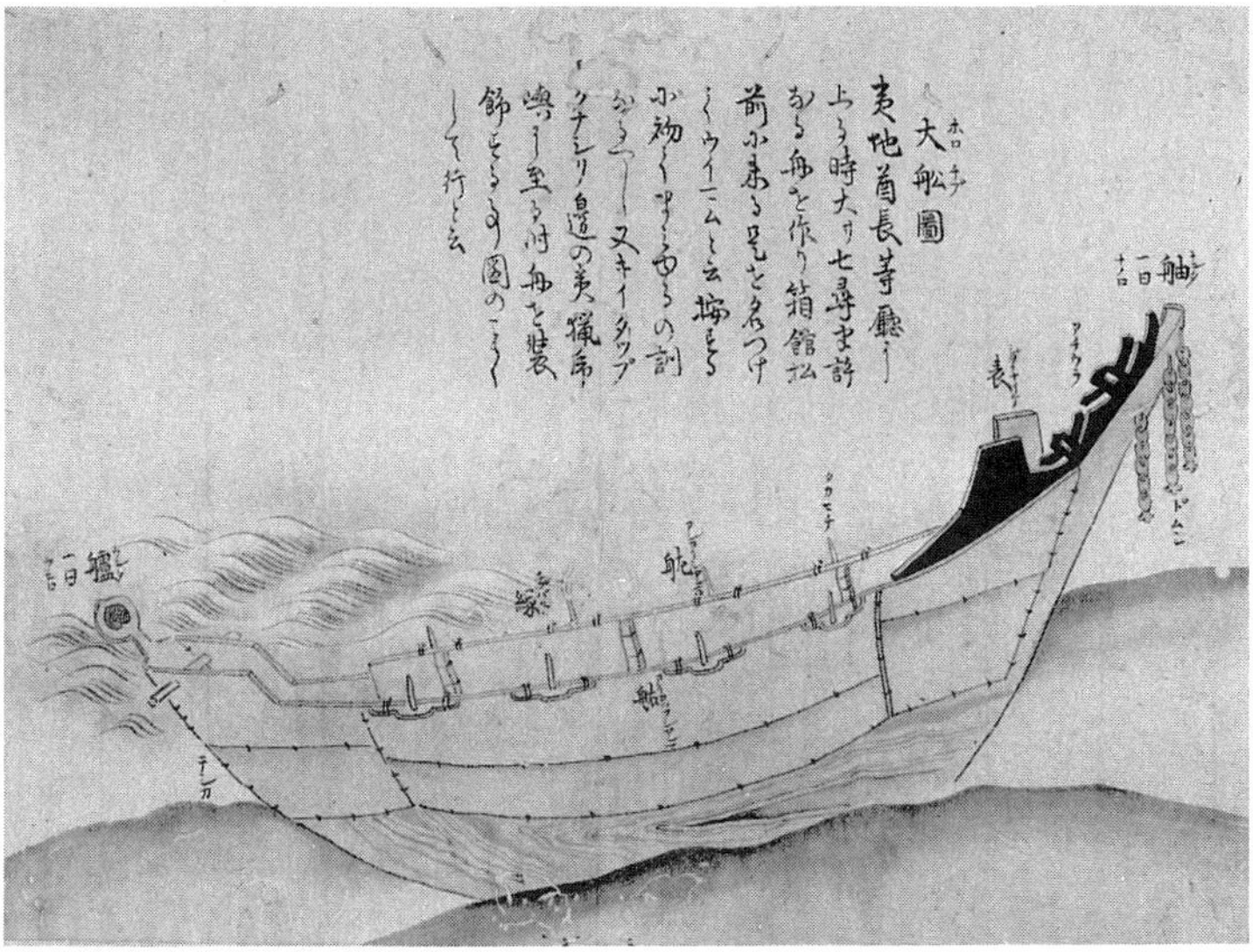

アイヌのイタオマチプ（「蝦夷島奇観」東京国立博物館蔵）

つまり北は秋田県米代川付近を境に東北北部から北海道にかけての海べりにみられ、南はトカラ列島以南の奄美から沖縄諸島にかけての島嶼部に分布している。さらに、周辺アジアをふくめると、分布は、北方では北海道からサハリン、アムール川とその周辺地域に連なり、南方では沖縄から台湾、フィリピン方面に連なっている。

これら列島の南北に分布する刳舟は、刳底に舷側板・タナをとりつけるさい、木釘や金釘止めの方法以外に、動物や植物の繊維などで縫い合わせたり、縛り合わせる縫合・緊縛技法がみられる点に特徴がある。また、縫合船の船内に補強材を入れる場合、両舷側を貫く梁よりも両舷側から船底全体を曲がり木で補強する肋《ろく》材が使われることが多い。

たとえば、北方のアイヌの用いた縫合船（板綴船）イタオマチプは、タナ発達の刳舟の典型で、一本の丸太から刳底を掘りあげたあと、タ

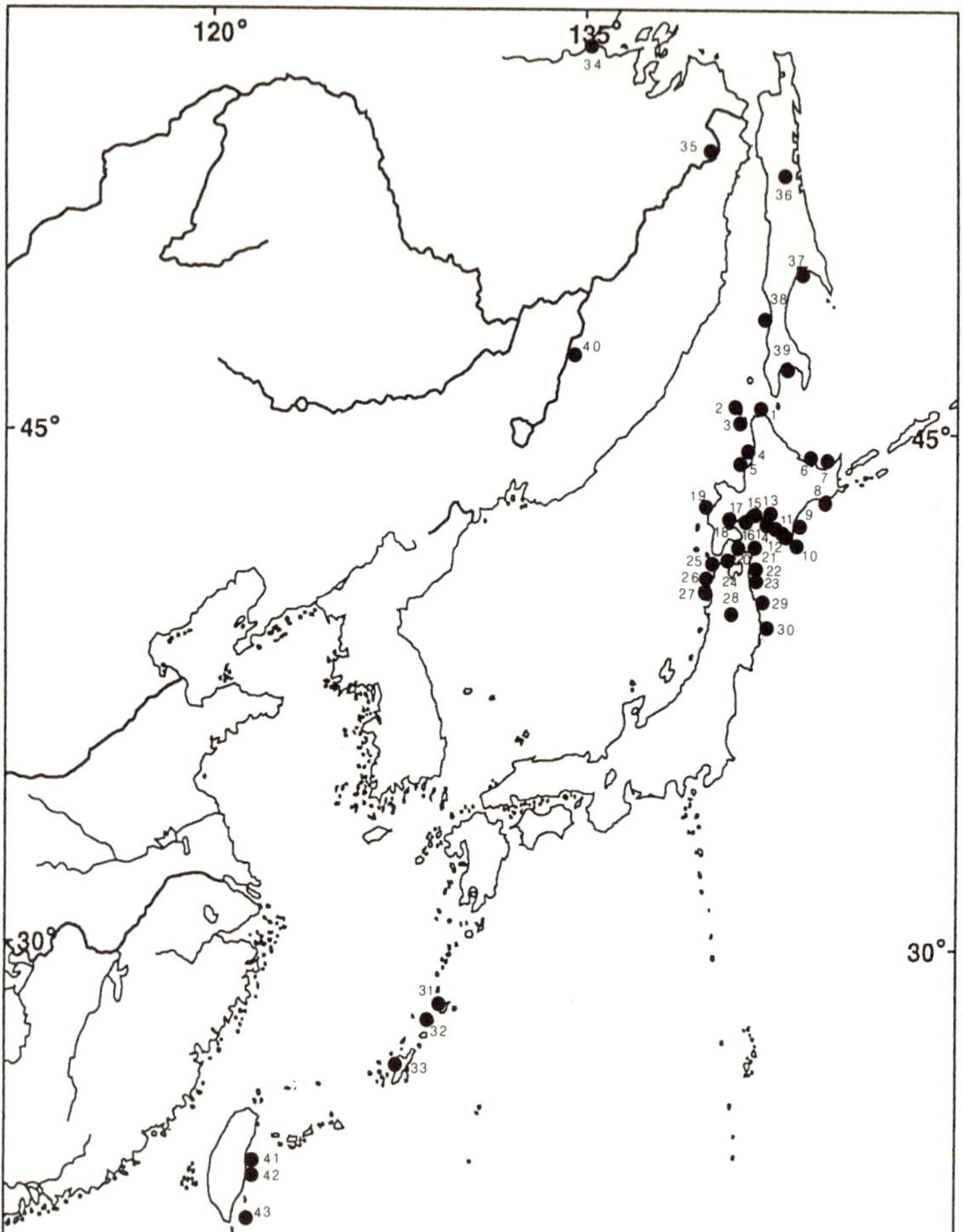

タナ発達の刳舟の分布（番号は表と対応）

タナ発達の刳舟の分布地

事例	使用地（民族名）		舟の呼称（○印は縫合船）	分類
1	北海道	稚内	○	A
		〃	イソブネ	BX, BY
2		礼文島	イソブネ	
3		利尻島	イソブネ	BX, BY
4		留萌郡	イソブネ	B, BX, BY
5		増毛郡〜浜益郡	イソブネ	B → BX, BY
6		常呂	○チプ	
7		網走市		BY
8		釧路郡（アイヌ）	○カリンバテシカチプ	B
9		広尾町		BY
10		えりも町		CZ
11		様似町		CX, CY, CZ
12		浦河町（アイヌ）	○チプ	
		浦河町		BY
13		静内町	○	
14		平取町（アイヌ）	○イタオマチプ	A
15		門別町	○イタオマチプ	
16		白老町（アイヌ）	○イタオマチプ	A
17		登別町〜伊達市	イソブネ	BX, BY
18		噴火湾（アイヌ）	○	
19		江差町	○	
20	青森県	下北半島西部	イソブネ	BX, BY
		大間町	○	A
		風間浦村	ドンコロブネ	A
21		下北半島東部	イソブネ	B, BX, BY
22		六ケ所村泊	マルキブネ	A
		〃	カッコ	B
23		八戸市〜九戸郡	カッコ	C
24		東津軽郡平舘村	チョウワセン	B
		今別村	バッテラ	B, BX
25		北津軽郡	イソブネ	CX, CY
		小泊村	ドゲブネ	BY
26		西津軽郡深浦町	○マルキブネ	A
		〃	イソブネ	CZ
27	秋田県	八森町	マルキブネ	B, BX, BY
28		田沢湖	マルキブネ	O, A
29	岩手県	田野畑村	サッパ	
30		岩泉町〜田老町	サッパ	BY
31	鹿児島県	奄美大島	○スブネ	O, A
32		徳之島	マルシィ	O, B
33	沖縄県	沖縄諸島	○サバニ	O, A → CZ
34	ウダ川（エベンキ）			A
35	アムール川下流（ナナイ）		○	B
36	サハリン	トィミ川（ニヴヒ）		A
37		敷香（ウィルタ）		B
38		（アイヌ）	○	O, B
39		大泊（アイヌ）	○	B
40	中国	松花江	威虎	A
41	台湾	（アミ）	○	
42		（クヴァラン）	○	A
43		蘭嶼（ヤミ）	○チヌリクラン,タタラ	O → B, C, CZ
44	フィリピン	バタン島	○タタヤ	O, B, CZ

分類記号は6ページの横断面モデルの記号と対応する。

ナ板を一―三段舷側に綴じつけて造る。接合部には、ミズゴケなどを間に詰めて水が浸入しないようアカドメをし、サクラやシナの樹皮を縄として縫合し、鉄釘は使わずに製作された。鯨漁や交易運搬などもっぱら海で使われたが、急流、激流の多い河川でも船首に板を綴じつけたものが使われた。

これらイタオマチプには、車櫂と呼ばれる特徴あるオール式の櫂が使われた。すなわち車櫂とは、舷側の上部に設けたタカマジと呼ばれる突起に櫂をさしこみ、支点をとって船首を背に左右交互にくるくると腕をまわしてこぐオールである。おおむね船首を背にこぐが、反対にまわせば前後どちらにも進むことはできる。したがって、磯見漁の最中には、口にカガミをくわえ、水中を見ながら、突き具をもち、たくみに足を使って櫂をまわして移動したりもする。

北日本では、小型の磯舟に現在も重宝されている一方、この車櫂は、北方のサハリン、アムール川流域のニヴヒ、ナナイ族の板舟やオロチ、ウリチ族の海舟などにも使われており、車櫂は、櫓の系譜とは明らかに異なる北方系の推進具である。

これら北方のタナ発達の刳舟などに使われる車櫂は他方、南方の舟にはみられない。

逆に南方では、船体のねじれの補正や安定性をえるために竹などの安定浮材をとりつけたりするが、それは北方ではみられない。すなわち、列島の南と北という隔たった両域の刳舟には、タナ発達の刳舟と縫合という共通の技術が見いだせる一方、異なる技術複合も認められ、それぞれ同緯度の周辺アジア世界と連なることが注目できる。

本州西部の出土船

アイヌの縫合船イタオマチプは、近世期ころの北海道から出土してもおり、歴史をさかのぼってその存在が確かめられつつある。

他方、民俗事例としてはみられない本州西部にもタナ発達の刳舟の存在が確認されている。たとえば、大阪府寝屋川市出雲町の讃良郡《さららぐん》条里遺跡からは、古墳時代初期とみられる長さ一〇メートルあまりの井戸枠転用の刳舟が出土しており、その舷側上縁には段がほりこまれ、舷側板をつけたと推測される細工がみられた。また、広島県三原市沼田東から中世期のタナ発達の刳舟が発掘されている。一本の丸太を半切し、内を刳りぬいて刳底としたその舷側上部に三〇本の角釘がうちこまれており、舷側板を釘接合したものであった。

このように本州西部でも単体の刳底に舷側板をつけたタナ発達の刳舟が存在しており、近現代にみる列島の南北領域に限定されない分布をみていたことが推察できるのである。

北方と南方の周辺アジアの刳舟

くりかえすが、北海道アイヌの刳舟や沖縄・奄美にみる刳舟は、単材の刳底を基本として舷側板をとりつけた形態であり、先の出土事例、さらに海外の民俗事例にもその類例は認められる。つまり、タナ発達の刳舟群のなかでもこの形式は、より普遍的な技術といえる。

たとえば、サハリンアイヌの人びとは、ヤナギの木で刳舟をほったあと、舷側にエゾマツもしくはトドマツの板をつける。そのさい、エゾマツの木釘で釘づけするか、トドマツの根皮の丈夫なもので堅く綴じつけるかの方法をとり、合わせ目には苔を詰めアカドメした。

サハリン、トィミ川のニヴヒも同様の舟を造った。刳舟の舷側を均等に広げたのち、カラマツの長い板を舷側にとりつける。接合は、同じカラマツ製の木釘の先にアザラシの油を浸して滑りをよくし、う

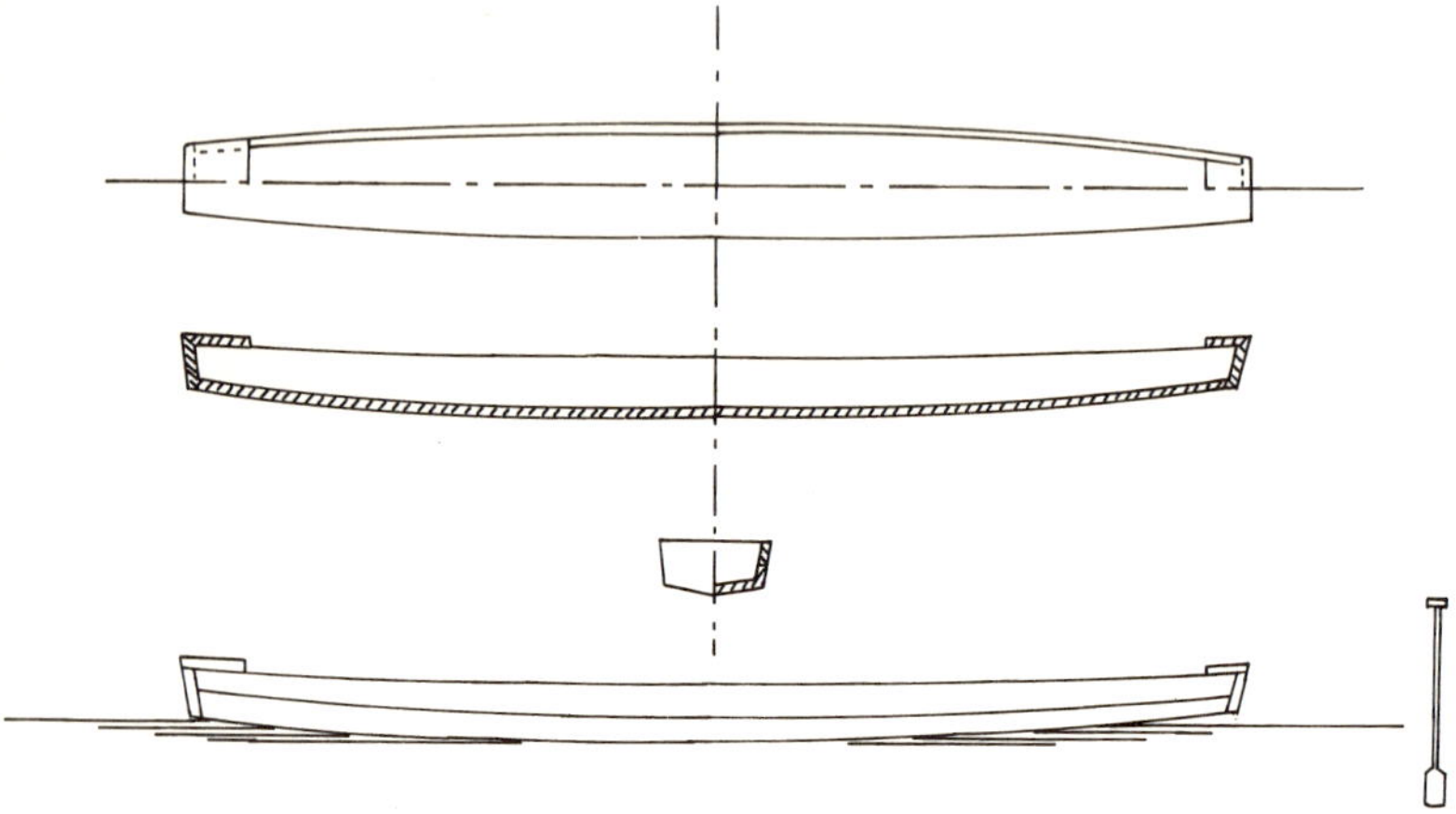

中国・松花江の刳舟「威虎」（国務院実業部臨時調査局 1937）

ちつける方法であった。

トィミ川のニヴヒは、自分たちで使う舟だけでなく、オホーツク海沿岸のニヴヒとの交易の品として舟の半製品を造り、流送していた。タナ発達の刳舟の基底部は単材刳舟と同様、川をくだり、海に届けられる山の産物であった。

他方、アムール川の支流、中国の松花江で用いられていた漁船には、「威虎」と呼ばれる刳舟があった。長さ九・七メートル、幅一メートル、深さ五〇センチメートル、底は刳舟で、舷側にわずかな側板をつけたもので、櫂（パドル）で推進する。この舟を横に二艘連結したものを「対子船」と呼び、さらに側板を高くして渡し舟や運搬船として用いることもあった。

南方の台湾蘭嶼では、ヤミ族の人々がトビウオ漁など沿岸漁に伝統的に用いてきた舟に大型の共同船チヌリクランと個人もちの小型船タタラがある。構造は単体の刳底にタナ板をつけたもの（ニソサワン）と、竜骨の上に板を継ぎたした構造船（ニニナプン）があり、船内には肋材ヤウブが入る。板どうしの接合には木釘接合と植物

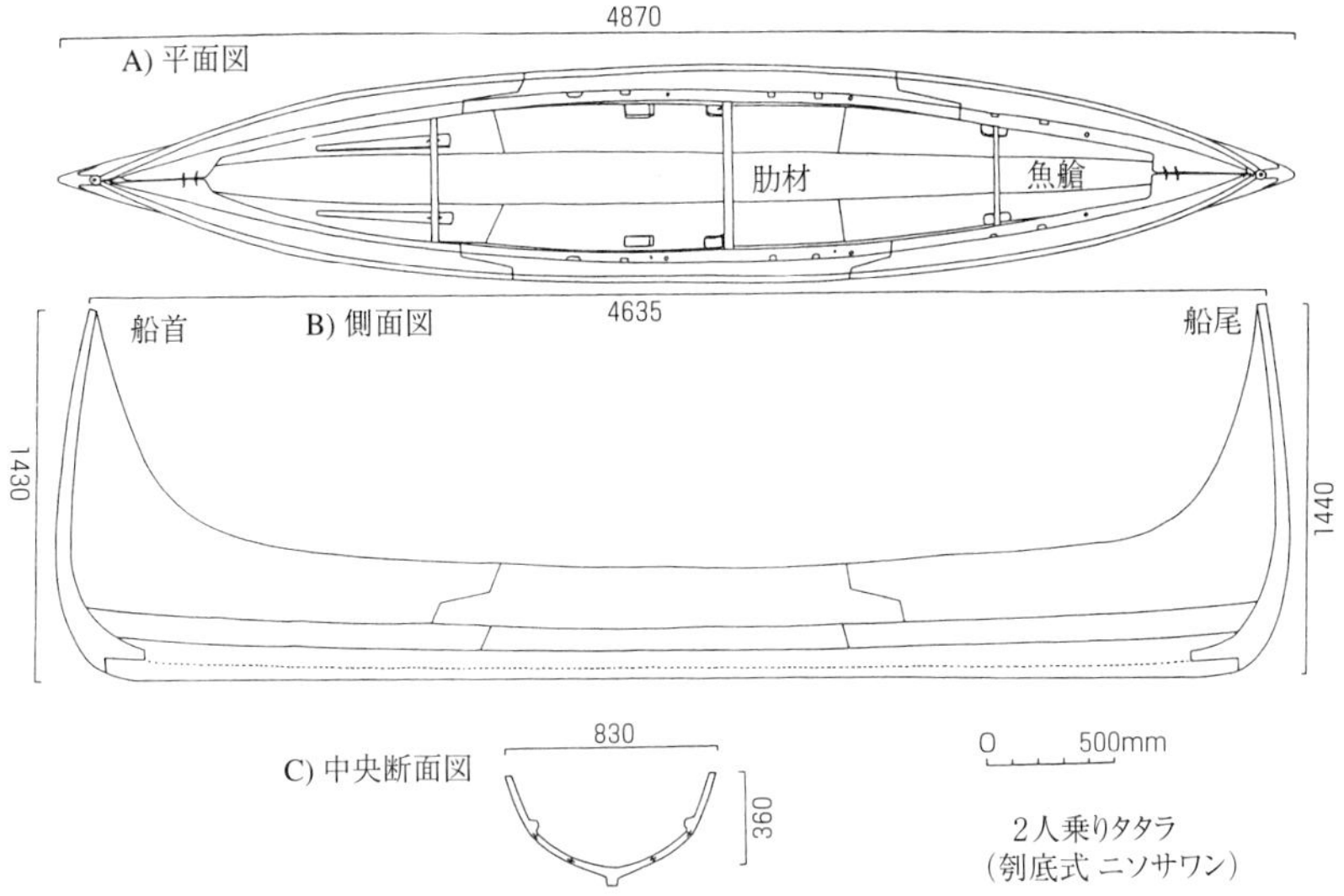

2人乗りタタラ
(刳底式 ニソサワン)

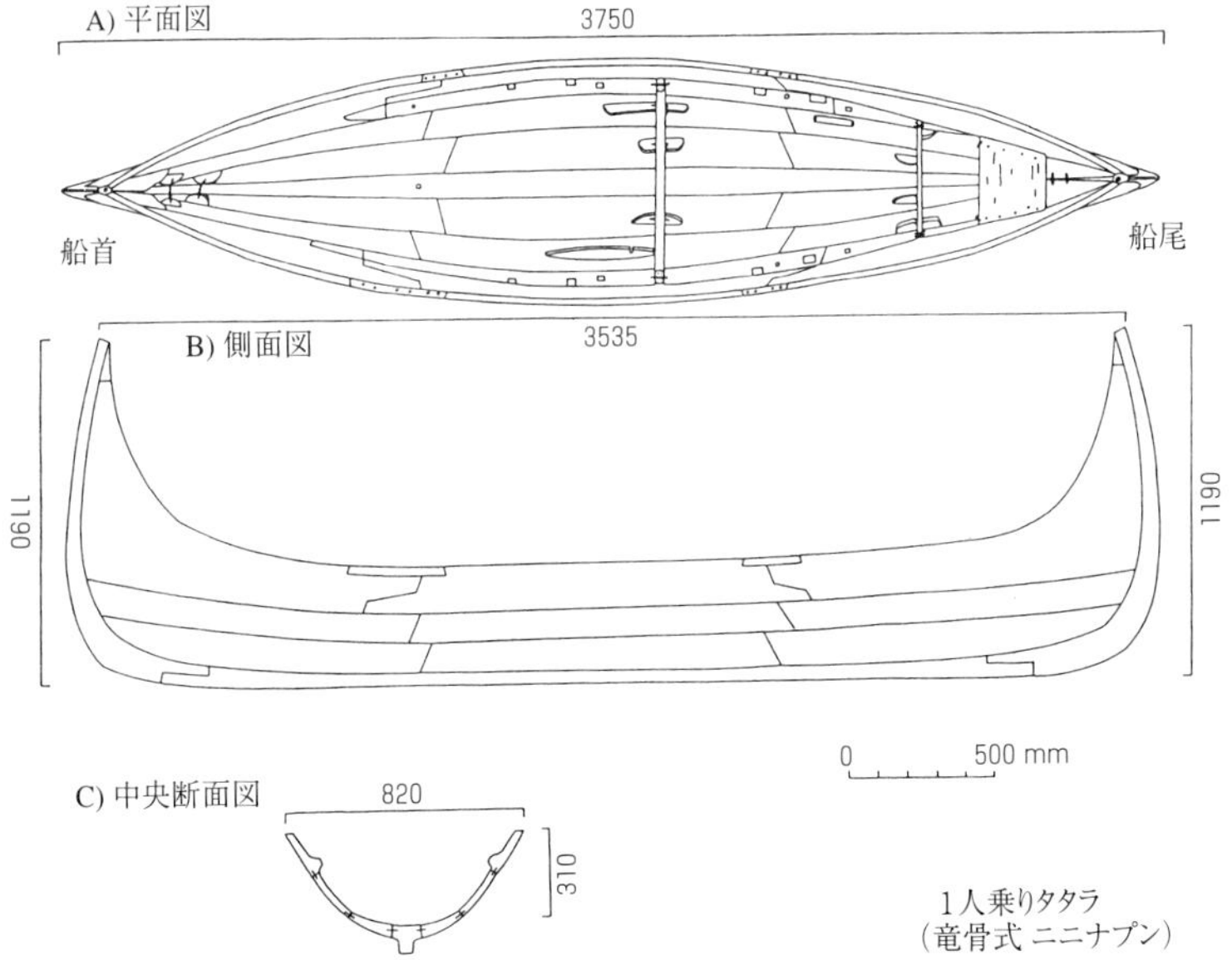

1人乗りタタラ
(竜骨式 ニニナプン)

台湾・蘭嶼ヤミ族のタタラ

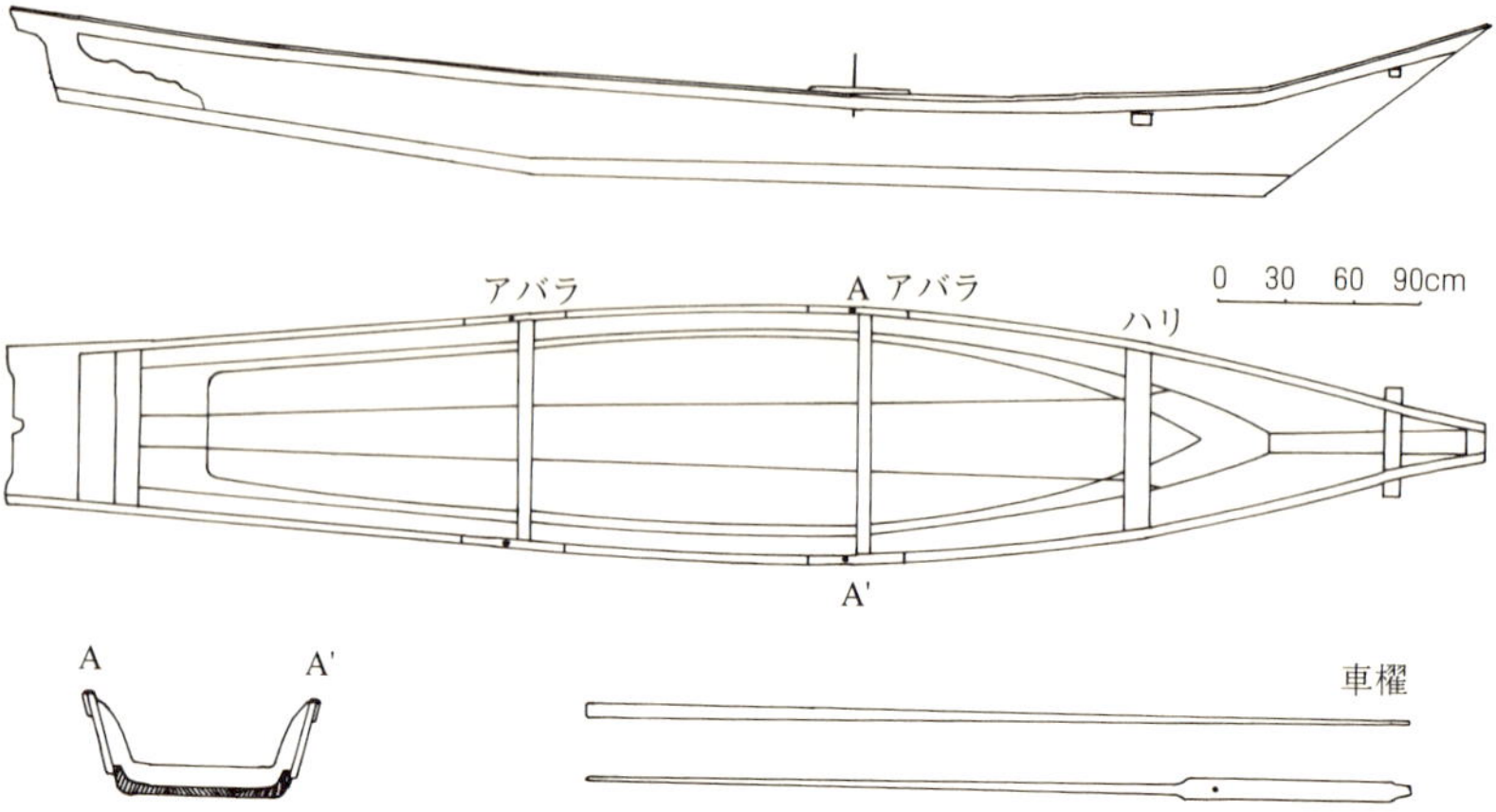

東北のムダマ造りのイソブネ（青森県市浦村脇元）

繊維（ツルアダン）による緊縛技法が併用され、接合部にはバロッと呼ばれる木の根からとれる黄色い綿状のネワタを詰めた。

刳底式は、ゆれやすいので、とくにゆれる舟には安定浮材をつける。舟造りは、父から息子に伝えられる技術とされ、山に入って部材を調達し、一人で造ることができれば一人前の男性とみなされた。

竜骨船も刳底船も船体のほとんどはオノで製作されており、あとは木釘を入れる穴をあける道具キリと彫刻用のノミが使われる程度である。すなわち、ヤミ族の竜骨構造船はオノ一本で部材を削りだす刳板構造船で、まさしく刳舟の延長で建造可能な舟である。いいかえると竜骨船も刳底船も両者の間に技術上の大きな断絶はないものの、より複雑な工程を要する竜骨式は、刳底式より格式の高い技術とみなされて、人々は、竜骨式を造ることに誇りと高い評価を見いだしている。

北日本固有のムダマ造り

以上のように単体の刳底と舷側板の組み合わせが、タ

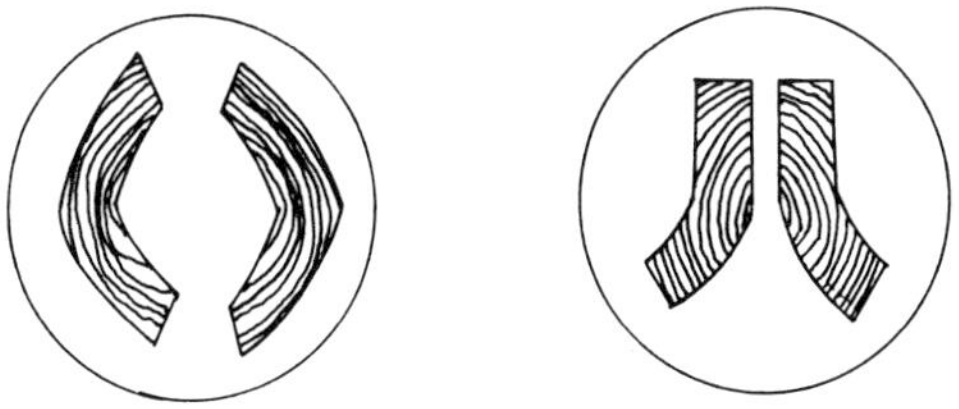

刳りぬき部材の木取り

ナ発達の刳舟群の一般的技術であったことは、国内外の民俗事例、列島の出土船をふくめ、理解できるだろう。つまり、先の分類図（六頁）でいえば、AやBの類型である。

ところが、日本の東北北部から北海道の沿岸には、ムダマ造り、あるいはムダマはぎと称して、刳底が複数材からなる多様な構造のものが（BX、CX、CYなど）存在してきた。この複数の材を合わせる接合技術には、後述するシキ発達の刳舟群に通じる技術、たとえばチキリのような木製カスガイや接着剤の漆の使用が認められ、そこに技術接触があったことは疑いえない。ただし、このムダマ造りには、刳底が一材のものもあり、「もとは一材だった」という伝承をもつ例も多い。くわえて複材化した場合にも、刳底を一単位とし、その刳底をムダマと呼ぶ。さらには、肋材を入れる、車櫂を使用するなどの点で、アイヌの舟との共通点を有することも疑いえない。

すなわち、ムダマ造りは、和人とアイヌ両文化の接触しあう北日本で固有に開花した技術であった可能性が高い。

シキ発達の刳舟——日本と周辺アジア

日本の分布

刳舟の複材化は、左右に刳りぬき材を継ぐ方向でも重要な展開を遂げた。

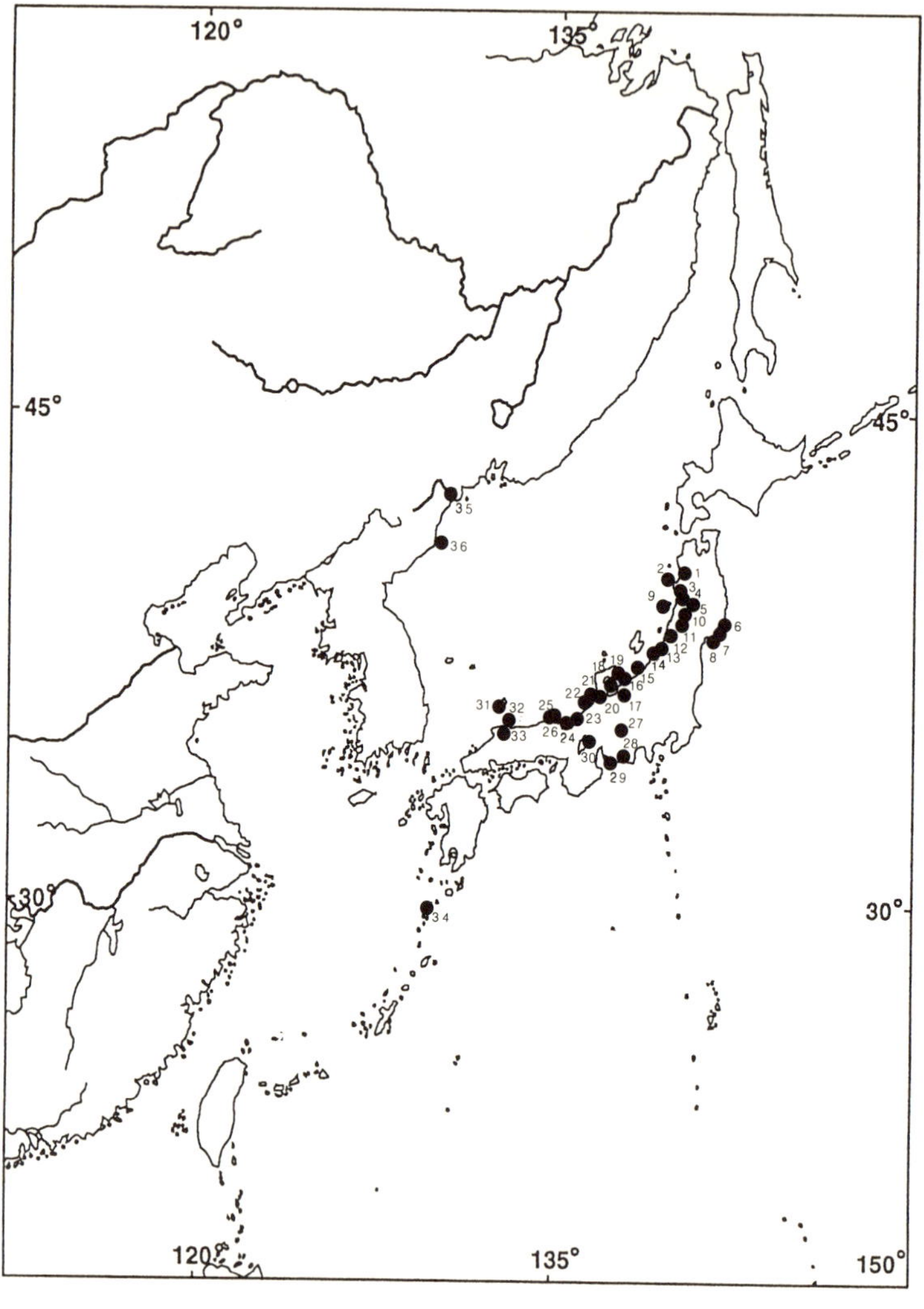

シキ発達の刳舟の分布（番号は表と対応）

シキ発達の刳舟の分布地

事例	使用地		船の呼称	分類
1	秋田県	米代川		BZ
2		男鹿半島	エグリブネ	O，X，Y
		〃	ドブネ	BZ
3		八郎潟	カタブネ	AZ
4		雄物川		BZ
5		玉川	ゴガチョブネ	BZ
6	岩手県	三陸町	カナオレカッコ	BZ
7		大船渡市	マルタ	A → AX
8	宮城県	歌津町	カッコ	BZ
9	山形県	飛島	マブネ	BY，BZ
10		最上川	カワフネ	BZ
11	新潟県	三面川	カワフネ	BZ
12		荒川	カワフネ	BZ
		胎内川	カワフネ	BZ
13		阿賀野川	ナガシブネ	B → BZ → CZ
		新潟市	チョロ	BZ
14		西蒲原郡巻町	ドブネ	BZ
15		中頸城郡～西頸城郡	ドブネ	BZ
16	富山県	富山湾岸	ドブネ	BZ
17		神通川	ササブネ	AZ，BZ
18	石川県	能登半島	マルキブネ	BZ
19		〃	ドブネ	BZ
20		邑知潟	ササブネ	BZ
21		羽咋・内灘・小松	ドブネ（べカ）	BZ
22	福井県	北潟地方	べカ	BZ
23		敦賀市	マルキブネ	BZ
24		小浜市	コチブネ	BZ
25	若狭湾西部		トモブト(マルキ・トモウチ)	BZ
26	丹後半島～但馬海岸		マルコ	CZ
27	長野県	諏訪湖	マルタブネ	Z → AZ
28	静岡県	浜名湖	マルタブネ	Z
29	愛知県	渥美半島	ボウチョウ	AZ
30	滋賀県	琵琶湖	マルコ	AZ
31	島根県	隠岐	トモド	AY → AZ
32		美保関町	モロタブネ	AX，AY
33		中海	ソリコ	A → AX，AY，AZ
34	鹿児島県	トカラ列島	マルキブネ	O→X→Y→BY，BZ
35	朝鮮半島	豆満江		
36		金策	クメイ	AZ

分類記号は6ページの横断面モデルの記号と対応する．

シキ発達の刳舟群には、左右の刳りぬき材のみを船底で合わせたものから舷側板と船底板をともに付加した構造のものまである。むしろ後者のものが圧倒的に多いという点で、舷側のタナは、シキより普遍的な技術であることは、船体構造の展開からも裏づけられよう。なお左右の刳りぬき部材は、木の性質を合わせる意味から別木よりも一本の丸太からとりだすことをよしとし、その木取りは、背中合わせ、向かい合わせの二つの方法がある。いずれの場合にせよ、左右の刳りぬき部材は別々に刳りだされるのであって、単材刳舟を半分に割って間に材をたすという方法はとらない。

このシキ発達の刳舟群は、先のタナ発達の刳舟群とは明確に分布域を違える。すなわち、日本では、秋田県米代川以南から出雲地方にかけての本州日本海沿岸と本州太平洋岸の一部、さらに離れて南はトカラ列島を南限とする分布域を示す。

しかもタナ発達の刳舟がもっぱら沿岸部に残ったのにたいして、このシキ発達の刳舟は、海舟にとどまらず、内水面にもその技術が広がっている点で特徴ある分布を示す。

たとえば、日本海沿岸に近接する秋田県八郎潟や石川県邑知《おうち》潟、島根県中海といった海と接する潟のほか、滋賀県琵琶湖、太平洋岸の静岡県浜名湖、中部山地の長野県諏訪湖といった内陸の湖、本州日本海沿岸に注ぐ秋田県の米代川や雄物川、新潟県三面川や荒川、富山県神通川などの川がふくまれる。

まずこれらシキ発達の刳舟には、様式化された二つのうねりをとらえることができる。

一つはモロタ・マルタ・ボウチョウ系統と呼べる簡単な構造のもので、舷側から船底にかけての丸太材が大きく、両側に膨らんだ船体をなし、本州の広い範囲の海・湖・潟に散在する。出雲地方の美保神社のモロタブネや中海のソリコ、琵琶湖のマルコ、太平洋岸のボウチョウや浜名湖・諏訪湖のマルタブネ、さらに三陸海岸のカッコがあてはまり、神事用や運搬、漁などに使われてきた。

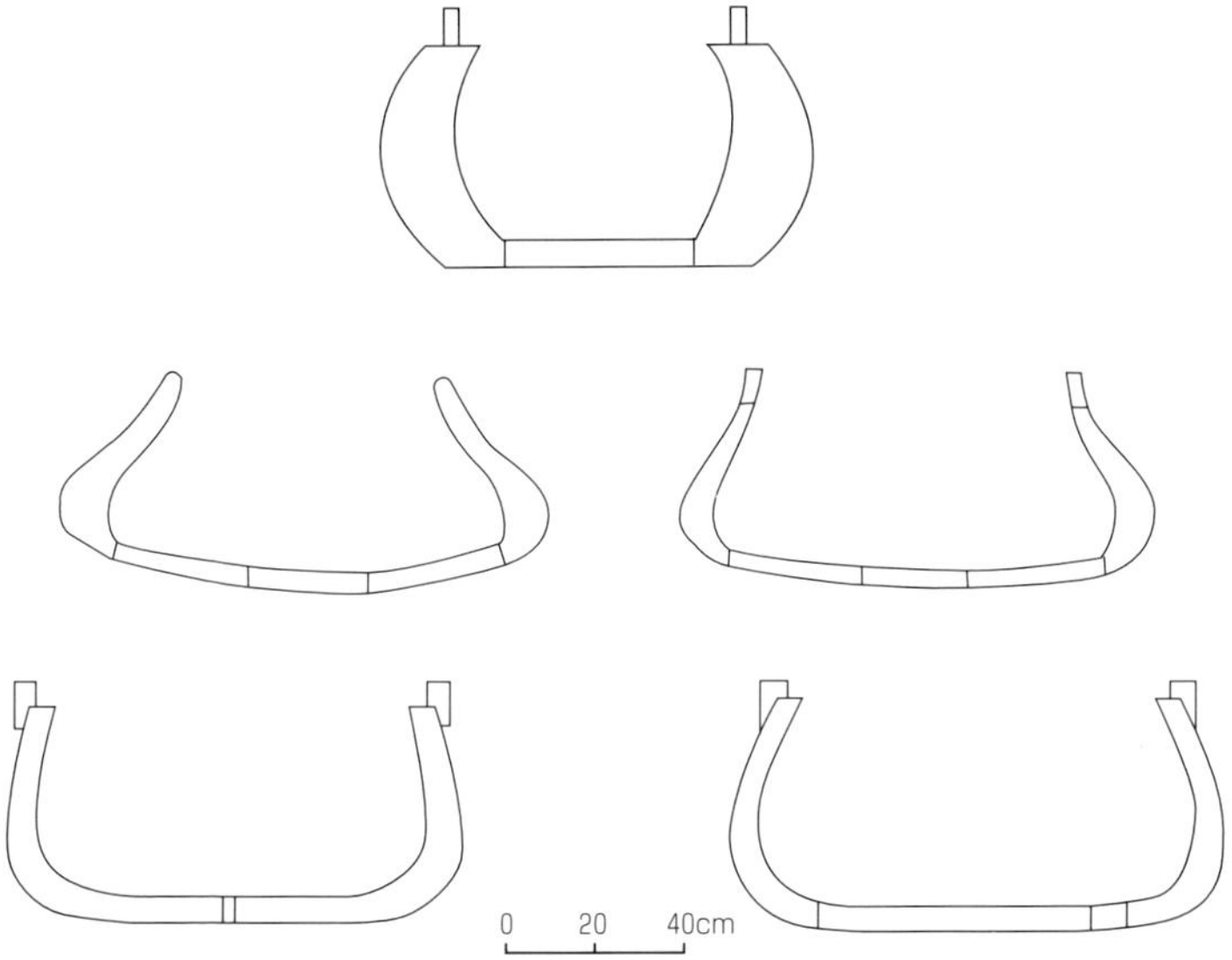

ボウチョウ型の刳舟
上：渥美半島のボウチョウ（愛知県教育委員会 1969）
中：諏訪湖のマルタブネ
下：中海のソリコブネ（左：美保神社蔵，右：国立民族学博物館蔵）

能登半島・宇出津のドブネ（ドブネ型）

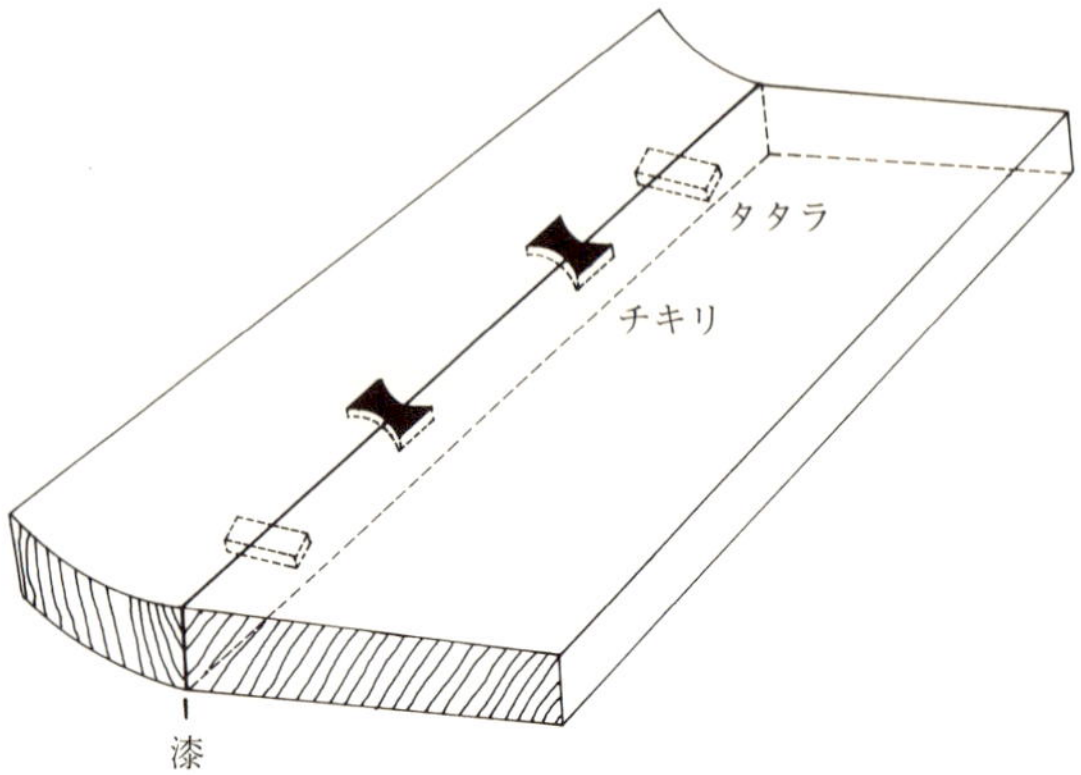

チキリ・タタラ・
漆による接合

これらを総称する名称は、現在のところとくにないが、もう一つの系統であるドブネ型と区別する意味において、ボウチョウ型と呼ぶことにしよう。この名称は、一般になじみは薄いが、かつて太平洋岸の民俗呼称に使われていた名称で、明治期の統計資料『水産事項特別調査』の刳舟形漁船の細区分にも使われていたものである。

ボウチョウ型は、丸太材の使われ方や船首の処理、接合技術の点で、先のドブネ系統とは区別可能なものであり、分類BZにほぼ集約されるドブネ型ほど横断面は一致しておらず、いくつかのバリエーションや単材刳舟からシキ発達Z方向への直線的進化も見いだせる。しかも、周辺アジアに点在するシキ発達の刳舟は、むしろこのボウチョウ型に近く、ボウチョウ型はドブネ型より普遍的な古式の技術と考えられる。

もう一つは本州・若狭湾以東から秋田県にかけての海と潟、川に局地的に、かつ濃密に展開するドブネ型である。このドブネ型は、ほとんどが分類図（六頁参照）のBZ、つまり刳りぬき材は舷側下方を構成し、舷側上部のタナと船底材シキとをつないだ基本構造をなす。刳りぬき材をとりいれた構造船と呼ぶにふさわしいものである。さらに、箱形の戸立《とだて》構造の船尾と尖った造りの船首、接合面に漆を塗り、木製カスガイ（チキリ）や木栓（タタラ）で合わせる接合技法、肋材を使わず、内部構造材は、わずかな梁が入る程度で、船殻でもたせた構造である点など共通の技法が見いだせる。また、推進具の点でも腕にツクをもたない独特の櫓が用いられる点など、細部にわたって固定化した技術群を生んでいる。大型船では、定置網や地引網に主として使われる一方、小型船では、稲藁運搬や田地通い、漁や渡しなど多目的に使われてきた。

なお、シキ発達の刳舟群には、この二つの流れのいずれかに関与しつつもかなり独自の歩みをもったとみられる事例とこの二つの流れとの直接関与が想定しにくいものの、共通する技術複合を選択するなかで共通の船体構造にいたったとみられる事例がある。前者には、分布の北限近くの八郎潟のカタブネや飛島のマブネがあげられ、また後者では南限と位置づけたトカラ列島のマルキブネがあげられる。

その具体的展開については、第II部でとりあげよう。

ところで、シキ発達の刳舟の出土船は、秋田県八郎潟から発掘された長さ一五メートル（推定全長一七メートル）、船尾幅二・八メートルのスギ製のものがある。左右の刳りぬき材を船底で合わせ、間に板材を入れて幅を調整したもので、帆柱をたてたあとがみられる中世ころの製作と推定される帆走丸木舟である。刳りぬき材の左右継ぎは、おそらくは比較的新しい時代になって重要な展開を遂げたものと推察されるのである。

周辺アジアの刳舟

日本のまわりに目をむけよう。シキ発達の刳舟の民俗事例はいささか少ないが、日本海をはさんだ朝鮮半島北東部、咸鏡北道金策にその報告がある。

この事例は、二本のマツの大木を刳りぬいてとりだした左右の部材を船首でしっかり合わせ、船尾は全体の長さの三分の一ほど離した幅にし、船底と船尾、舷側上部に板を継ぎたしたものである。長さ七・二メートル、刳りぬき材の高さ四八センチメートル、その上に釘止めした波よけ板は一三センチメートルで、船尾の幅は二・六メートルもあった。古代船舶の先駆的研究者、西村真次は、これに「三角舟」なる名をあたえているように、船尾幅の広さは他のシキ発達の刳舟にも類をみないが、横断面構造は諏訪湖のマルタブネなどと共通し、ボウチョウ型の特徴を反映している。また船首構造は、第II部で詳しく述べる新潟のドブネとも近い。

古くから使われてきたクメイと呼ばれるこの舟は、一九〇〇年代初頭には造られなくなっていたというが、日本海をはさんだ対岸どうしに共通する技術が存在したことは注目に値する。

しかも同様の技術は、近代のこの民俗事例にとどまるものではなかった。

たとえば、江戸時代の船の百科全書『和漢船用集』には独木刳舟《うつぼぶね》の項目に次のような記載がある。

又老工の説にきけり、元禄の比小船本国に漂着す。朝鮮の舟なるによっておくりつかはさる。南海より引て摂州対馬の御屋敷へ廻し来る。其船、大木を二ツに割て剜《えり》たる者二ツをよせて一艘となしたるよし、是猟船なるべし。

すなわち、一七世紀末ころ、朝鮮から流れついた漁船は、左右の刳りぬき材を継いだ舟であり、シキ発達の刳舟であったことがうかがえる。

また分布図からはずれるものの、中国長江上流の盧沽湖のナシ族の舟、あるいはミャンマーのサルウィーン川などに類例が散見できる。

たとえば、雲南省ナシ族が長江の上流、盧沽湖で用いてきた舟には、三種類あるという。一つは単材

朝鮮半島北東部金策の舟
特異な格好の鈍重な舟だが，地元の人びとにとってはもっとも使いやすい舟と認識されていた.（*Korea Review* 1903）

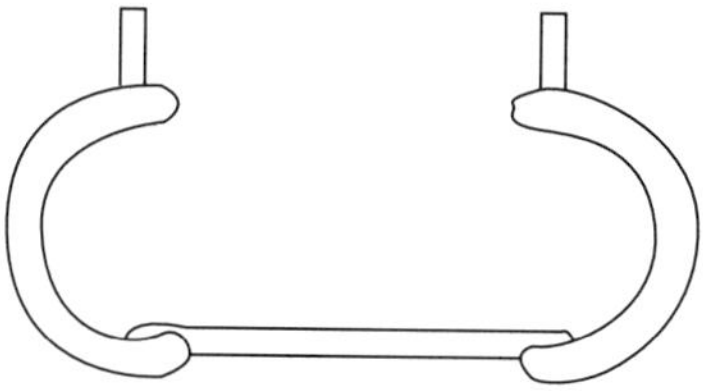

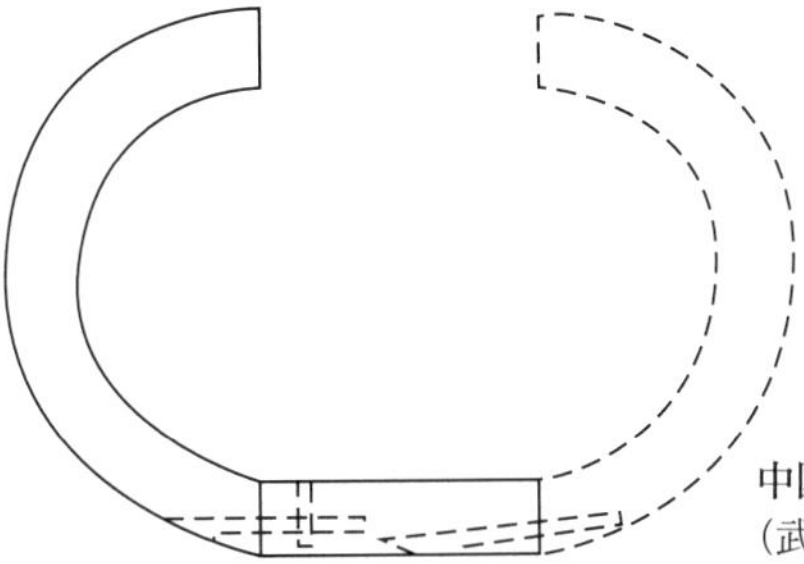

中国長江下流・武進県出土の漢代の舟
（武進県文化館ほか 1982）

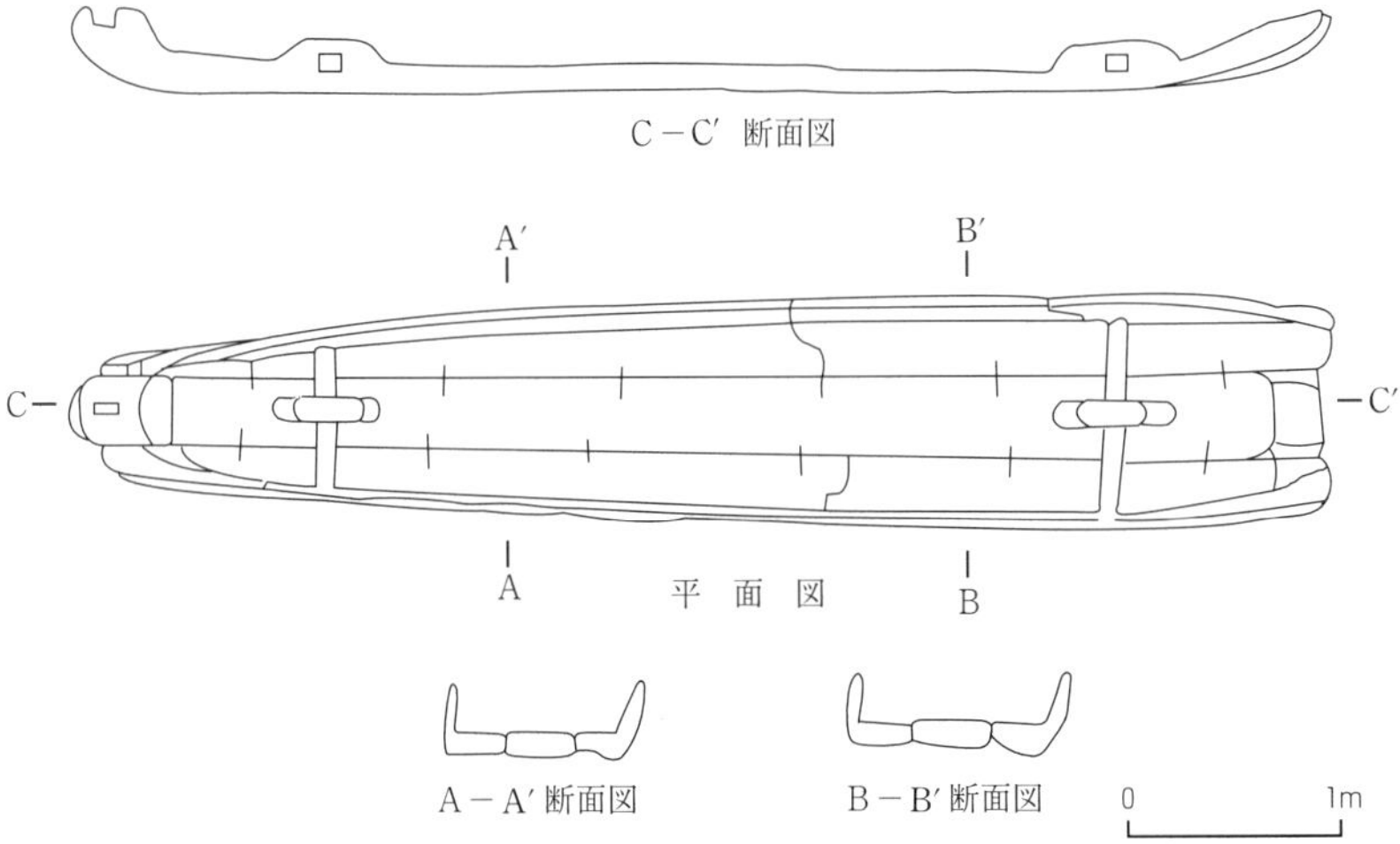

韓国慶尚北道・慶州雁鴨池出土の舟（金 1997）

刳舟、もう一つは単材刳舟の上に板を張りだすか、四角い木枠をつけたタナ発達の刳舟である。そして、三つめが、刳りぬいた二本ないし三本の丸太を左右に合わせた幅広の「複合独木船」すなわちシキ発達の刳舟である。木栓で結合し、間に蜜蠟や松脂、苔、屑綿などを入れて、水の浸入を防いだという。

他方、ミャンマー・サルウィーン川のシャン族の舟は、大型の運搬船で、チーク材で造られる。二本の長い丸太の一部を刳りぬき、これを舟の舷側下方にあてて、船底には平らな厚板を入れる。舷側上部には、二枚の板がつく。釘で接合し、内部には肋材を入れた。

なお出土船では、中国で長江下流の江蘇省武進県から発掘されている。船底の厚板にクスノキ（樟木）、舷側の刳りぬき材にカキを用いた漢代のもので、接合は、外側からうちこんだ木栓が使われている。この横断面は、ボウチョウ型と酷似する。

このほか、韓国慶尚北道、雁鴨池から出土した七―九世紀ころの舟には、マツ材を用い、左右の刳りぬき材の間に一材を入れて合わせた船体のものがある。横断面は分類Zに該当する。左右の刳りぬき材は、丸太の芯部が舷側外側にくるよう木取りされている。すなわち、一本の丸太からであれば、左右背中合わせの方法で、それぞれ別材としてとりだされたものであり、技術的には単材の刳舟を半分に割り、その間に船底材を入れるというものではない。

また雁鴨池船は、横方向に材を連結するさい、梁をぬいて結合する技法も用いており、朝鮮半島の在来船である筏舟に共通する結合技術がみられる点でも興味深い。つまり、舷側のある船殻形成にあっては刳舟的技法が使われ、材の結合においては筏舟的技法が一部とりいれられて、両技法は一つの船体技法として融合している。なお、類似の技法は、対馬の筏舟、あるいは韓国全羅南道・莞島沿岸出土の一一世紀ころの構造船の船底部にもみられるものともなっている。

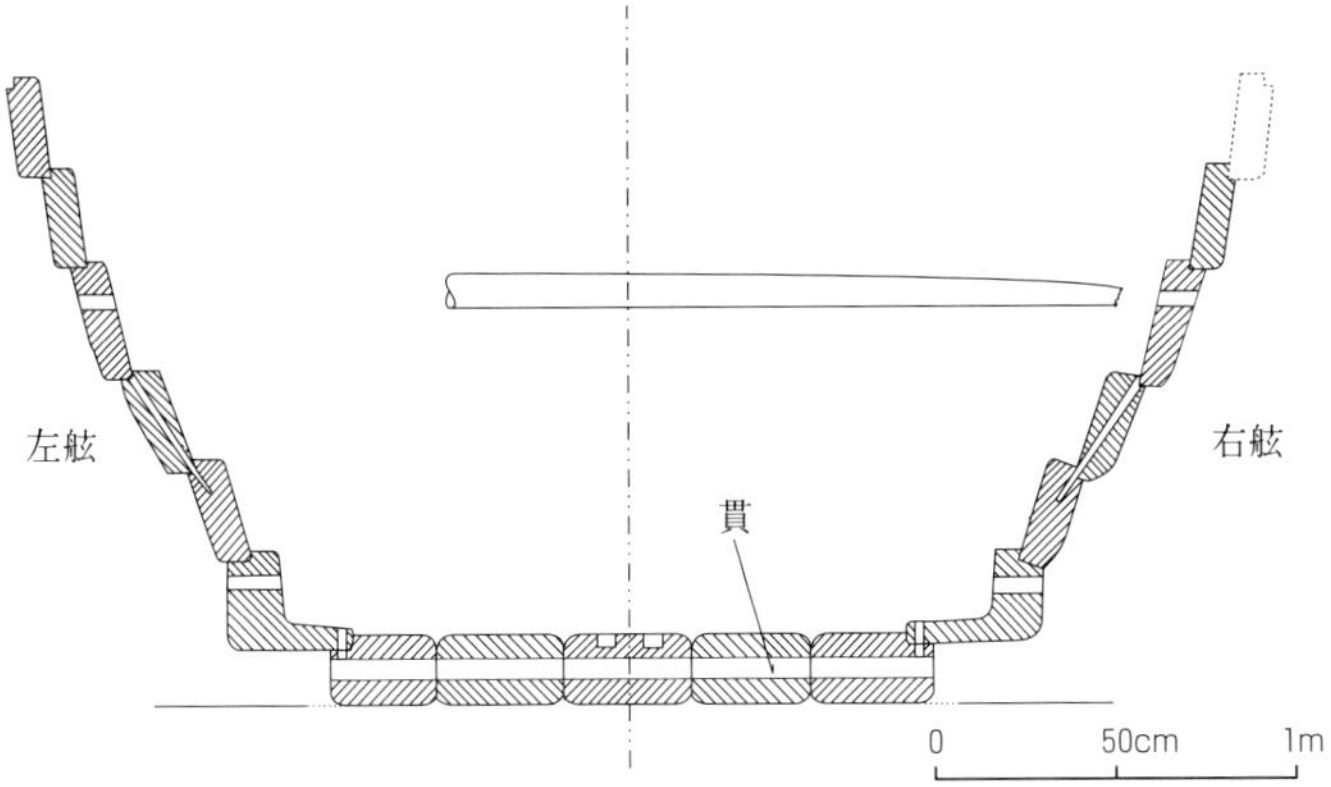

韓国全羅南道・莞島出土の舟（文化公報部文化財管理局 1985）

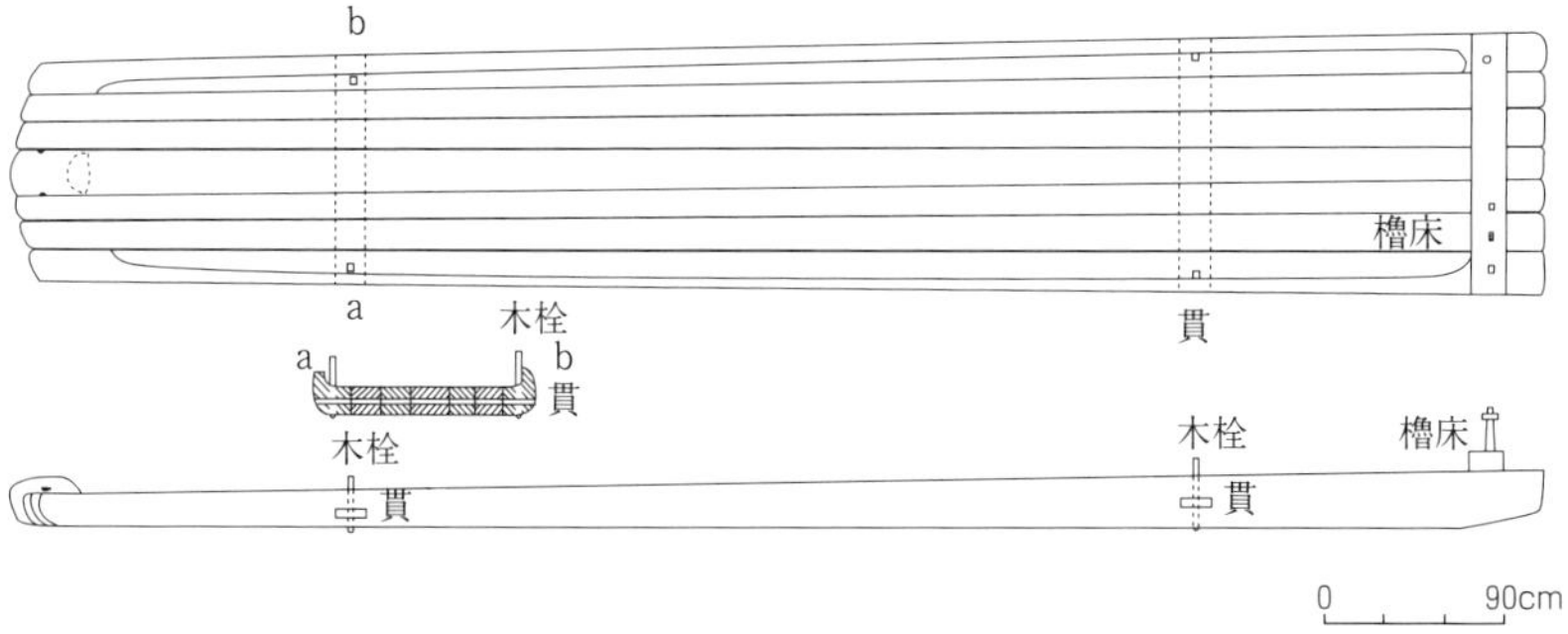

対馬・佐護湊の筏舟（瀬戸内海歴史民俗資料館蔵）

以上のようにシキ発達の刳舟は、現存民俗事例の豊富さにくらべ、なお出土事例が少ないものの、日本列島に限定されるものではなく、かつかなり古い時代にさかのぼって朝鮮半島と中国にも共通した技術が存在していた。

さらにつけくわえるならば、シキ発達の刳舟は、他のタナ発達などと同様、東アジアに限定されるものではなく、ヨーロッパなどでも報告されている技術である。

ただし従来これらは、タナ発達の刳舟にくらべると竜骨構造船への技術展開につながらない傍流の舟とみなされて、世界の船舶史上あまり重視されてこなかった技術である。

日本にみるその濃密度な分布と豊富な事例は、造船技術の多系進化を検証しなおすうえで、看過できない内容を有している。すなわち、この技術は、丸木舟から構造船への過渡的技術、たんに構造船への道筋の展開例としてのみ、重要なのではない。

丸木舟と構造船（あるいは筏舟）の両特性が生かされており、しかも容易に変更しがたい様式に成長しているという点において、もはや丸木舟であって丸木舟でない、あるいは丸木舟であって構造船でもある「第三の舟」といえるものなのである。

第三章　丸木舟からとらえた列島の諸領域

三つの領域

以上のような近現代の民俗事例を中心に、出土事例も参照して刳舟の諸形態とその建造技術や操船技術をとらえると、列島にはおよそ二つの境界が見いだせ、列島を北・中・南に区分可能な領域が浮かびあがってくる。ここでは、それを北から領域Ⅰ、領域Ⅱ、領域Ⅲと区分し、よりわかりやすくするために、北の領域Ⅰ、中の領域Ⅱ、南の領域Ⅲと名づけることにして、各領域にみられる丸木舟とその技術群について、領域を特徴づける樹皮舟や筏舟もまじえて整理しておこう。

北の領域Ⅰ

北の領域Ⅰは、秋田県米代川から岩手県田老町付近を境とする東北北部、北海道にかけての領域である。この領域にみる諸技術は、周辺アジアでは、サハリン、アムール川下流周辺の北方に連なる諸民族の舟と連関をもっている。

まず、丸木舟では、単材刳舟、タナ発達の刳舟群があり、丸木舟以外の舟としては、北海道アイヌの

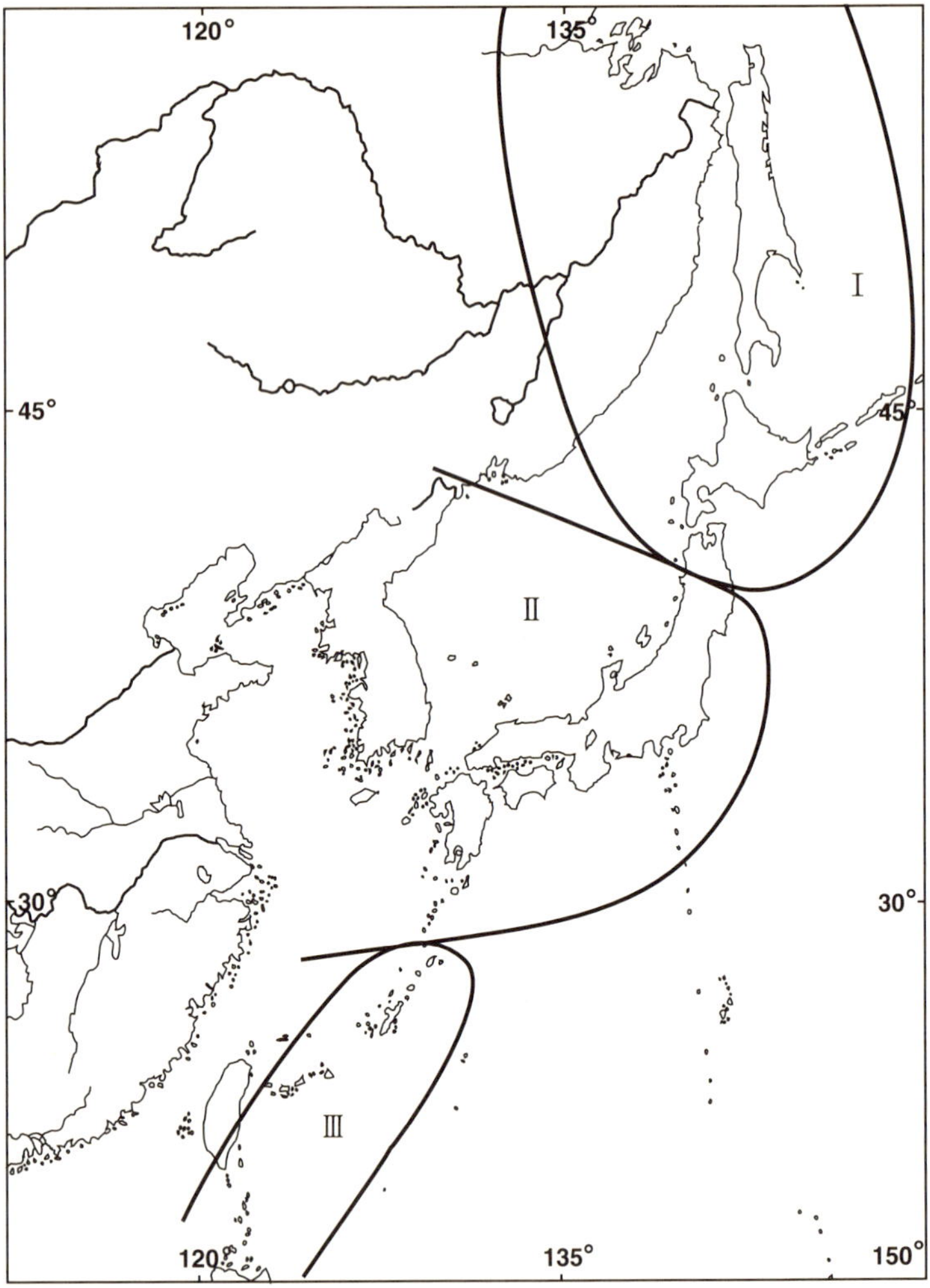

丸木舟から見た日本の諸領域
領域Ⅰ　樹皮舟，単材刳舟，タナ発達の刳舟，縫合技術，肋材，車櫂
領域Ⅱ　浮き，筏舟，単材刳舟，前後継ぎの刳舟，シキ発達の刳舟，チキリ・タタラ・漆接合，櫓
領域Ⅲ　単材刳舟，タナ発達の刳舟，縫合技術，肋材，安定浮材

樹皮舟をくわえることができる。この樹皮舟は、シラカバを産する北方の亜寒帯針葉樹林帯に高度に発達した狩猟採集文化複合の一技術である。ただし、北海道はシラカバの大木が育ちにくい南の縁辺になるため、使われる材はシラカバではなく、キハダやエゾマツが使われ、しかもその構造はアムール川の北方諸民族などのそれより簡素である。そして、その利用も応急的な利用運搬手段という二次的なものとなっている。

このような南方にいたるにしたがって、シラカバではなくなり、造りが簡素で、しかも利用が二次的になるという傾向は、北アメリカにおける樹皮舟利用のあり方とよく似ている。北アメリカ北部やシベリアなどではシラカバ製樹皮舟の両先端の形状が種族の違いを示すほどに細やかな形状差を生みだして、種族文化を象徴する物質文化にまで高められている。ところが、北アメリカのブリティッシュコロンビア川周辺を居住地とする内陸セイリッシュの人々の場合、当地には樹皮舟造りに適したカバの木は育たないため、彼らの造る樹皮舟はシーダーもしくはエゾマツなどである。エゾマツの樹皮は、一枚皮を使ったもので、シラカバのように何枚も縫い合わせることはしない。しかも北海道アイヌの場合と同様、間に合わせの舟として使われており、かれらにとっては丸木舟が主たる舟であった。

北日本での樹皮舟にかんする出土遺物は管見する限り、まだないようだが、技術的にみて古くさかのぼって使われた可能性はある。もっとも自然生態からみて、さらに北方に住まう諸民族にみられるように樹皮舟が主流になることはなく、単材刳舟とタナ発達の刳舟が当地の主力をなす舟であったとみてさしつかえないだろう。

タナ発達の刳舟では、タナ板の結合のために、樹皮舟製作とも共通する縫合・緊縛技術が使われ、内部を補強する肋材の使用も顕著である。そして、推進具には、車櫂という独特の推進具が使われてきた。

これもまた北方諸民族に共通する技術である。

つまり、列島に境をもつ、北の領域Iと中の領域IIとの境界とは、タナ発達とシキ発達の刳舟群という二大類型の境界であり、かつ領域Iにみる車櫂普及のほぼ南限域を示す。領域Iにはサハリンやアムールに連なる北方文化が存在する一方、ムダマ造りのような北方と中の文化の技術融合も認められるのである。

中の領域II

領域Iに続く中の領域IIは、東北南部からトカラ列島を南限とする領域である。

単材刳舟、前後継ぎの刳舟にくわえて、多様なシキ発達の刳舟群がある。推進具としては、北方の車櫂にかわって、櫓が使われており、単材刳舟をふくめ、これらの刳舟には櫓が多く使われている。また、丸木舟以外では、海女（海士）の文化とかかわる筏舟、浮き具などもくわえることができる。

周辺アジアと比較すると、これらの多くは、朝鮮半島、中国の華中・華南方面に共通の技術が認められる。

他方、漆を接着剤として多用し、チキリやタタラといった木製接合具と組み合わせて、水密に富んだ船殻を生みだす技法は、周辺アジア、あるいは他の地域をふくめてもなかなか見いだせない。

たとえば、朝鮮半島の在来型構造船は、水密性を重視するよりも筏の構造特質を生かし、むしろ容易に解体分解して不良部分を修理することを特徴とする傾向にあり、これらは、水密を重視して船殻強度を長くもたせようとする漆・チキリ・タタラ接合とは相容れない技法であり、両地域は共通の技法をもちながらも異なる発達方向をたどっている。

シキ発達の刳舟と結びついた漆・チキリ・タタラ接合は、その起源はともかく、本州日本海沿岸で固有に発展し、高められた技法の可能性が高いのである。

民族学者・岡正雄は、かつて日本民族文化の形成にかかわった五つの外来の種族文化を論じたさい、中国江南につながる水稲栽培・漁撈民文化について、弥生式文化を構成する南方的要素であり、進んだ水稲栽培をおこなうとともに沿岸漁撈に従事し、板張り舟や進んだ漁撈技術を招いた文化と位置づけた。漢民族の南下にともない、呉越が滅び、動揺混乱をきたしていた中国江南地方から紀元前四—五世紀ころ日本列島に渡来したと推定されるもので、江南の地の動揺による移動が西日本や南朝鮮にもおよんだとする見方である。その呉越人たちはすぐれた漁撈・船舶文化をもつ人びとで、日本への移動によってその進んだ漁撈民文化が波及したとみている。

岡は、その舟の技術を「発達した舟、おそらく板張り舟」とするだけで、それ以上述べることはしていなかったが、より具体的にいえば、この中の領域IIにふくまれる舟の技術が関与していた可能性もあろう。一般に「板張り舟」といえば、板だけで構成される構造船を連想しがちだが、それだけではなく構造化した刳舟、すなわち前後継ぎ刳舟にタナ板をはったものや、左右に刳りぬき部材をあて、船底板を入れたもの、あるいは筏舟などもふくんでいたのではなかったろうか。

そして、揚力を推進原理とする櫓という東アジアに固有の推進具もこのような技術とかかわってもちこまれた可能性は高い。櫓は中国ではすでに漢代に出現しており、日本の文献でたどれる初出年代の七世紀より明らかに早い。日本の「中」の領域にもたらされた櫓は、単材刳舟にもとりいれるべく工夫が重ねられ、この領域の単材刳舟は櫓こぎとの技術複合において、その形状にも変化があたえられることになったと筆者は考える。

諸技術の起源はともかく、シキ発達や前後継ぎの刳舟、漆・チキリ・タタラ接合のように日本でもっとも重要な展開がみられる技術がある一方、櫓のように東アジアで広く共有されている技術、また筏舟のように日本ではむしろ一部の地域にとどまって広く共有されることのなかった技術があり、その展開はむろん一様ではなかった。

南の領域Ⅲ

奄美から沖縄にかけての南の領域Ⅲは、単材刳舟とタナ発達の刳舟の地域である。台湾、フィリピンバタン諸島方面に連なる一方、シキ発達の刳舟が分布するトカラ列島との間に境をもつ。

とくにトカラ列島では、櫓の導入にともない、シキ発達の構造化を生みだすのにたいして、奄美・沖縄では櫓は限定的にしか用いられておらず、座位によるパドル操法が主であり、パドル操法にふさわしい船型工夫がなされてきた。また台湾ヤミ族などでも櫓は使われず、両舷側の支持棒にひもでしばりつけるなどの方法によるオール式の櫂が用いられきた。

タナ板のとりつけには縫合・緊縛技術がみられる点も、北方の領域Ⅰに共通するが、北方に顕著な車櫂はなく、北とは異なる技術複合を有する。

肋材は、現存するようなわずかにタナをもつ奄美の刳舟などには、必要のない部材であり、認められないが、ヤミ族のタタラやチヌリクランでは内部構造材として不可欠で、植物繊維による緊縛等の方法でとりつけられる。また、沖縄の大型化した糸満ハギのサバニにも、肋材のとりつけがみられる。

他方、舷側に直接竹などの安定浮材をとりつける技術は、奄美、沖縄、台湾、フィリピンバタン諸島にまたがって、領域IIIの刳舟にとくに特徴的な技法となっている。

単材刳舟やタナ発達の刳舟は、列島全体にまたがる古層の技術と考えられる一方、南は南、北は北、中は中で、それぞれ隣接アジア世界と接触をもち、異なる技術摂取、技術融合をはたしていた可能性が示唆されるのである。

ところで、板と梁構造によるいわゆる日本型構造船の出現期をもって日本の構造船の出現時期とする定説では、木挽き鋸（オガ）や板どうしのスリアワセに用いる目の細かいアイバ鋸、落とし釘（縫釘）、通り釘といった鉄の舟釘が進歩した室町時代をその確立時期とする考えをとる。これにたいして、構造船出現時期を金属器の伝来時期、つまり弥生期に想定していたのは、民族・考古学者であった松本信広である。

松本は、大型構造船の建造には、石器時代の技術から一歩進み、鋭利な金属器の発達を伴うと考え、この金属器をもつ人々がロングボート、つまりゴンドラ型構造船の担い手であり、日本の金属器使用初期時代にこの種のものが導入されていた可能性を示唆した。

松本がその根拠の一つにしたように、今日みられる台湾ヤミ族のチヌリクランやタタラはまさしく鉄釘を用いずに、しかも鋸を使わずにオノとチョウナによって刳って板にする、そして木釘と植物繊維の縫合によって組み合わせる刳板構造船である。

これは、少なくとも日本型構造船とは異なる構造船である。日本型構造船以前に異なる構造船が列島に存在した可能性は否定できるものではなく、板で構成された、もう一つの文明の装置といえる構造船とて、その技術は多様であり、丸木舟がひとくくりにできないのと同様、ひとくくりにはできないことを浮かびあがらせている。

領域の意味

以上のように列島上に境をもつ丸木舟の諸領域は、完全に等質ではないし、各領域を特徴づける文化要素の分布境界は、いずれもそこにひけるというわけでもない。構造船をふくめたならば、また別の領域設定も可能になるはずである。

とはいえ、ここに示した領域は、共通の技術を有しながら、それぞれ特定の文化要素をもつ、あるいはもたないという点において、また固有の技術の複合関係や受容過程がみられるという点において、他と区別される特色ある領域となっている。

すなわち、領域を構成する要素群とは、その領域のみに存在する要素であることが重要なのではなく、むしろ普遍的広がりをもった要素、つまり他にもみられる要素で構成されている場合が少なくない。そのような要素によりながら、領域が領域としての意味をもつのは、要素間の結合のしかたや、組み合わせ、自然生態ともかかわる展開の固有性によっており、累積的であり、動態的でもある。

ここに表われた領域は、一見すると、要素の分布の有無のみを扱った機械的で定量的な、ばらばらの要素集合に見えるかもしれないが、近づけば、領域を領域たらしめる歴史、すなわち動態を発見することができるはずである。ある要素が存在することも存在しないこともその現象をなりたたせる背景との連関において説明可能な部分があるはずなのである。

日本の丸木舟は、政治的統合の場である領土を越えて他とつながる連続性をもち、かつ列島の内側に、他と区別できる境を形成するという領域性を有してきた。

この境界は、いろいろに読み込むことが可能である。たとえば、基層をなす単材刳舟が濃密に現代まで利用され製作されてきた地域は、領域IIの南北端である秋田県男鹿半島と鹿児島県種子島であって、その外に広がる領域I・IIIではない。男鹿半島と種子島は、日本のなかの最後の単材刳舟利用地域であり、板舟の導入はあったものの、複材刳舟への技術展開はほとんど進まず、単材刳舟の利用が温存された点で、他方トカラ列島では、櫓の導入にともなう技術展開が島独自に進んだという点で、これら境界域は、技術革新の中心から距離をおいた周縁域と位置づけることができる。

他方、東北北部から北海道に展開したムダマ造りをみれば、領域IIとの境界域こそが新たな技術融合を可能にした接触域ともなりえたのである。

もっとも、本書では、どこが技術中心であるか、あるいは起源であるかの議論は、あまり重視してはいない。したがって、列島に境界をもつこの三つの領域は、周辺アジアに視点を移したさい、それぞれ三つの中心をもつとも限ってはいない。領域のアジア側が開かれているのは、そのためである。

つまり、列島に展開した技術群を指標とする限り、明瞭に区分可能な境界性は、周辺アジアでも均質であるとはいえず、ゆえにここに示した領域は多系的な進化を意味することになる。

領域から描きだされる文化史とは、けっして一つの舟に起源をもとめる歴史ではありえない。また一つの舟をもって時代や国を代表させるわけにはいかないことも理解できよう。

鳥の目で列島を見渡すうち、海を介した周辺アジアまで鳥瞰することになった。少々高度をあげすぎたので、今度はもっと地に足をつけて個別の技術に近づくことにしよう。

その前に、誤解をおそれず、大胆に列島の舟の技術展開の見取り図を描いておくと、次のようになる。

古く列島には、大小さまざまな単材刳舟がゆきかい、舷側にタナ板をたし、植物繊維などで接合した

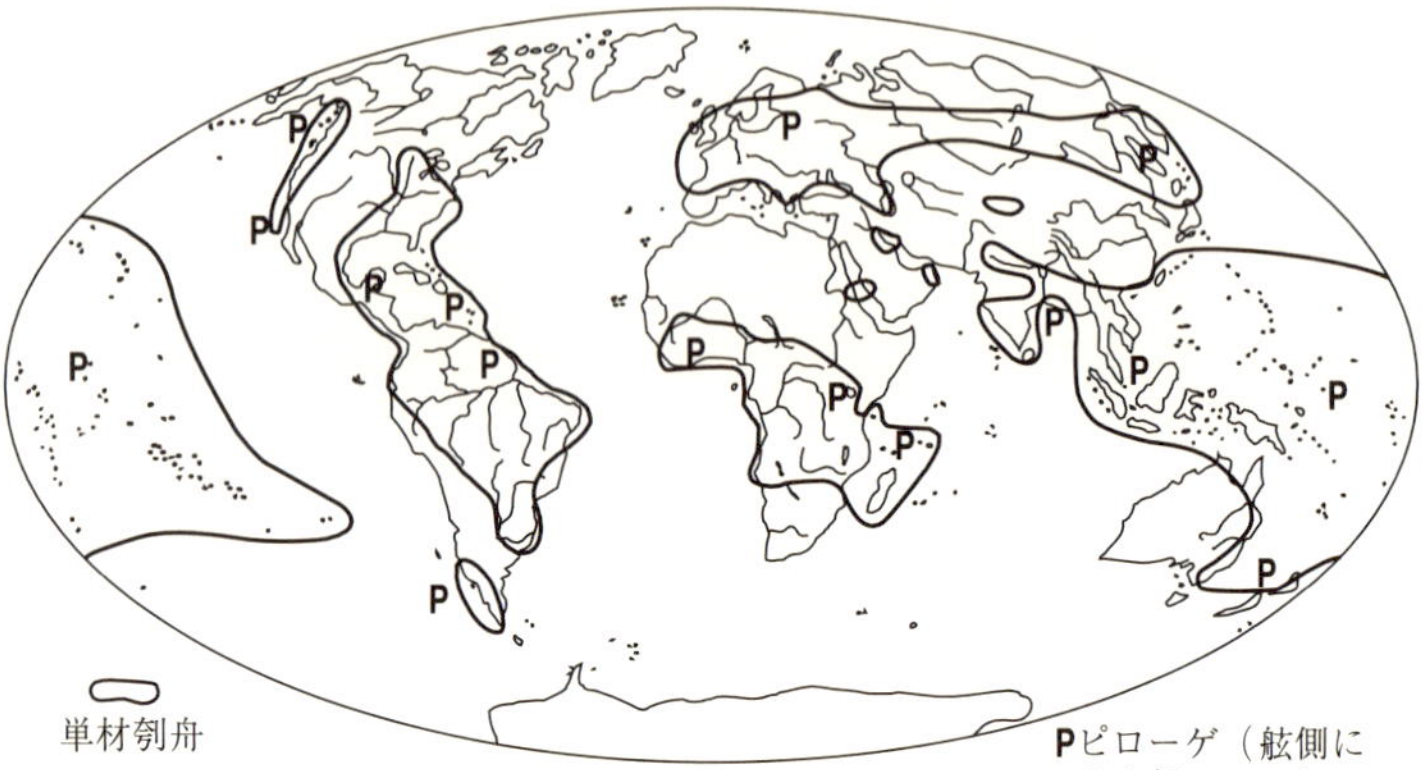

ズーダーによる刳舟の世界分布（Suder 1930）

舟もあった。舟の推進具には櫂（パドル）や棹が広く使われていたが、北方では舷縁の軸に櫂をさしてこぐ車櫂が登場する。

他方、中の領域には東アジアから揚力原理の櫓が、構造船やシキ発達の刳舟、前後継ぎの刳舟、筏舟とともにもたらされ、中の領域では単材刳舟にも櫓の技術は生かされて船体に形状変化をもたらすことになる。

他方、南方では、速力の出る船型の工夫が重ねられる一方、刳舟の舷側に安定浮材をとりつけて安定をえる方法などが継承された。

かつてズーダーが表わした刳舟の分布図には、列島の南北両域にだけ刳舟が残るかに描かれている。一九〇〇年代初期のその見方は世界ではなお通用しており、中の領域の豊富な事例はほとんど知られないままになっている。

他方、日本の考古学では、従来日本文化といえば、中の文化に集中して語られてきたことへの批判的検討が重ねられ、北方や南方から日本文化をとらえなおす見方が重視されている。この北や南と中の文化の相対化は重要である。

丸木舟を研究する立場から、あえて主張しておきたいのは、次の点である。刳舟の存在は、列島の南北両域、つまりアイヌと沖縄に限られたものではなく、中の領域において、刳舟の複材化がもっとも多様に試されており、中も丸木舟の世界だったという点である。

第II部　列島各地の丸木舟

第一章　北方の系譜――イタオマチプ・ムダマ造り

一九八六年秋、北へむかう。敦賀からのフェリーの旅は船内で二泊して早朝、北海道小樽に到着する。そのまま稚内《わっかない》方向に車を走らせ、朝もやのなか、浜益、増毛《ましけ》の舟を見てまわった。このあたりはムダマ造りの舟が結構ある。

群別ではたったいま会ったばかりの老夫婦からサケアラの入った浜益鍋の昼食をご馳走になりながら、いろいろ話を聞かせてもらった。ここはもともと津軽の出身者が多いのだという。以前は多額納税者に名を連ねるほどニシン場で栄えたところだが、昭和三二年以後暖流が入ってきてニシンはまったくとれなくなった。タラもとれなくなり、養殖は何をやってもだめ、だが、寒流が入ってくる来年こそはニシンが期待できるのだという。

一帯はムダマ造りと同じ形式の強化プラスチック船が目につく。群別では一九七三―七四年ころからムダマ様式のプラスチック船が登場するようになった。

車櫂は健在である。船外機をつけるようになって、車櫂は港の出入りに使う程度であるが、コンブ漁など磯見のさいには、片方を手でこぎ、片方を足でこいで巧みに操作する。三人一緒にこげばとても速いという。

木造のムダマはセンの木で、大きい材があれば一材で造ったが、二材、もしくは間につなぎの板材・

チョウを入れたりもした。いま使っているムダマ造りの舟は一九六〇年代なかばに造ったものだという。「利尻に行けば、たくさんムダマがあるはずだ」と二度つけくわえた。ムダマ造りがなくなるのも間近かもしれない。

アイヌのチプと縫合船

アイヌのことばで、舟はチプという。チプはすなわち丸木舟、単材刳舟でもある。単材刳舟のチプは、内陸河川や湖沼で使うもっとも日常的な舟で、アシナプ、もしくはアッサプと呼ぶパドル式の櫂でこぐ。浅瀬なら棹（トゥリ）をおして推進する。むろん北海道ではアイヌも和人も同様に単材刳舟を用いていた。

由良勇の『北海道の丸木舟』によれば、アイヌのチプのほとんどが鰹節形で、折衷形は皆無である。船首尾とも水の抵抗を減らした鰹節形の形状は、前にも後ろにも自在に進むには都合よく、パドルや棹さばきにはふさわしい形状をなしている。アイヌのチプに船尾を箱形にした折衷形がみられないのは、櫓を推進具としなかったことと合致している。

二風谷《にぶたに》アイヌの場合、舟造りに最良の木はバッコヤナギ、次いでカツラである。ヤチダモやニレでこしらえた舟は重くて操りにくく、操作をあやまって岩に激突し、死者をだしかねず、これらの木で造った舟は嫌われたという。

他方、千歳では、船材に使うのはカツラ、ヤチダモ、アカダモの順で、これらがないときには、ドロノキを使う。ただし、カツラなどで造った舟は二〇年以上もつのにたいして、ドロノキは一〇年程度と

北海道アイヌの単材刳舟・チプ（白老ポロトコタン）
新たに復元された舟．1986年秋．

もちが悪く、耐久性の点では他に劣るものだった。
つまり丸木舟の樹種選定とは、伐採から刳りだし、操船にいたる用途や目的、状況に応じて判断されるものであって、かならずしも固定した評価があるわけではない。舟の材は、木の性質や一本一本の素性、長所短所をふくめて相応に選びとられ、処遇されていたのである。

現存する北海道の単材刳舟では、カツラ使用がもっとも多く、ヤチダモ、セン（ハリギリ）、シラカバ、ナラ、トドマツなどとなっており、最良という評価のあるバッコヤナギはむしろ現われていない。バッコヤナギはサハリンなどの北方諸民族の間でも用いられていた樹種であるゆえ、丸木舟の終焉期にあった近代、北海道ではもはや手の届かない船材となっていたのかもしれない。

もう一つ、アイヌの舟として知られているのが、海舟の縫合船イタオマチプである。苫小牧市沼の端からは、一六六七年樽前山爆発によって降下した火山灰層の下部から三二〇年あまり前のものとみられる五体が出土し、うち二体の舷側上部には板を綴じつけるための多数の穴が並んでいたことから、縫合船であったことが判明している。

しかもアイヌ固有の文様が単材刳舟の一体には彫られており、随伴する棹や櫂にもイトッパと呼ばれるアイヌの所有を示す刻印が彫られていた。

また、近年、新千歳空港建設にともなって発掘された美沢川流域の遺跡群である千歳市美々8遺跡からは、舟着き場、建物跡などをふくめ、一七世紀後期―一八世紀前期のアイヌ文化期の見事な遺物が多数出土している。舟に関しては、ハリギリ、カツラ製の船体の舳部や縄で綴るための四角い孔のあいた舷側板（ハリギリ、ハンノキ、カツラ、シナノキなど）、肋材（クワ、ヤナギなど）がある。

舷側板においてもチョウナの削り痕が鮮明に認められるというから、まず割るなどの方法で適当な大きさの材にしたのち、チョウナで削りだして調整したのであろう。接合方法は、縫合が主体であるが、ハリギリの丸釘とサクラの貫《ぬき》を残す材もある。興味深いのは、縫合用にあけられた角孔が摩耗して使いべりし、明らかに縫合していた痕跡を示すのにたいし、樹皮そのものの付着が一点と少ない点である。むろん腐食しやすいこともあろうが、遺跡は舟着き場である。交易や漁からもどった縫合船は通常、陸あげされ、縫合を解いて板にし、乾かしておくのが維持管理の習慣であったことをふまえれば、出土物の状態も不思議ではなさそうである。

また出土品にはアイヌ文様やイトッパ（イトクパ）が彫刻され、また木釘やクサビでとめたY字の握り手をもつ早櫂《さつかい》（モクレンなど）やオール式の車櫂（サクラ、モクレンなど）、アカクミ（ハンノキなど）といった装備品などがある。ことに車櫂にかんしては、車櫂の受軸（カエデなど）や自然の股木を利用した受台（モミ、モクレンなど）も多数出土しており、車櫂の受台のなかには、メカジキが線刻された

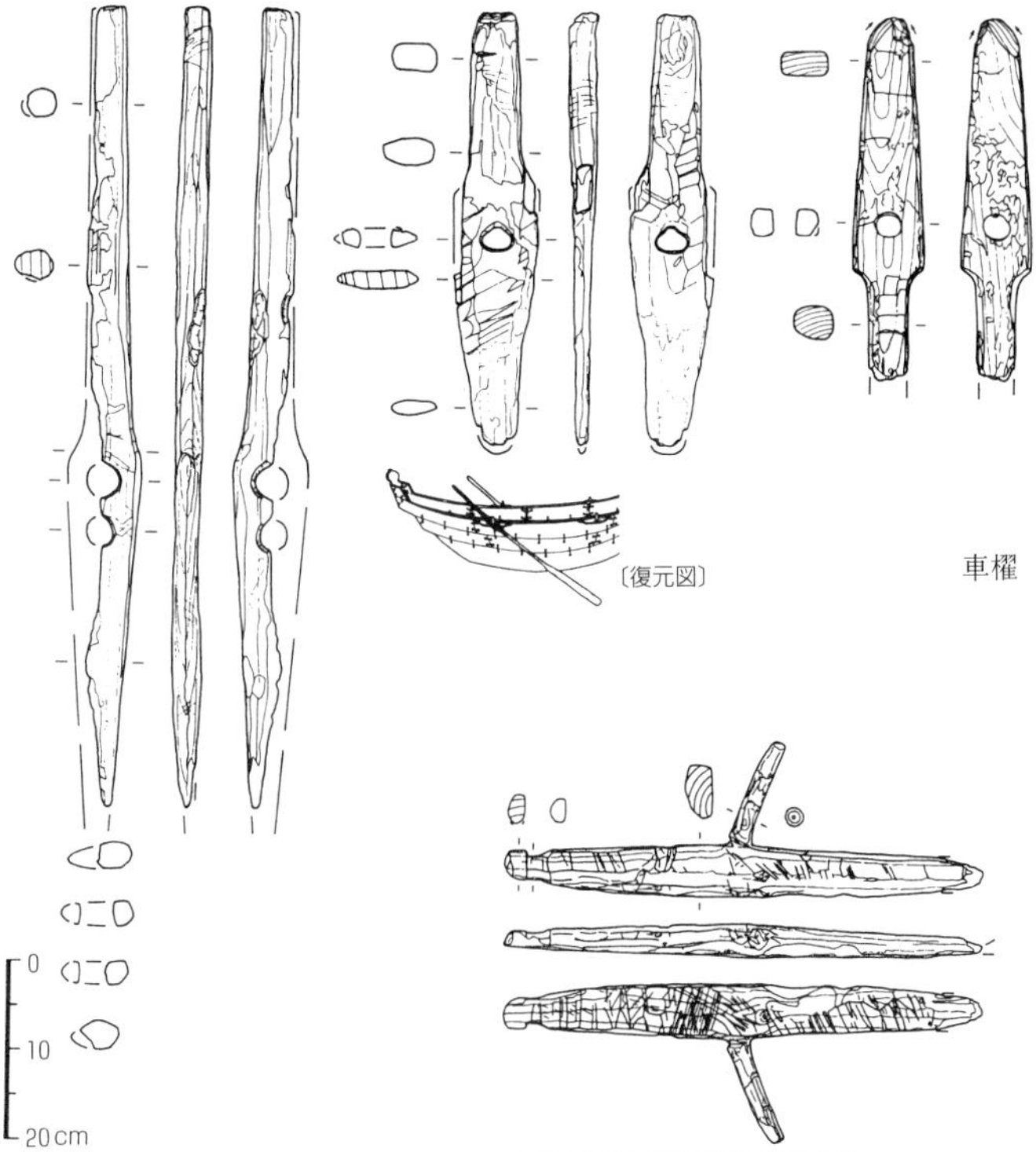

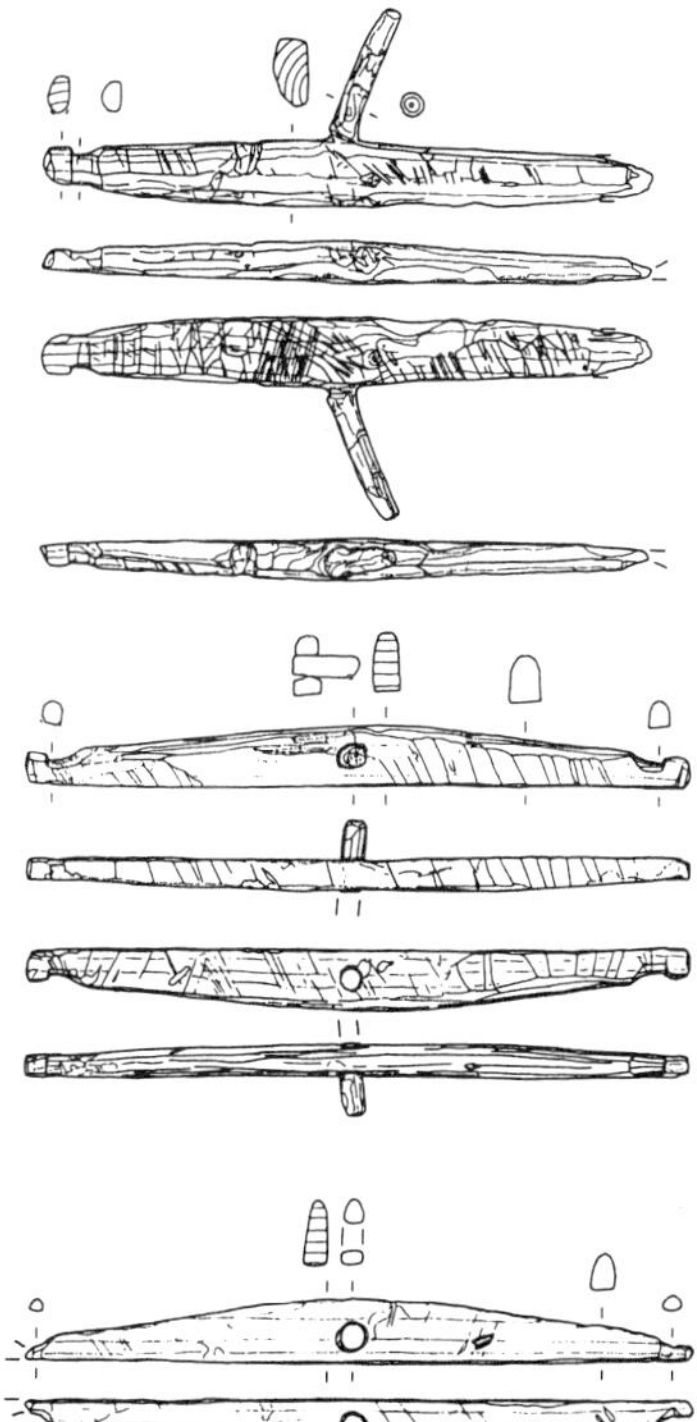

千歳市美々8遺跡出土の
車櫂とその受軸・受台
(財)北海道埋蔵文化財
センター 1997)

ものもある。

それらの技術は近現代に伝わるものと基本的に同じといってよく、その生々しい出土品の数々から当時の繁栄ぶりがうかがえるのである。

紀行文に表われた北方の縫合船

近世期の記録

北海道における縫合船の存在がいつごろまでさかのぼれるのか、さらなる発掘が待たれるところであるが、先の出土船より少しさかのぼった元和年間（一六一五―二四）、四度にわたって北海道を訪れ、布教に従事したイタリア人宣教師デ・アンジェリスがいた。かれが書き著した「蝦夷国報告書」には、縫合船の存在を示す次のような記述が見いだせる。

蝦夷国の船は、釘付けしてるのではなく、コッコ Cocco の樹皮から作られる水に朽ちない処の縄で縫い合わせられている。それで、先ず綴り合わすべき板に多くの孔を穿ち、それから縫い合わせて組み立てるのである。彼等は航海から帰れば、再び各部を分解して、空気に曝して乾かし、必要に応じてまた各部を綴り合わせ始めるのである。彼等の船は四百乃至六百の米袋を容れるに足るくらいの大きさで、又その形は日本の舟に似ている。

ここに記載される米袋の重さを通常の六〇キロ俵とすれば、積載重量は二四―三六トン、すなわち江戸時代の石数換算ではおよそ一六〇―二四〇石になり、出土船などにみられるアイヌが用いたイタオマチプよりはるかに大きな縫合船ということになる。しかも、形は日本の舟に似ていたとあって、これは松前から蝦夷地へ交易にいくさいに用いられた舟とみられている。建造技術はアイヌのものと共通した縫合によっており、この記述からも縫合船は、恒常的な使用を旨とする釘接合とは異なって、解体・組立を常とする技術であったことがわかる。それは舟のもちをよくするためにも、また安全に航海するためにも不可欠なことがらであった。

ところでここにいうコッコとはイタリア語でココヤシをさす。むろん北海道には育たず、北海道の地で使われた縫合用の樹皮縄は、サクラやシナなどであるため、それが具体的になにをさしていたのかは釈然としない。

いずれにせよ、これだけの規模の舟であれば、長さは二〇メートルを優に越し、幅も二メートルを越したはずである。したがって、船底が刳舟であったとしても、単材ではえられにくく、船底は複材化していたものと判断するのである。

他方、デ・アンジェリスの見聞より一〇〇年ほど下った享保二年（一七一七)、幕府巡見使一行が編纂した「松前蝦夷記」には、蝦夷地の舟と松前から蝦夷地に乗りつける舟にかんする次のような内容のものがある。

つまり、船底は丸木繰彫《くりほり》舟に造り、段々に板をシナという木の皮でないだ縄で綴じつけ、綴り目板の合わせ目に谷地苔というヤマゴケをおき、上から地竹でおさえる。もっとも松前で造った舟は、船首尾の綴り目は釘付けにし、大舟を造る場合は、板を幾重にも綴りあげる。舟にする木はセンの木がよい。蝦夷地はどれも小舟の縄綴舟ばかりで、釘をうつことはない。ずいぶん手薄造りで、乗るには車櫂というしかけの櫂を少し艫の方に寄せ、両縁に三寸ばかりの杭をこしらえ、櫂の中ほどに穴をあけて、杭にはめ、両方の櫂を両手で使う。

大舟には、これがなく、車櫂を使うのは二—三人乗りの小舟ばかりである。したがってどの方向へ舟を出しても風が悪ければどこにでも舟を乗りつけ、陸あげするようにしている。

松前から蝦夷地にいく舟も縄綴舟で、これは三〇〇石くらいは積める。ニシンをとる漁舟の多くは小舟で、漁が終われば、綴縄を切り、板を揃え重ねて、小屋もしくは雨覆いなどをする、としている。

以上のように、松前で造る舟には、釘が一部に用いられていたとしており、かつ松前から蝦夷地にいく交易船には先のデ・アンジェリスの記録とも符合する、大型の縄綴舟があったことがわかる。したがって、船底は丸木を刳り彫ったとあるも、この場合は単体ではなく、複材化していたものとみてさしつかえないだろう。おそらくそれは、ムダマ造りのような刳底ではなかったかと推測する。

このように和人であれ、アイヌであれ、北海道の地においては、縫合が単独、もしくは釘接合と合わさって、比較的大型の造船技術にあっても固有の地位を占めていたのである。

他方、縄で綴り合わせるという造船技法は、さらに南の地の和人には、興味をひく目新しい技の一つであった。たとえば、天明八年（一七八八）、幕府巡見使一行と蝦夷にわたった岡田藩（現在の岡山県）の地理学者、古川古松軒は、江差の浜で見た漁船について、『東遊雑記』のなかで次のように述べている。

底は大木のくりぬきにて、それに厚板を左右より付けて、蔓を以て内外よりぬいかためしものなり。合わせめ合わせめには、檜皮二重三重もふせて置きて、その上を割竹にて押さえ、図の如くかずらにて手ぎわよくしめ付けし物にて、一雫ももることとなし。蝦夷の地には鉄の至って不自由なることゆえに、釘なしにてつくりし船なり。長さ三間半より五間までの舟なり。

つまり、刳底の船体に厚板を左右舷側につけて蔓で縫い固めるとし、大きさは、六・四メートルから

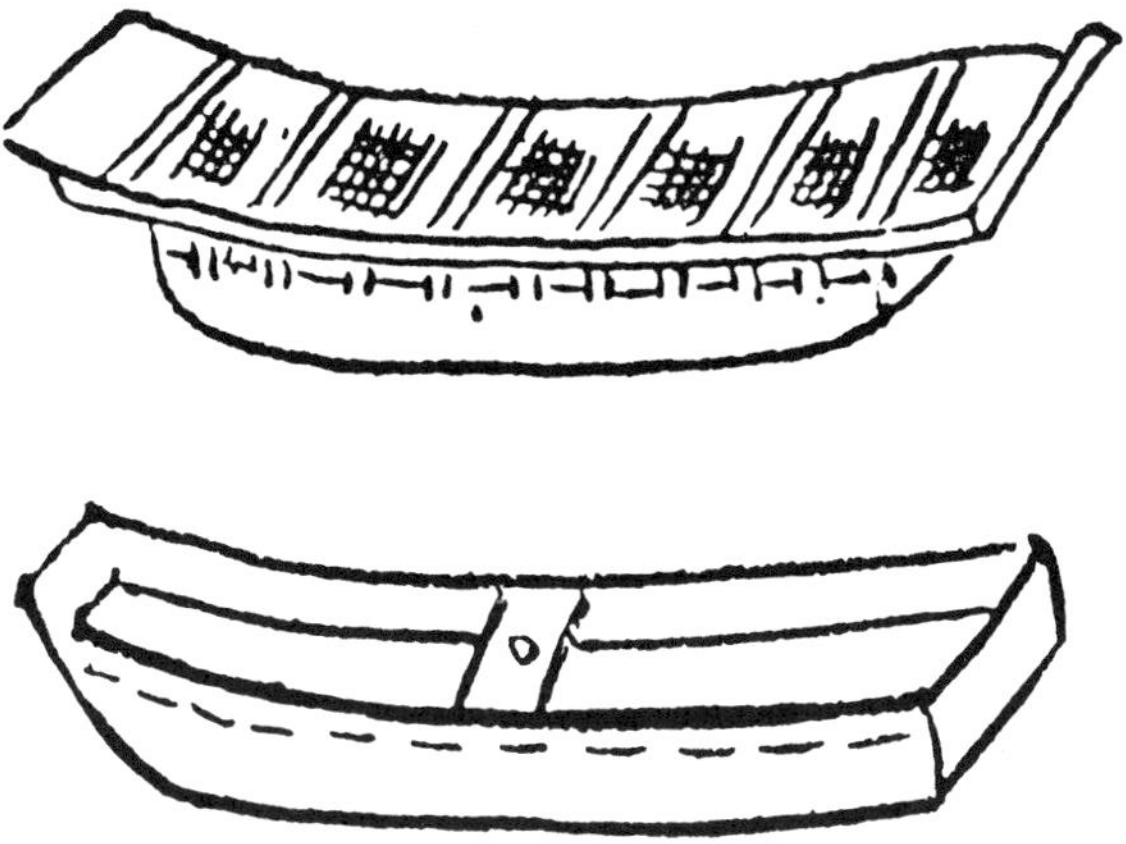

古川古松軒のスケッチ　上：縫合船
　　　　　　　　　　　下：磯舟

九・一メートルまでのものである。先の出土船のイタオマチプが、大きいほうで七・七メートルほどであることから、やはり同程度の規模のものがアイヌのイタオマチプには多かったとみてよいだろう。

なお、蝦夷地では、鉄が調達しにくいゆえ、鉄釘を用いないで水の一滴ももらない舟が造られていることを古川は強調する。つまり、古川は、その性能を高く評価しており、それゆえ、林子平が著した『三国通覧志』に、蝦夷の舟は板を蔓にてくくり合わせて乗るゆえに、舟中の乗組員は一人ずつアカクミをもって、たえずアカを汲みだしているとした内容についても異なる見解を提示する。すなわち、古い舟でアカ（海水）の入る漁舟を、この辺にやってきた人が見たのを物語に聞いて、蝦夷の舟はいずれもアカの船中へ入ることだと思って記したのではないかと述べる。新しく造った舟はアカなど入るものではなく、縫合船であることをもって不具合な舟とする不用意な評価については、手厳しくはねのけていたのである。

明治期の記録

明治の開国後、日本にやってきた外国人のなかにも、北海道の地に関心をもち、旅行記を残した者は少なくなかった。ユーラシアの東と西に住まうアイヌとヨーロッパ人は同じ祖先であるとする当時の欧米で流布した説がこの地に欧米人の足を運ばせる動機ともなっており、ランドー、バード、モース、ヒッチコックといった探検家や学者が北海道を訪れては、舟にかんする多少の記録をとどめている。

たとえば、一八九〇年、北海道を一周したイギリス人の冒険家ランドーは、北海道南部、姥布の海岸付近の舟について、(1)おもに河川の航行に使われる普通の刳舟、(2)板綴舟、(3)帆走用の大型板綴舟、という三種があることを記している。

もっともアイヌの舟には、すでに述べたように、このほか樹皮舟もあったのだが、単材刳舟のチプや縫合船イタオマチプの報告が複数の地で比較的綿密に記載されているのにたいして、樹皮船についてはこれらの記録には登場しない。もし見たのならば、かれらが書き落としたはずはないだろう。むしろ樹皮舟は、紀行者の目の届きにくい山々で応急的に造られ、しとめた獲物を山からおろすために用いる一時的な舟であったため、かれらの歩いた海辺では、見かけることもなかったものと思われる。樹皮舟は、北海道アイヌのなかでも海辺ではなじみの薄いものであった。

他方、アメリカの博物学者モースは、日本にやってきたのち鹿児島の舟や大阪鼬川で出土した刳舟を観察する一方、北海道にも訪れ、アイヌの刳舟について「木の幹からえぐり出したアイヌの舟は、私が日本で見たどの「刳舟」とも違った形をしていた」と述べている。

そして、舟は長さ約四・三メートル、幅六一センチメートル、「舳も船尾も同じで、船壁は薄く、彼等の材木細工の多くに於るが如く、至って手奇麗に出来ていた」とする。船首尾が同じ形であるとしな

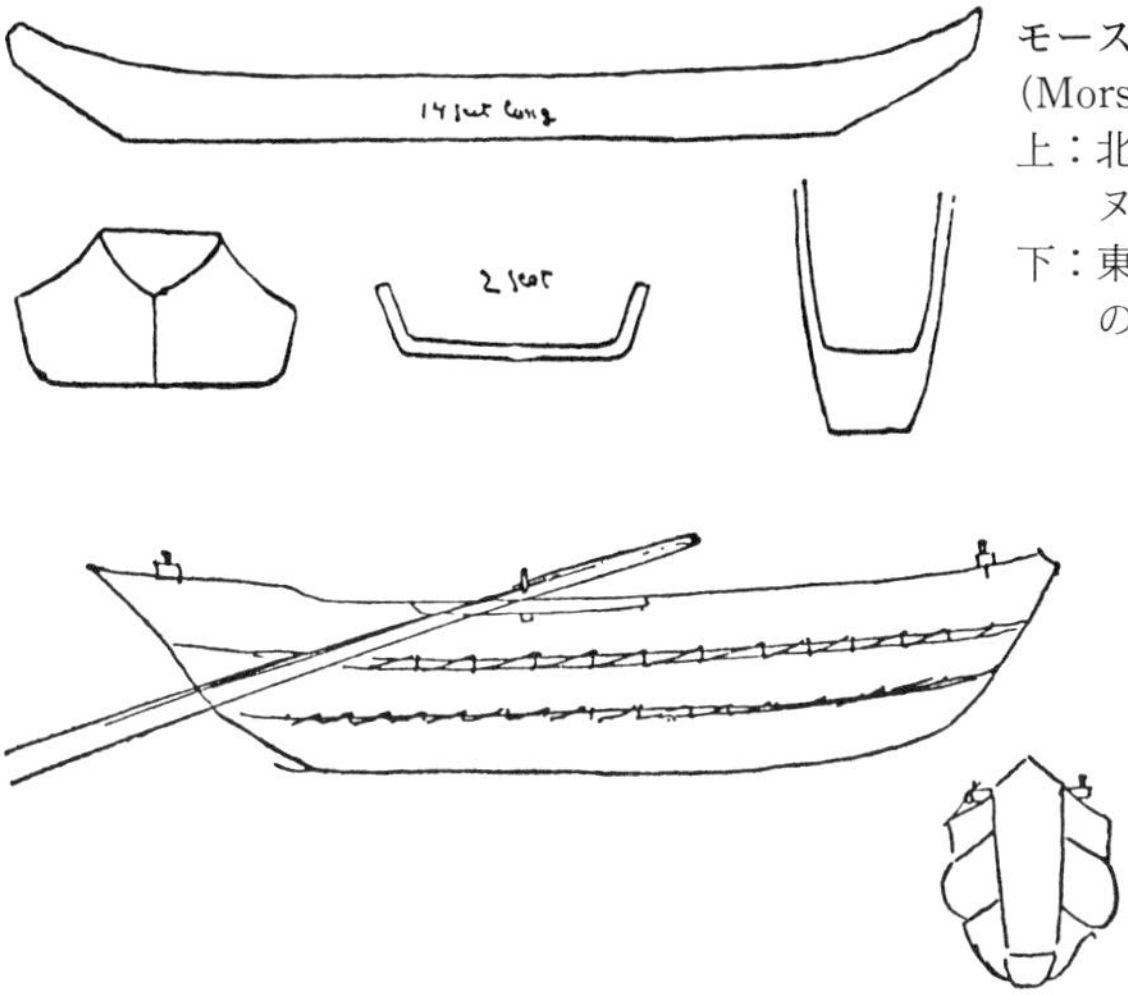

モースのスケッチ
(Morse 1917)
上：北海道で見たアイヌの舟
下：東京で見たアイヌの縫合船模型

がら、両者のそりの違いは見事に描き分けられており、モースの観察眼の鋭さがうかがえると同時に、船壁を薄くすることで、舟足の軽やかな舟に仕上がっていたことがうかがえる。

つまりチョウナやオノ使い一つで、刳舟は、軽い舟にも重い舟にもすることができ、またそれだけの技量をアイヌの人々はむろん備えていたのである。

もっとも、モースが北海道の地で見たのは単材刳舟で、アイヌの縫合船を目にすることはなかったようで、函館や小樽では日本の舟をまねて造ったものが使われていたとし、東京でアイヌの縫合船の漁船模型に出会ってその違いに気づいている。そして、「舟で奇妙なことは、各片を木造の釘でとめ合わせずに、紐でかがり合わせたことである」と述べている。

推察するに、この函館や小樽で見た舟に使われていた木造の釘とは、チキリあるいはタタラといった技法ではなかったかと思われる。

千島アイヌの縫合船

北海道の縫合船は、刳底にタナ板を綴じつけるものが一般的であったとはいえ、それだけではなかった。明治はじめに北海道東部の千島列島を訪れ、ラッコ猟に従事するかたわら、当地の暮らしぶりを記録したH・L・スノーの紀行文『千島黎明記』によれば、千島アイヌの縫合船には、刳底ではなく、竜骨構造船と呼べるものがあった。

長さ九メートル、幅約二メートル、深さ約一メートル、船首と船尾材は弓なりに湾曲した厚板で造られ、竜骨板からのびて弧をなし、船縁より約五〇センチメートル高くそりあがっている。そして、船内は肋骨とひじ板によって強化されている。外側の厚板は隙間なくつなげられ、合わせ目の上には丸木を真二つに割ったような幅二・五センチメートルの当て木をして鯨の腱や髭の繊維で縛って固定している。腱索は、当て木の上下にあけられた穴に何回も通して縛りつけ、合わせ目に沿って一五ないし二〇センチメートルごとに独立して造られているという。

つまり、連続的に綴じつける方法をとっていないのは、一所のほころびが全体におよばないようにするための工夫である。

腱を通す穴は木の釘で堅くふさがれ、内部の合わせ目には苔が詰め込まれたという。鉄釘その他の金属具を使わない縫合技術によってこうした竜骨構造船が造られていたことは、南方のタナ発達の刳舟地域である台湾蘭嶼、ヤミ族の舟に刳板構造船があったことと共通する。

これらは刳舟の延長で造りうる構造船であり、縫合によって接合された構造船であった。

また、接合部に充塡材をおき、その上から当て木をして、縫合するという方法は、先の「松前蝦夷記」や、『東遊雑記』の記述とも共通しており、充塡材の材料は檜皮や苔、縄は植物繊維のほか、鯨の鬐や腱が選択されながらも、北方の広い地域に浸透していた技術であった。

本州の縫合船

北海道のアイヌ人と和人の間には、縫合船という共通の技術が存在した。もっとも縫合船がみられたのは、北海道だけではない。二〇世紀初頭ころまでは青森県にも縫合船は存在した。

『青森県漁具誌』（一九一五年）によれば、下北半島奥戸の漁業用丸木舟は長さ七・三メートル、幅一・二メートルほど、スギもしくはカツラ製で、「船体ト縁板ト縄ニテ結ヒタルナリ」とあり、刳舟に舷側板をのせ、縄で結合したものである。このほか、青森県深浦町関でもニシンの刺網漁に用いる舟は、トチ製一本木を刳りぬいた刳舟で、網を積むさいには、舷側にスギ板を縄で固定したという。

縫合船の出土については、天保一二年（一八四一）刊行の鈴木牧之の『北越雪譜』にも「土中の舟」と題して次のような興味深い一文がある。

蒲原郡五泉の在一里ばかりに下新田といふ村あり。或年此村の者ども叓ありて阿加川の岸を掘しに、土中より長さ三間ばかりの船を掘いだせり。全体少しも腐らず、形今の船に異るのみならず、金具を用うべき処みな鯨の鬐を用ひて寸鉄をもほどこしたる処なし。木もまた何の木なるを弁ずる者なく、おそらくは異国の船ならんといへりとぞ。余下越後に遊びし時、杉田村小野佐五右エ門が家にてかの船の木にて作りたる硯箱を見しに、木質漢産ともおもはれき。上古漂流の夷船にやあらん。

どうやら、阿賀野川の岸から掘りだされた長さ五・五メートルの舟は、欠損なく出土したようで、形が当時の舟と異なるだけでなく、金具を使って接合するところは、皆鯨の鬐が用いられていた。鯨の鬐を船体の縫合に用いる例は、先の千島の例をはじめ、北海道では主として広尾から千島西部の国後にかけてみられたものである。

鈴木はこの舟を古代に漂流してきた夷船とみるが、出土地が沿岸から二〇キロメートル以上入った内陸であることに照らせば、単純に海のかなたから流れ着いた夷船とは考えにくい。

とはいえ、内陸では生産できない鯨の髭が使われている点で、やはり海との交渉を想定しないわけにはいかない。海から鯨の髭を調達し、縫合船を川舟として使った可能性も考えられようが、縫合船は、全般に海舟であって川舟ではない。ゆえに、これは、海用船である縫合船が川をさかのぼったとみるべきだろう。後述する京都府由良川での海舟と川舟の入会関係をみれば、海舟が河口から二〇キロメートル上流まで入ることはなんら不思議ではなかったはずである。

なお、土中の舟は、これまでにも井戸枠や池の樋などに転用された出土例がみられる。また江戸時代、愛知県の諸桑で出土した刳舟では、その一部で仏像が彫られ、姿をかえていまに伝わる。ここでも硯箱に二次加工されて、調度品に生まれかわっており、出土船は、記録や現物保存されるより、二次加工されて姿を移す道筋が、過去には一層選びとられてきたに相違ない。もっともこの硯箱のその後はゆくえ知れずであるから、伝承の効力とはおおよそ、その程度のものでもあった。

近世から近現代のムダマ造り

近世のムダマ造り

先の古川古松軒は、天明八年（一七八八）の見聞にもとづく『東遊雑記』のなかで、北海道の磯舟について、これも底大木のくりぬきなり。松前海上は浜辺一、二町の間は岩石数多なるゆえ、くりぬきにあらざれば忽ち船を破ることにて、大小となく松前にある漁舟は皆みな底は一めんのくりぬきなりとし、小さいものでは三・六―四・五メートル、大きいもので五・五―七・三メートルあり、横は不調法にせまくして、尻も頭もなく、勝手よいほうに押しまわすように造られており、沖へ出ることもなく、磯まわりで使う舟だと述べている。

底が刳りぬきであるというこの表現は、舷側に別板をとりつけていたとみてよく、したがって、刳底とタナという組み合わせのムダマ造りの磯舟は、遅くとも一八世紀には当地で活躍していたとみてよい。一面の刳りぬきというその表現をことば通りに理解するならば、それは接合しない一本木からなる刳底であろう。タナの接合が縫合であったのか釘接合であったのかはこの文面では確認できない。

刳底をもって「ムタマ」と称していたことは、秦檍麿《はたあはきまろ》による一八二三年の『蝦夷生計図説』の次のような念入りな説明に表われる。

つまり、本邦では、カジキというも、オモキというも少しずつ製法はかわることはあるが、格別に違うことはないとし、いずれも敷《シキ》（船底）を厚い板で造り、それに左右の板、つまりカジキもしくはオモキを釘で固く綴じつけて、イタシャキチプ（丸木からとりだしたままの単材の舟敷）のようにし、そこに左右の板を次第につけて仕立てる。いまの船工の用いる敷はみなこの方法である、としている。

それにたいして、陸奥、出羽、松前などでは、なおことごとく敷にイタシャキチプすなわち、単材の刳底を用い、これを「ムタマ」と称している、とする。その敷に左右の板をつけ、夷人の舟と等しく仕立てるのをモチフと呼んでいる、と述べている。

このようにムダマは、すでに近世期に使われていたことばであり、ムダマは、そもそも単材の刳底をさしていた。そして、アイヌと等しい「仕立て」とあるところから推察すれば、舷側板の接合にあっては、縫合が使われていたとみて間違いない。つまり、東北、北海道に展開したムダマ造りの基本型は、アイヌの舟と共通する刳底にタナをつけた縫合船であったと考えられる。

パリ海軍提督の残した図面

ここに明治初年にかかれた珍しいムダマ造りの実測図がある。珍しいといったのは、その姿が珍しいという意味ではなく、明治はじめのムダマ造りの実測図であるという点で、珍しいのである。

フランスのパリ海軍提督が著した船の図面集には、世界各地で実測された大小さまざまな船にまじって、数種類の日本の船がのっている。一八六八年（明治元年）に実測されたという京都の川御座舟、大阪湾やその流入河川で用いられる帆走櫓こぎの客船とともに描かれているのが、北日本の漁船二隻である。

日本の船としてのこのような選びとられ方も面白い。

漁船の一方は、長さ約五・五メートル、底は厚い継ぎのない単材の刳底で、その上に左右、板を釘止めし、さらにコベリがついている。内側は肋材ではなく、梁が横方向の補強材として入る。推進具は、両舷に設けた支軸に櫂穴を通して支点とする車櫂である。大きさ、構造、推進具からみてムダマ造りの磯舟である。

他方のは、やや大型で長さ九メートル余、そりあがった舳材をもち、三材はぎの刳底に舷側板を釘止めしたやはりムダマ造りの船体で、コベリをもつ。内側は梁で補強されている。推進具は、舷側の綱輪に通した六丁の櫂と櫓である。これは磯舟ではなく、ニシンもしくはハタハタなどの網漁に用いられた

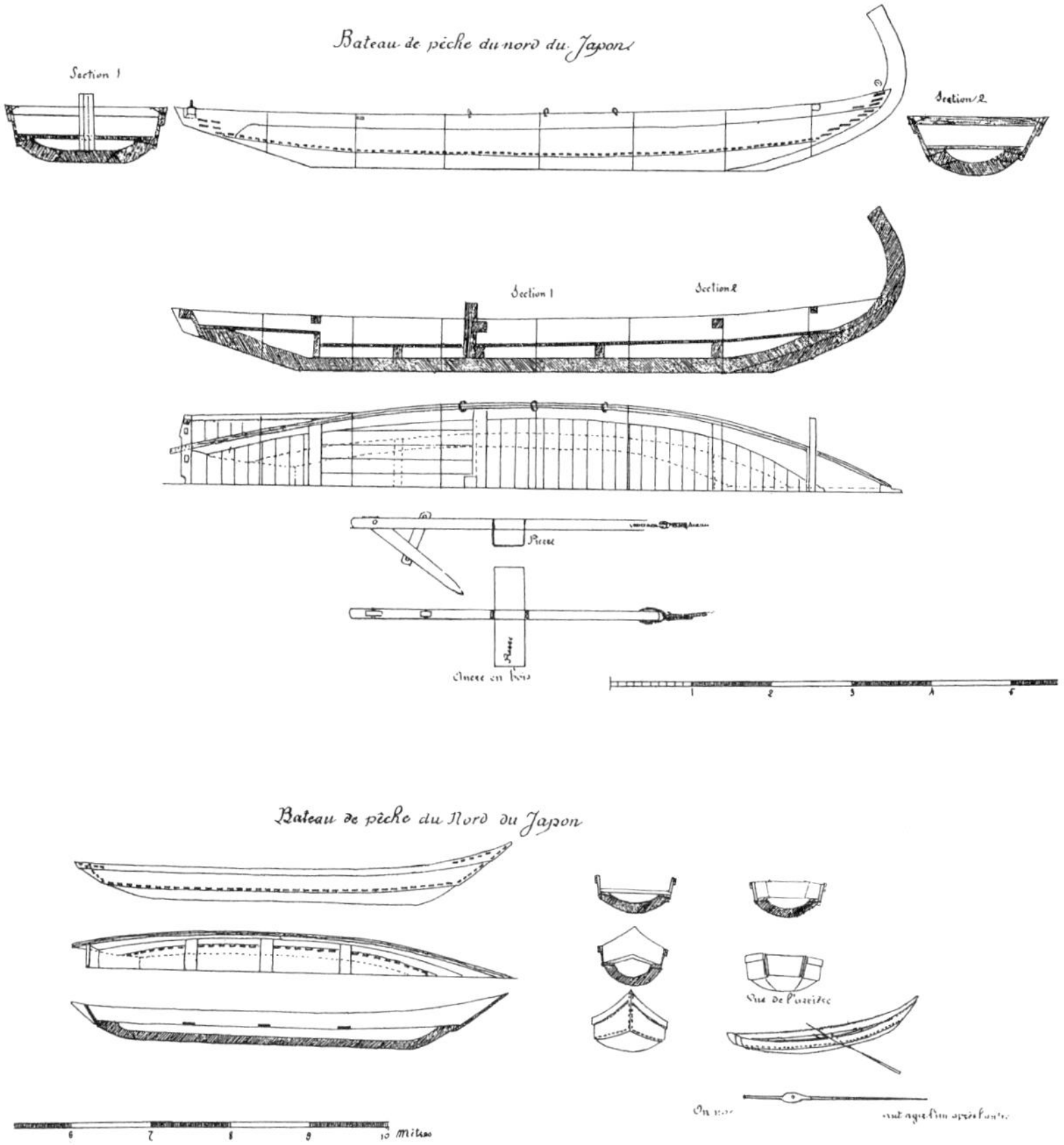

パリ提督の残したムダマ造りの図面

舟であろう。

実測された場所は、北日本と記されるだけだが、他に北海道函館の沿岸航海船の各部寸法表もあることから、函館近辺で実測されたものではなかったかと推測する。このように明治元年には、小型のものには単材の刳底のムダマが使われる一方、やや大型のものには複材のムダマが使われていた。しかも接合は、いずれも釘づけであり、縫合ではなかった。

ムダマの複材化と釘接合のように今日のムダマ造りにつながる特徴をすでに有する一方、補強材は梁であり、今日のムダマ造りに顕著な肋材はまだみられていない。すなわちムダマ造りの肋材は、縫合船の肋材使用からそのまま移行したとは限っておらず、梁のように和船に顕著な技術も試されながら、収斂されていった技術がムダマ造りであったのだろう。

近現代のムダマ造り

明治に入ると、北海道アイヌの舟も急速に変化していくことになる。むろん昭和のはじめころにも縫合船は一部に残ってはいたが、幕末から近代にかけて各地で生じた変化は、縫合船から釘止めのムダマ造りへの変化であった。

たとえば、北海道白老アイヌの場合、明治中期までシリカプと呼ばれるメカジキなどの沖漁（レパ）に縫合船イタオマチプが使われていたが、その後大型の磯舟にとってかわったという。つまり、刳底にタナ板を鉄釘でうちつけたムダマ造りのものであった。

モースが函館でアイヌの舟を見て、日本のものをまねて使っていたと表現するのは、当時進みつつあったこうした変化をさしていたように思われる。

とはいえ、釘接合のムダマ造りは、アイヌにとってまったく異質な舟ではなかったはずである。くりかえすようだが、今日、北海道、東北北部に分布するムダマ造りとは、複材もしくは単材の刳底にタナ板を鉄釘でうちつけた船体をさしている。

複材化した刳底の接合部には、鉄釘のほか、ウルシやチキリなどが使われる例も多く、刳りぬき部材の部分をさして、コマキと呼んだりもする。これらは、東北北部の南に接する、日本海沿岸に濃密に分布するシキ発達の刳舟、なかんずくドブネ系統の舟と共通する技である。

このような建造技術にみる諸要素の一致は、両地域間の技術交流の結果、生まれたと考えてまず間違いないだろう。とはいえ、複材化しても刳底を一単位とするとらえ方は、北方のタナ発達の刳舟に固有のものである。

青森県深浦のイソブネ　1990年春

ムダマ造りに顕著な肋材は、ムダマ造りがアイヌの人びとの間に広がるなかで、一層選択されていった技術ではなかったろうか。縫合船にあっては、船体補強に効果的な船底から舷側を伝う曲がり木は、船内空間を分断する梁とは異なって、船内移動が容易であり、ムダマ造りの磯舟などでは使いやすさの観点からも歓迎される技術であったはずである。

ところで、東北北部では数は減ったと

はいえ、ムダマ造りの舟が現在も使われている。

青森県六ケ所村泊では、船首部に板をたしただけの一材のマルキブネがあり、また小型のイソブネに一材のムダマのものがある一方、ツケモノと称し、左右の端に材を補うこともある。

他方、八戸周辺のカッコは、船底中央にブナの刳りぬき材を用いる形式で、下方のタナ板（ハラキ）にはマツ、上段のタナ板にはスギが使われる。ハラキにブナを使うと割れやすく、ブナは板にはむかないという。

ムダマの刳りぬき材には、ブナのほか、カツラ、イタヤなどの落葉樹とヒノキ、ヒバなども使われる。また、三陸沿岸の岩手県田老町には、サッパと呼ばれるムダマ造りの磯舟がある。一九九四年の調査では、船底前方だけに刳りを残すものも造られて、使用されていた。聞き取りによると、以前はいずれも船底全体をムダマにした形式だったが、一九七〇年ころから痛みやすい前方だけをムダマにしたものが造られるようになったといい、構造化は一層進行している。

もっともこれは東北北部一帯に認められる変化にはなっておらず、ムダマ造りのなかでも在地の要求に応じた変化をくりかえし、異なる造りを生みだしていることがわかる。その意味において、ムダマ造りは今日なお進化を続ける数少ない木造船であり、ひとくくりにしにくいほど多様な進化が認められる。それはのちに述べるドブネ型が固定した技術をなしてきたのとは対照的である。

かつて、下北半島川内川の上流、恐山山中の畑などでは、荒刳りしたムダマを川伝いに海辺へ流し、イソブネの半加工品をめぐる山海の交易関係を成立させていたが、このような関係はおろか、舟大工が山に直接入り、荒刳りをすませることもいまではなくなっている。ただし、そのことがただちにムダマ造りの衰退を招来しているわけではなく、製材技術の発達した現代では、すでに厚板に製材されたもの

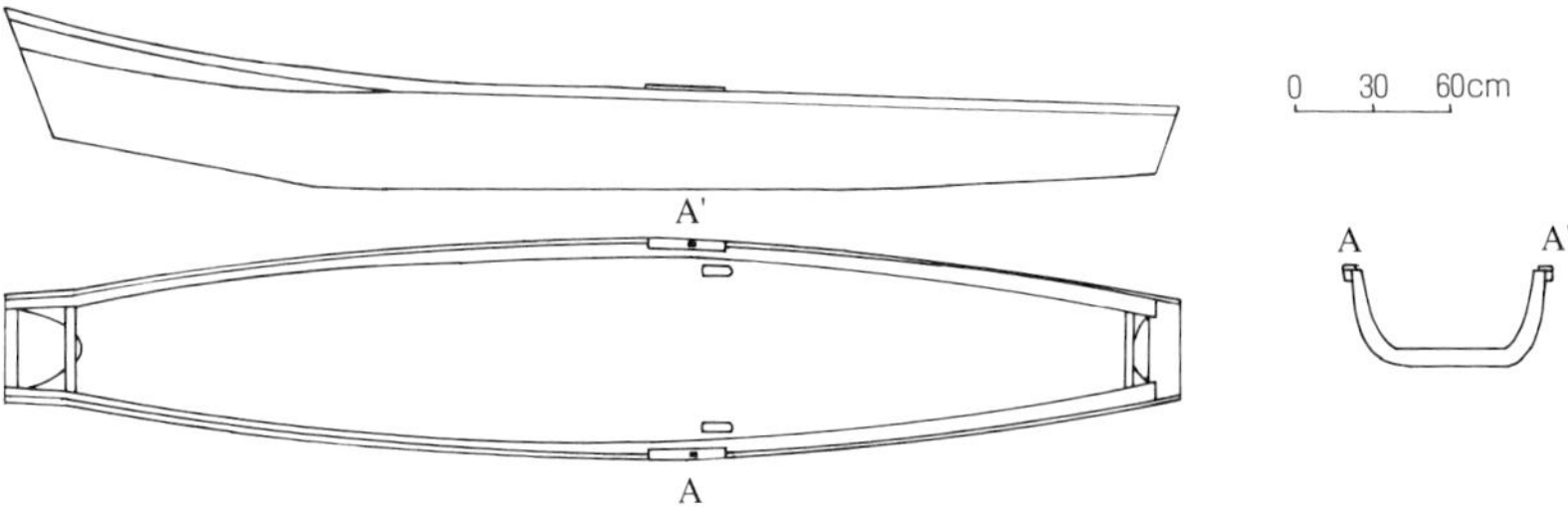

青森県六ケ所村泊のマルキブネ

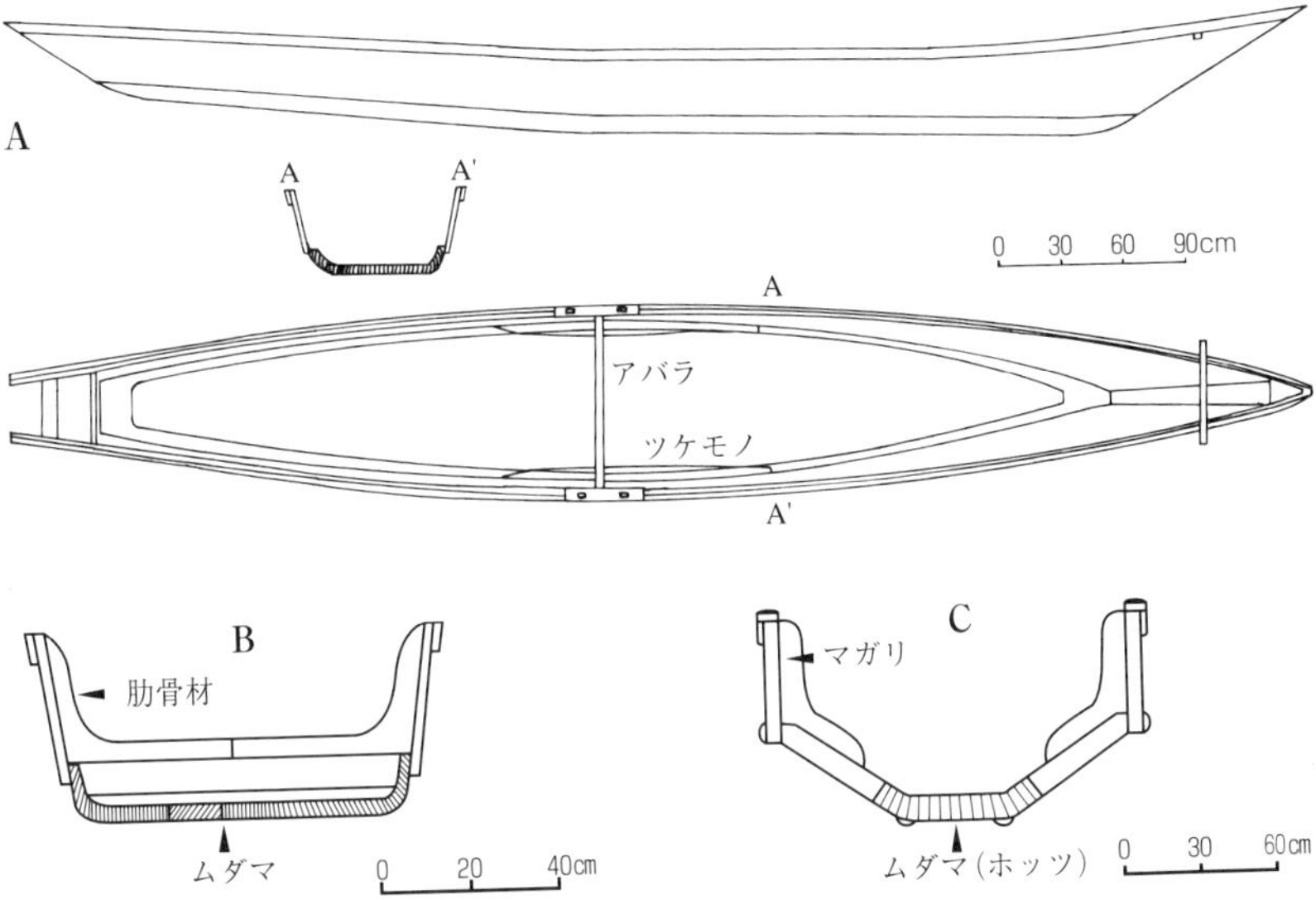

ムダマ造りのイソブネとカッコ
A：青森県東通村白糠のイソブネ
B：青森県東通村のイソブネ（分類 BY）
（国立民族学博物館蔵）
C：青森県階上町のカッコ（分類 C）
（青森県立郷土館 1982）

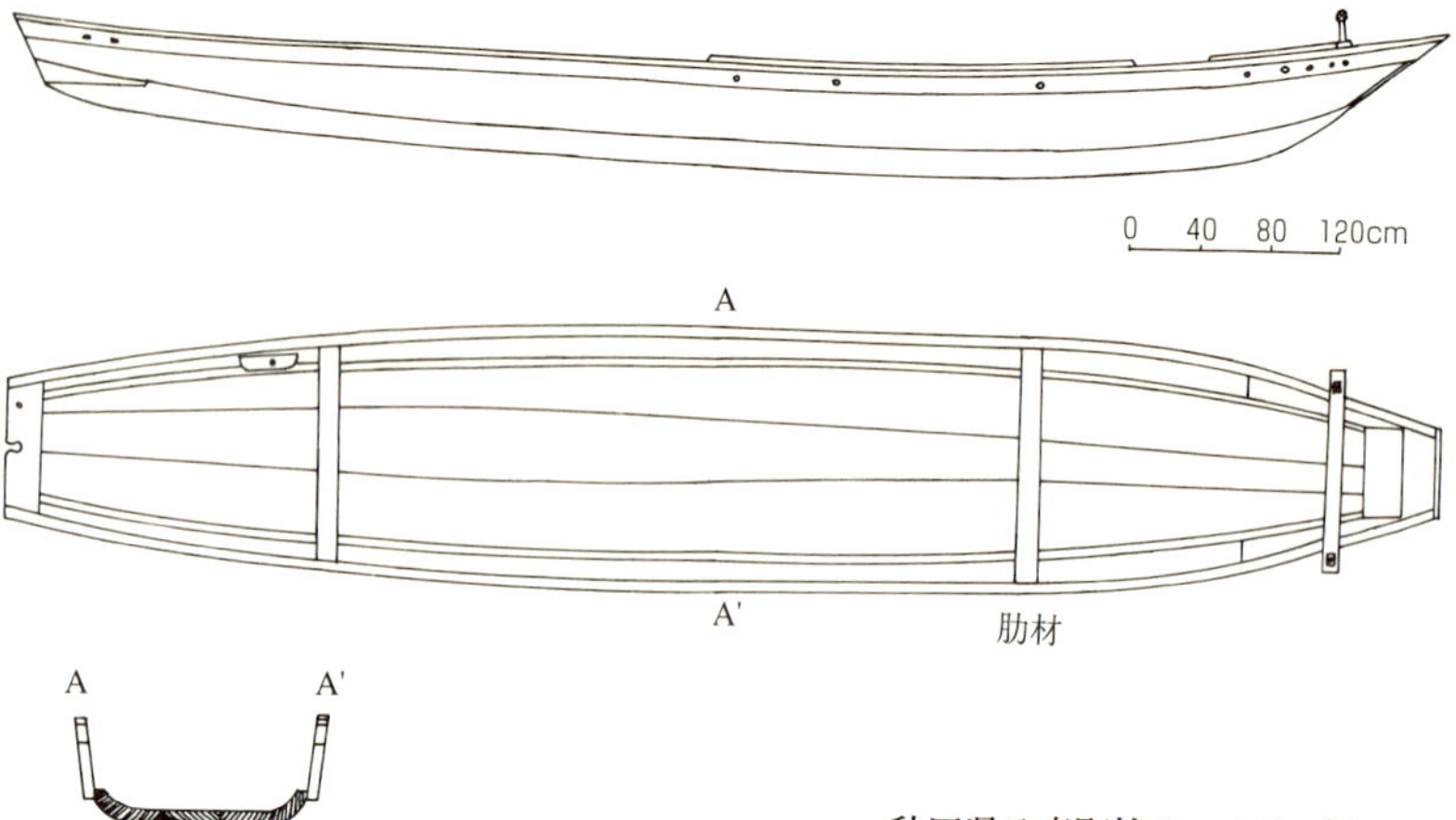

秋田県八森町椿のマルキブネ

を入手してムダマにする方法がとられている。そのほうが刳る手間も木の無駄も少なくてすむわけで、現代的工夫をとりいれつつ、刳底の頑丈さは引き継いで、現代のムダマ造りはかろうじて生き残っている。

他方、日本海側には、秋田県山本郡八森町でハタハタの建網漁に使うマルキブネがある。同町の椿浦では、舟はムラの有力者が所有しており、材料は自分の持ち山から調達し、細工仕事を舟大工に依頼するやり方が多かったという。大きいものは一〇メートルを越え、漆で接着し、接合にはタタラ（木栓）とリュウゴ（チキリ）が使われ、内には、肋材を入れて補強した。推進具は櫓とT字の櫂が使われた。

文化九年（一八一二）秋田県男鹿半島では、単材刳舟の製作に要するスギの巨木を確保するため、半島の森林資源を保全する制度がしかれたが、その資源の供与をうけられる村は、半島の海辺にある北磯村一四、南磯村一〇の合計二四カ村のみに限られていた。つまり、岩館村（八森町）などでは真山のスギを利用することなく、雑木を使った舟造りがとられていたのである。

推進具では異なるが、舟から見れば、八森は、北方よりの文化を享受していた。

車櫂と櫓

菅江真澄と車櫂

古川古松軒が旅した天明八年（一七八八）、同じく蝦夷地を訪れ、四年を費やして旅を続けた人物に菅江真澄がいる。かれは、渡島半島をまわるさい、「つるでとじあわせた舟」のほか、さまざまな特徴をもった舟に乗っていた。

菅江は、その出会いの舟を「笹の葉のような小舟」、「磯舟という楢のひろ葉ほどの小舟」、はたまた「竹の葉の形をした小さな舟」、「柳の葉が一枚散って浮いているような小さなうすい舟」といった具合に木の葉にたとえ、それらの違いを巧みに形容し分けている。船首尾の区別が少なく、あるいは幅が狭かったり広かったりする船体の相違は、自然の木の葉に重ねられ感知されていた。

さて、菅江は渡島半島の西部海岸、石崎で川を渡るのに、船頭を呼ぶ。すると船頭は「アヰノにまねて車かいというものを左右の手にとり」、岸辺を離れたかと思ううちに対岸に到着した。めっぽう速度が出るのに驚嘆し、また根田内のアイヌの櫂は、すべて車櫂であるとも記している。

菅江は、車櫂をアイヌ固有の推進具ととらえていたのである。

さらに北海道から東北へもどった菅江は、青森県下北半島太平洋岸の泊（六ケ所村）から白糠（東通村）へぬけるおり、「小舟に車櫂をささせて、蝦夷のやり方で、ふたりの船人が腰をおろして漕ぎながらすすんだ」とする。

ここでも菅江の観察はゆるがない。

つまり、東北と北海道の双方を見聞した菅江は、車櫂が両地の、しかも和人とアイヌ人双方にまたがって使われていることを確認しており、なおかつそれはアイヌが和人にもたらした文化であるとの確信をえていたのである。

今日の出土状況からみても、その見解は妥当である。

ただし、ここで強調しておかねばならないのは、アイヌ語でホニエなどと呼ばれた車櫂は、アイヌ人と和人にとどまらず、ニヴヒやウリチやナナイ、オロチといった北方諸民族の間に共通してみられた推進具であるという点である。

車櫂は、ユーラシアの東西端に限られて分布する推進具ながら、少なくともその東のはずれでは、北方の複数の諸民族にまたがり、海峡や民族集団を越えた交流を示す広がりをもっている点で、近世以降のアイヌと和人の関係史にとどまらない奥深い文化史がおそらくそこには描けるものと考えている。

北方の車櫂

では、北方の地で車櫂は、どのように利用されていたのであろうか。すでに述べたように、舷側に設けた軸に車櫂をさし、左右交互に車をまわすようにこぐオール式の櫂である。通常、船首を背にこぐが、むろん、回し方を逆にすれば、逆方向にこぐことも可能である。

川の浅瀬では使い道のない車櫂は、おもに海をこぎわたるための推進具であり、一九世紀初頭、サハリンを探検した間宮林蔵や松田伝十郎は、タタール海峡側のニヴヒたちが用いていたことを報告している。

また、サハリンではオホーツク海沿岸のアザラシ猟にも車櫂は使われた。しかもそれはたんに生活道具として存在しただけではなかった。たとえば、もし猟に出て溺死した者がいた場合、ニヴヒたちはその魂を鎮める碑として、チグラフをたてる。チグラフには、ふだん使用していた刳舟を使い、少しも傾かないようにすえつけて、まわりに車櫂をつきさし、溺死者の像ピニギスや漁具などをすえ、さらにまわりをサルヤナギの枝で囲んで溺死者の家としたという。刳舟や車櫂、漁具などには使用者の魂が宿るものとして神聖化された。

なお、北海道や東北北部では、ムダマ造りの舟でも車櫂は使われた。岩手県三陸海岸の田老町では、昔からムダマ造りの舟には櫓は使わず、ホオノキで造った車櫂を使用してきたという。

モクレン属のホオノキは軽くて木目がこまかく、車櫂の材には良材で、このほかヒバなども使われる。アイヌの人びともホオノキやアサダを利用しており、ホオノキの車櫂は、操作するさい、泡がたちにくく、やはり良材とされた。

車櫂は、ほとんど東北北部以南の地で使われることはなかったようだが、福井県河野村居倉、新潟県青海町市振《いちぶり》などでは一時的に利用された例がある。

たとえば、居倉の漁師の場合、北海道函館でその技術を習得し、持ち帰ったという。

他方、市振の漁師の場合、第二次世界大戦前、暖かくなるとニシン・コンブとりに出稼ぎに出たサハリンで車櫂のこぎ方、造り方を習った。地元へ戻ってからもしばらく利用しており、五本ほど造ったという。弾力のある木であればよく、ホオノキ、サクラ、クサマキはいいが、スギはさけやすく車櫂にはむかない。櫓は、こぐのに力がいらない利点がある一方、海が荒れると役にたたず、車櫂は櫓よりも速くこげた。

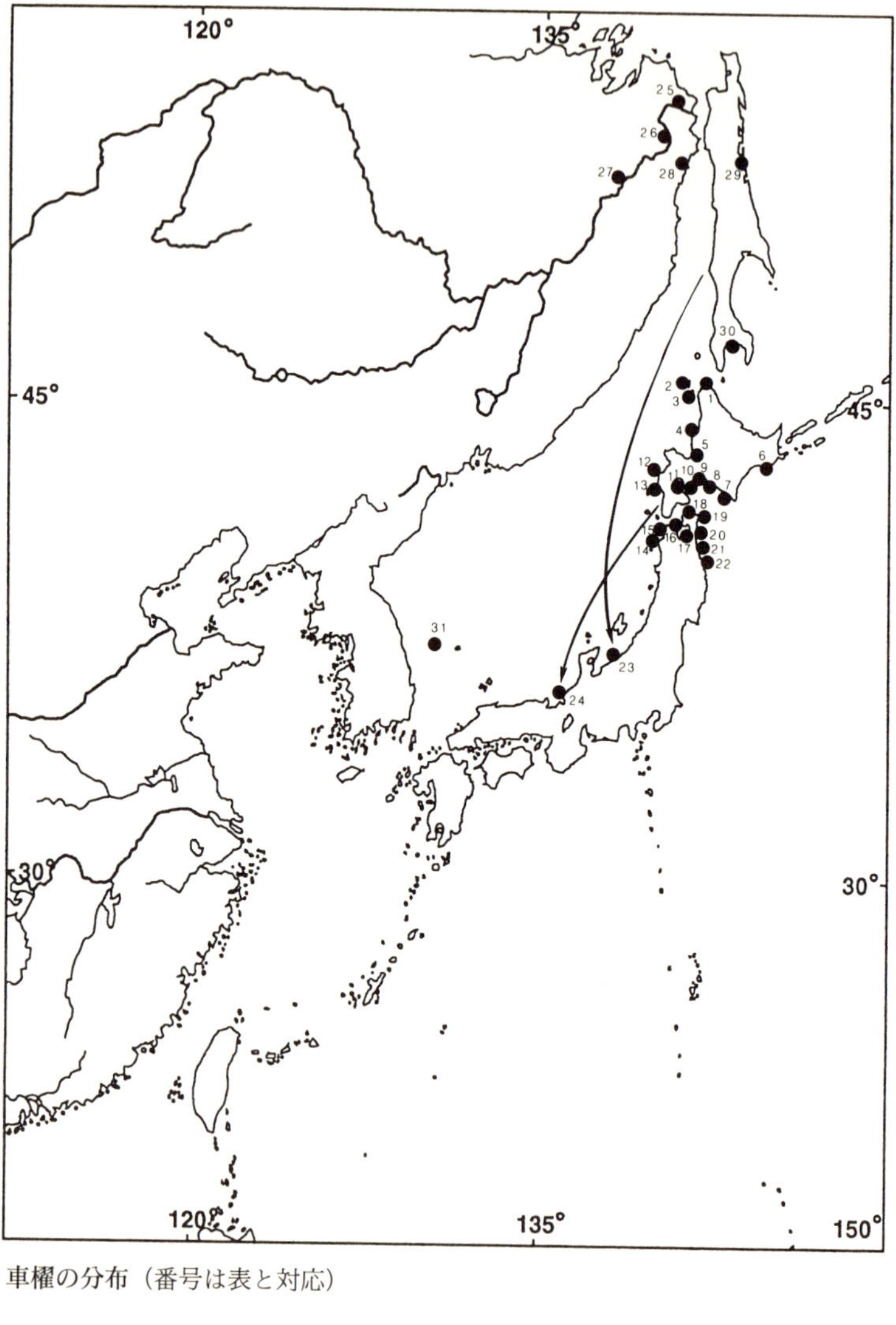

車櫂の分布（番号は表と対応）

車櫂の分布地

事例	使用地（民族名）	
1	北海道	稚内
2		礼文島
3		利尻島
4		留萌郡～浜益郡
5		石狩川
6		釧路（アイヌ）
7		浦河町（アイヌ）
8		平取町（アイヌ）
9		白老町（アイヌ）
10		登別市～伊達市
11		噴火湾（アイヌ）
12		北檜山町
13		熊石町
14	青森県	岩崎村
15		小泊村
16		今別町～平館村
17	青森県	陸奥湾
18		下北半島西部
19		下北半島東部
20		六ケ所村
21		八戸市～階上村
22	岩手県	久慈市～田老町
23	新潟県	青海町市振
24	福井県	河野村居倉
25	アムール川	（ニヴヒ）
26		（ウリチ）
27		（ナナイ）
28		（オロチ）
29	サハリン	（ニヴヒ）
30		（アイヌ）
31	韓国	鬱陵島

もっとも居倉にせよ市振にせよ、それが村人に共有されたり、次代へ継承されることはなかった。当地の生活文化に根づくことはおろか、一時の流行にもならず、市振の場合、動力にかわるまでの間、五年ほど使っただけであった。とはいえ、他地域で学んだ知恵をその後の暮らしにつないで生かそうとする試みは確かになされていたのである。

このような実践はおそらくあちこちで試されては消え、そのうちのなにがしかが集団に受け入れられ、伝統となったのであろう。

他方、海外にも興味深い例がある。韓国の鬱陵島では、村人が自作した刳舟筏に車櫂式のオールが使われてきた。櫂の形状はかなり異質なものだが、その基本構造、つまり船縁にとりつけた軸に櫂をつきさしてオール式にこぐという方法は共通する。

長らく無人島であった鬱陵島でどのようななりゆきでこのような推進具が継承されることになったのか、聞き取りによると、島では、現在残る筏

韓国・鬱陵島の刳舟筏　1988年春

舟とは別に、かつては単材刳舟も使われていたという。島でとれるキリの木で造った長さ三・六メートル、内のり幅六〇センチメートルほどの単材刳舟は、車櫂形式のオールで推進した。単材刳舟は早くに消滅していたが、一九七〇年代、筏舟との折衷形が出現することになる。最初にその舟を造ったのは地元の牧師だったといい、筏が扱いづらい者でも乗りこなしやすいこの舟には、車櫂と櫓が設置されており、買い物や小規模な釣りなどに重宝されていた。そのユニークな舟も管見する限り、一つのムラだけでの事象であったが、ただ一回では終わらず、異なる担い手によって更新され、次第に洗練されていた点では、居倉や市振とは違った道筋をたどっていたのである。

車櫂から櫓へ

一七九九年の谷元旦の『蝦夷器具図式』を眺めると、車櫂の絵には櫓と説明されている。おそらくそれは、絵師にとってなじみのない車櫂が、その固有名詞をともなって認知されていなかったことによろう。ここには、ものの実態はことばの壁を越え、観察の目を鋭くすることで写実可能であるということと、自文化のことばで異文化を語ることのむずかしさをはからずも示している。

櫓は、当時在来推進具の代名詞となるほど、和人にはなじみの深い推進具であったのだろう。厳密にいえば、櫓と車櫂は、その形状・操船方法・推進原理においてもまったく異なる推進具であって、一方が他方を包含できるものではない。

それは、北方地域にみる櫓材の樹種選択や導入のありかたをみていくと、より一層鮮明になる。車櫂の卓越した北方地域の場合、櫓は二次的もしくは後発の推進具であった。

たとえ、車櫂を使わず、T字・Y字の早櫂などが使われる場合にあっても、北方ではやはり櫓は後発であったと思われる。そこには櫓に要する船材の問題がある。

たとえば、ムダマ造りの日本海側のほぼ南限である秋田県八森町では、ハタハタ漁に用いるマルキブネに櫓と早櫂を用いており、車櫂は使用しなかった。櫂は舷側にゆわえた縄に通してこぐT字の櫂で、オールこぎにしたり、練ってこいだり、舵のかわりにもなる。これは、パドルや棹などと同様、地域を問わず、広くみられる櫂の形式で、材料には在地の木が使われる。八森の場合、この櫂には、在地のシュルなどの木が使われたのにたいして、櫓は地元に産しないカシを要するため、わざわざ北海道の問屋から買いつけていた。

櫓の入手は、青森県市浦村脇元でも同様の方法によっている。ムダマ造りの舟で磯漁に出かけるさい、一人のときは車櫂のみを使い、二人のときは車櫂と櫓を併用する。

長さ六・五メートル、櫂位置の幅約一メートルの船体にたいして、車櫂は長さ三・七メートル、櫂をつきさす支点までの腕の長さは、八六センチメートルあるので、左右交互にまわしながら、また磯見のさいには片方は足を使って操作する。材は、ホオ、ヒバ、シュルなんでもよく、自生の木を使う。これにたいし、櫓材は九州から取り寄せており、函館に専門の櫓大工がいた。脇元では磯舟も松前の浜で造ったものを大舟に乗せて運んでおり、海峡を越えた北海道との交流は日常的にあった。したがって、舟も南方材を用いた櫓も北海道を経由して当地に流通していたのである。

他方、北海道白老アイヌの場合、明治に入って櫓は導入されている。それまで使われた早櫂は、ナラなどの自生の木から造られた。たいする櫓は、道内では調達できない照葉樹のカシ材であるため、本州からとりよせて造られたという。

一般に、今日使われる櫓は、腕と羽を二材合わせにし、弓なりに湾曲した格好をしている。櫓はプロペラと同様、揚力原理によるため、このような湾曲は水中への入射角を高め、推進力をあげるという理にかなっている。

この腕と羽の材料について調べると、腕には在地のさまざまな木があてられる傾向にあるのにたいして、水中に入る櫓下（櫓羽）は、カシ材をよしとする評価が定着している。したがって、神奈川県三浦半島の漁師の間では、こぎやすい櫓をもって「いいカシを手に入れた」と表現されたりするほどである。また青森では、房州から移り住んだ櫓大工が、それまでナラで造られていた櫓下をカシ材にかえると、評判をあげ、大正から昭和にかけて青森湾一帯の漁船の櫓を手がけるようになったという。

つまり東北でも、櫓を造るのに地元の材が試されなかったわけではない。陸奥湾一帯ではナラ材が使われたほか、三陸では、カバノキ科のアズサが好んで使われた。ことにアズサは弾力があり、堅い材質のため、櫓下には重宝したが、狂いが大きく、重いという欠点もあり、結局アズサの三倍という高値にもかかわらず、水に強く、軽くて狂いの少ないカシ材の導入が明治期には急速に進んでいくことになる。列島にみる櫓という推進具は、明らかに照葉樹であるカシとかかわる西の文化である。櫂のように、北は北、南は南で土地土地の利便と工夫が発揮されてもよいはずなのだが、照葉樹のカシをもって他にかえがたいとする強固なまでの均質な価値観は、この北方の浦々にも広く浸透していた。

同じ櫓の文化をもつ韓国や中国では、スギやラワン、ナラガシワといった樹種が使われて、日本列島ほどカシ材にこだわってはいない実態と比較すると、櫓の定着の過程はかなり異なる道をあゆんだかに思われる。

ともあれ、北方でも近代に入ると在来の車櫂にかわって、あるいはそれと併用して櫓が積極的に導入されていった。

第二章　南方の系譜——サバニ・クリブニ

尚巴志《しょうはし》が、沖縄本島の北山・中山・南山の三国を統一して首里に都をおき、琉球王国を築いたのは、一五世紀はじめのことである。以後、明治の廃藩置県まで四〇九年にわたって一九代王朝は引き継がれ、とくに一六世紀中ころまでの約一〇〇年間は、東アジア・東南アジア諸国との中継貿易によって全盛をむかえた。

ちょうどその全盛期にあった四代王・尚清の時代に、王への使節である冊封使《さくほうし》として中国から来島した陳侃《ちんかん》は、冊封使録の最初とされる『使琉球録』に、当時の琉球にかんする記録を残している。一五三四年のことである。

筏か刳舟か

冊封使の見た琉球の舟

陳侃の『使琉球録』のなかの「群書質異」は、それまでに中国で出された琉球関連記事を実地見聞にもとづき検証しなおし、誤りを訂正することに力点がおかれていた。その一つは、琉球に竹筏があるか否かについてである。

たとえば、一四六一年に上梓された『大明一統志』の記事には

不駕舟楫、惟縛竹為筏、急則羣舁之　泗水而逃

とあり、琉球の舟は舵をもたず、ただ竹を縛って筏にすると記されたのにたいして、陳侃は、

未嘗不駕舟楫、而縛竹為筏也

とし、そのようなことは琉球にはなかったとしている。

のちの一六〇六年に、琉球に滞在していた夏子陽《かしよう》も『使琉球録』のなかで

舟船、制與中国頗同。如小艇、則刳木為之。陪臣入貢航海、必創以巨舟。縛竹為筏、未之見也

とし、琉球の小舟は木を刳って造られていること、陪臣の航海用には別の大型船があること、竹筏は実見できないことを述べている。

そして、琉球における竹筏の存在を否定する記載は、一六二〇年の『武備志』にも引き継がれていくのである。

そもそも「琉球に竹筏がある」とする記述は、先の『大明一統志』にはじまったものではなく、一二二五年の『諸蕃志巻上』の「不駕舟楫、惟以竹筏従事」をはじめ、一三―一五世紀の中国の文献にほぼ同じ文面で「琉球に竹筏がある」とくりかえされてきた記載である。陳侃の見聞録は、遠い過去に竹筏が存在したか否かの検証にはならないとしても、少なくとも一六世紀前期の琉球に竹筏は実見できず、かわって刳小舟の存在が確認されていくことになる。

もっとも陳侃の実地検証がなされたのちも旧来の記事がそのまま引用される場合もあったが、琉球が刳舟の宝庫であったことは、中国江南の蘇州に生まれた徐葆光《じよほこう》による、一七二一年の『中山《ちゆうざん》伝信録』にも表われている。

たとえば、沿海近港の舟は、皆小型の刳舟で、釣りや巻網などの方法で小魚をとっていること、これはすこぶる舟足が速く、漁家は皆これを用いて漁に従事しており、もし一つの舟に積むことができないなら、双胴にして用いたとしている。

この刳舟を二艘横に連結して積載力を高める方法とは、近代にいたってもニーサギブネとして継承されていたものである。

また、一八〇〇年に冊封副使として来島した李《り》鼎元《ていげん》の『使琉球記』には、天子の使臣の乗った船を数十艘の刳舟で牽引するという記事もある。

大きな荷物を運搬するためには、一艘ずつではいささか非力な小舟の短所を合力することで補いをつける工夫が、双胴のニーサギブネであり、また数十艘による引き舟の光景であった。この時代、数多くの刳舟が銘々に、あるいは集合しあって活躍する様を中国からやってきた冊封使たちは目の当たりにしていたのである。

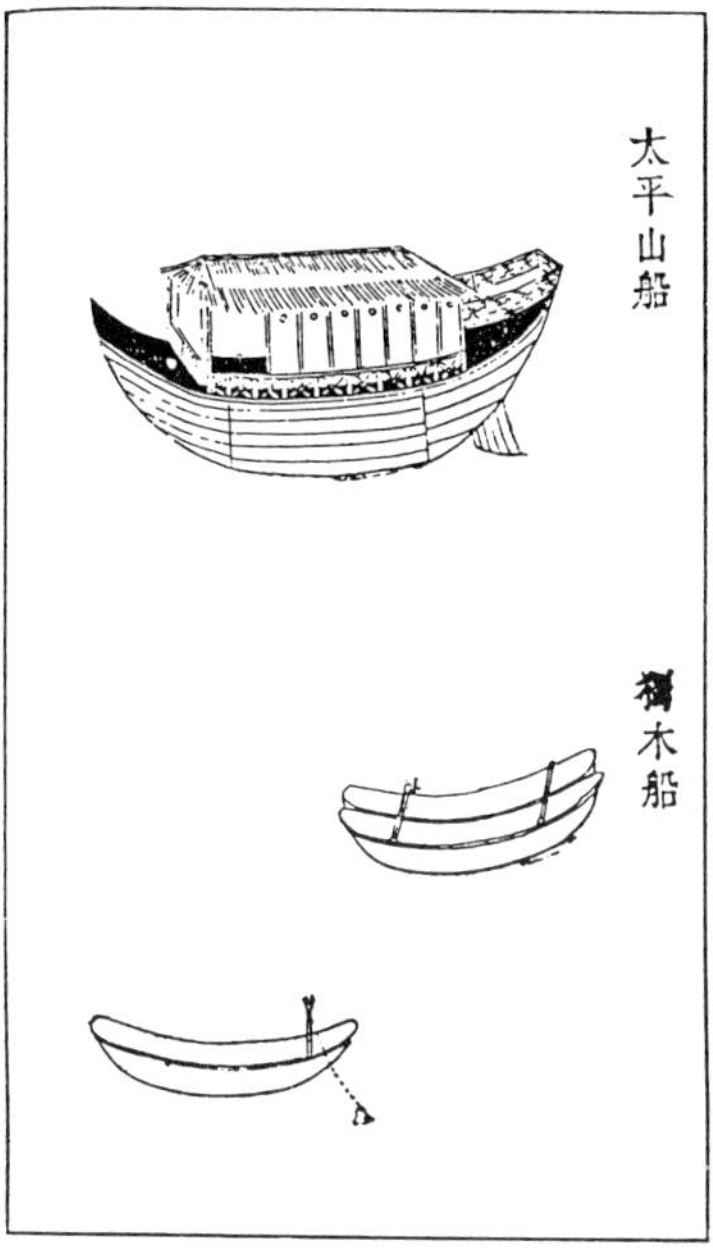

『中山伝信録』のサバニ

ニーサギブネのこと

民俗事例として残っていたニーサギブネは、沖縄島中南部の与那城《よなしろ》町の伊《い》計《けい》島や平安座《へんざ》島付近で実施されていた方法で、マツの刳舟を基本船体とし、それを一艘ないし二艘組んで材木などを運搬した。運搬する材はまず浜に並べ、その上に舟をのせ、綱でくくりつけていく。竹を下に、木材は横から上に積み上げ、大小二枚の帆と長い櫓が用いられたという。

夏場はそのまま漁船として乗りまわし、冬場の北風を利用してニーサギブネにする。名護市久志付近で材木を仕入れたあと、南の具志頭《ぐしかみ》村港川や糸満《いとまん》まで売りに出た。つまり、小を集めて大にすることはできるが、大は小を兼ねることはできない。季節によって使い分けられるその利便性を発揮したのが、この方法であった。

憶測が許されるならば、過去の中国の書物に表われる竹筏説は、刳舟のまわりに竹を縛り合わせ、筏状になったこのようなニーサギブネの姿を見て竹筏と判断したのかもしれない。

ところで民俗学者、宮本常一は、晩年の書『日本文化の形成（講義一）』のなかで、沖縄にも筏があったという推測をたてている。それは当地の民俗としてみられたニーサギブネからの類推による。ただし、すでに述べてきた琉球での刳舟の存在確認と一六世紀前期にさかのぼる筏にたいする否定的記録に照らすと、筆者には、筏そのものが琉球文化のなかでそれほど大きな役割をはたしたとは考えにくい。むしろ琉球では、進貢用の官船を中心とする大型船舶にあっては、中国福州の建造技術を受容し、自力で様式通りのものが造られるほどに普及していた一方で、民衆の日常の小舟には刳舟が使われて、小回りのきくしかも速力の速い船型が開発されてきた。

むろんニーサギブネに筏と同様の発想をみることはできるとしても、あくまで基本は単体の刳舟であり、竹や丸太を組んだ筏が舟として継続的に利用され、定着した可能性は、南西諸島では想定しにくいのである。

近世琉球の刳舟

近世期、琉球の刳舟は相当の数にのぼっていた。乾隆二四年（一七五九）の租税対象艘数の手形によれば、国頭《くにがみ》地方は「ハキ船」三〇艘にたいして、「クリ船」三三九艘、中頭《なかがみ》地方は「クリ船」三一〇艘、さらに雍正四年（一七二六）の島尻《しまじり》地方は「クリ船」一三〇艘となっており、先島《さきしま》（八重山諸島と宮古諸島）をのぞく地方だけで、刳舟は七七九艘にのぼり、板を接ぎ合わせたハギ舟を圧倒する数を占めていた。

もっとも久米仲間真切公事帳の抄録で道光一一年（一八三一）に改正発布されたものによれば、刳舟造りには六〇—七〇年から八〇—九〇年をへた大木が用いられることから、楷船《けーじん》（琉球の官船）の舟木調達に差し支えるため、先年厳禁しており、違反して盗伐・密造した者には厳しい罰則をもって対処する対策がとられている。

他方、同治八年（一八六九）国頭地方、中頭地方の山奉行所の山林保護の控えによれば、刳舟は大木がなくなるので、禁止されていたが、乾隆七年（一七四二）に杣山《そま》のずい木、つまり中が腐って空洞をなすようなマツや雑木の古木でならば造るのはよしとしたところ、正木をもってずい木とする方便があり、三年後にはこれもまた禁止されることとなる。これによって国頭地方の杣山のうち、マツや雑木のずい入りにかんしては何にも用立てできない大木が多くなり、これから延びようとする小木に覆いかぶさって、かえって杣山の故障になる一方、急用の諸雑物運搬や漁撈などの仕事に必要な刳舟を造るため、大木を盗伐し、製作してとがめをうける者もいる。そのため、ずい木に限って識別し、厳重にとりしまりのうえで、伐採と刳舟製作を認めることとしている。

つまり、ずい木に限った大木利用は、次代の森林整備にとっても、人の暮らしにとっても有効なおりあいどころとみなされて処遇されたのであり、刳舟造りとは、このような山への配慮なくして継承できるものではありえなかったのである。

単材刳舟と縫合船

近世奄美の舟

文化二―四年（一八〇五―七）にかけて奄美大島の代官となった本田孫九郎が記した『大島私考』の「船数之事」によれば、文化元年（一八〇四）改めの同島の舟は、小早《こばや》船、板付《いたつけ》、操船《くりぶね》の三種に分けられた。

三枚帆をもつ小早は八艘、マツ材の板舟であり、上屋のついた屋形舟である。そして板付は二八〇艘、マツやタブの木で造られた板舟である。一方、操船は、マツ、イジュ、タブの丸木をそのまま刳った長さ三メートルあまりの小型の刳舟で、二〇五艘とこれもかなりの数が稼働していた。

なお、同書の抜粋による同様の記載と文政一二年（一八二九）改めの同数の隻数は、嘉永三年（一八五〇）―安政二年（一八五五）にかけて大島遠島の刑に処せられ、約五年にわたり奄美大島名瀬間切《まぎり》の小宿村で過ごすことを余儀なくされた薩摩藩士名越左源太が著した、幕末の奄美民俗誌『南島雑話』にも見いだせる。刳舟（スブネ）造りは、家の普請などと同様、村人の協業によってなされていたといい、八―九月ころは、百姓も多少暇ができるころなので、この時分に隙をうかがって頼むのが習わしであった。釣りには二―三人乗りで出かけ、サワラ突き、キビナゴ漁、イカ引きなど漁の多くはこの小さな刳舟によっていた。

近代に生じた変化——喜界島

一九世紀初頭の奄美大島では、板付がすでに刳舟よりも多く、かなりの普及をみせていたが、奄美大島の東二五キロメートルに位置する喜界島では、板付が入るのは明治になってからのことである。はじめは、大島との交通や運輸に使われ、しかも大島で造られていたが、板付によるサワラ突き漁がさかんになるにつれ、喜界島でも造られるようになった。

岩倉市郎の『喜界島漁業民俗』、拵《こしらえ》嘉一郎の『喜界島風土記』によれば、板付は、厚板を三枚ほど接ぎ合わせた船底のカワラ、それに下タナにあたるジメーと上ダナのワダナからなる五枚合わせの板舟で、船首と船尾が同様にすぼまった船形をなし、船首には顔の模様が描かれる。櫓と櫂で推進するこの板舟は、安定性にすぐれる一方、舟足はさして速くはない舟だったという。サワラ漁が衰退すると、板付もまた徐々に使われなくなり、かわって明治から沖縄糸満の漁夫の移住が進み、独自の漁法が導入されるとともに、漁船もまたサバニ、クリブニと呼ばれる糸満舟（イトマンブニ）が次第に普及していくことになる。

大島同様、喜界島には、もともとクイブニィ（刳舟）と呼ばれる単材刳舟があった。ただし、もっぱら奄美大島から移入され、喜界島で造られることはなかった。しかも島に移入されるのは、多くが古舟で、通常は舳と艫に一本ずつ梁（ヌキ）を入れる程度であるのに、ヌキを四本入れ、あるいは板をうちつけるなどして修理改造したものがみられるだけだったという。刳舟は櫂こぎで、櫓や帆は用いられなかった。これは、板付にくらべて容積・速度・安定ともに劣るので、近岸の小規模漁に用いられたという。

つまり、喜界島の場合、海へ出るための舟造りはどちらかというと「大島まかせ」、あるいは「糸満まかせ」であり、島の人々はむしろ消極的であったように思われる。島であれば、いずれも海へ出ることに熱心だったわけではなく、舟の開発などは率先せず、むしろ他にまかせることで暮らした島もあったのである。

沖縄のサバニ

現在、沖縄県立博物館には、マツで造られた単材刳舟のサバニが二艘展示されている。

近世期あれだけの数を誇ったにもかかわらず、現代に残った単材刳舟は、沖縄本島ではほとんどこれだけになった。一九七五年の沖縄海洋博覧会が開催されたおりにもずいぶん探したが、すでになくなっていたと聞く。

一艘は長さ七メートル、幅八四センチメートルの大きさで、明治初年（一八六八）とずいぶん昔に屋我地島《やがじ》で造られ、終戦直後まで使用されていたものである。他方は、長さ六・三五メートル、幅七八センチメートルほどで今帰仁村《なきじん》で使われていたものという。

胴部の船底は平底だが、船首尾ともにV字をなし、その基本船型は、現代の糸満ハギ（糸満舟）やさらにハギ舟化の進んだ南洋ハギのサバニに引き継がれていることがわかる。

糸満ハギのサバニは、明治になって宮崎産のスギ材を船材とするようになり、積極的に造られるようになった。板舟とはいえ、その船体は、刳る技法を多用したもので、とくに船底部には厚い板を用い、内・外ともに刳って丸みをつける。舷側にとりつける厚板も刳る技法をほどこす。鉄釘は一切使用せず、接合部にはチキリと同様の木製カスガイと竹釘を使う。

もとは肋材を入れることもなかったが、大型化が進み、動力をつけるようになると、肋材を入れて補

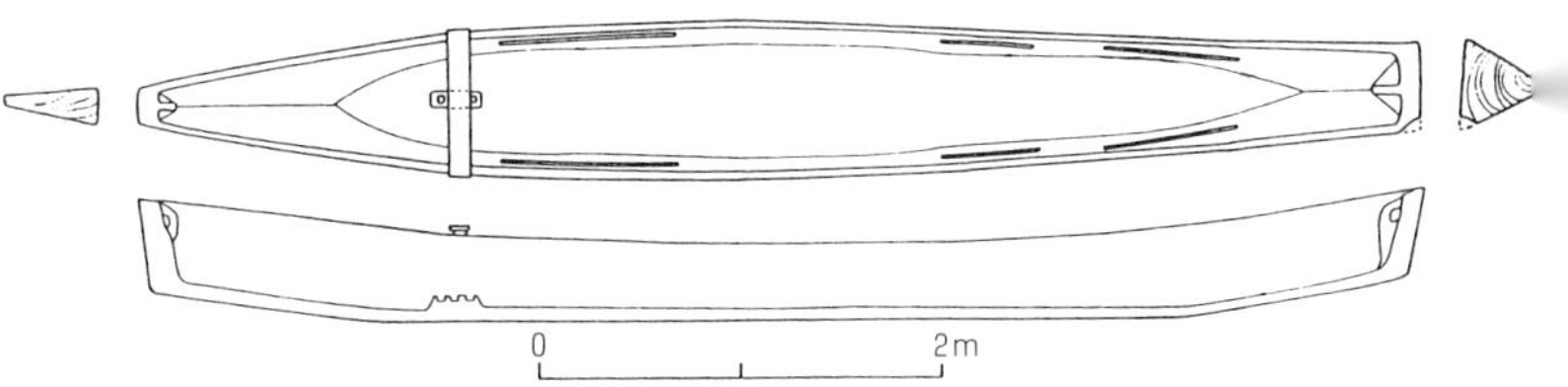

沖縄のサバニ（単材刳舟）
（沖縄県立博物館蔵，盛本勲原図・上江洲 1980）

強するようになった。

ところで、大正のはじめころ、喜界島の島民が使用するようになった糸満舟は、板付と異なり、安定性には欠けるが、舟足が速かったという。

琉球の刳舟の速さは、すでに中国の記録にも示されていたところであるが、板付より遅い大島の刳舟とは異なり、速さは沖縄の刳舟の重要な持ち味であり、それはハギ舟化した糸満舟にも生かされていった。そのため、糸満サバニが奄美の地にも登場すると、漁法の変化ともかかわって板付よりさらに速力の出る糸満舟にとってかわられるという変化を生んだ。

すなわち、ここには単材刳舟といえども、その形状、材質、用途などに応じて、ひとくくりにはできない性能への評価の違いが見えてくる。それは、沖縄のサバニのように、進んで選びとられ、単材刳舟からハギ舟に構造を開発しつつ継承されていく技の姿がある一方、喜界島のように、進取のものにはかなわないと評価され、代替されていく技の姿である。

喜界島の島民の目は、海にはむかわず、農民としての意識が強かったというが、一方の糸満の人たちは、サバニを駆使し、もっぱら海を開拓する漁民としての意識が強かった。

いまや喜界島も糸満もともに単材刳舟の残存地点ではないが、消え去ったその意味するところは違っており、両者はいくつかの技術革新の、いささか異なる岐路を経験してきたことがうかがわれるのである。

それは、近代以降、サバニという船名が、船体構造の変化を越えて沖縄を象徴する固有の舟として広く認識されるようになり、他方クリブネ（クリブニ）というサバニの別称もまたハギ舟化したのちまで継承され、さらにその普及の原動力となった伝達者である糸満漁夫を象徴する呼称（イトマンブニ）も使われて、少なからず用語の混乱をひきおこしていることと無関係ではない。

実態に応じて新たな語彙が生まれる一方、もとの語彙が新たな状況をも包摂し、もとの意味とは異なる意味がくわえられていく。サバニやクリブネにみる今日の用法は後者の例とみてよい。そこには分断されずに成長をとげた技術の典型をみてとることもできるのである。

もっとも一九八六年、沖縄本島を歩いたときは、すでにFRP（強化プラスチック）船が多く、スギ製のハギ舟のサバニも造られなくなって、放置されている様子が目についた。

「なに調べてる？」

「サバニのことを調べてます」

「いいことを調べてるね。こっちのは使わないからもっていっていいよ」

といった会話をいくつかの港でかわしたが、当時すでにこれらは生活の場から消えさろうとしていた。

南方の縫合船

一九二〇年代ころ、奄美には直径九〇センチメートルほどのシイの大木を刳りぬいた刳舟の両側に板を縫い合わせた縫合船も存在していた。

他方、柳田国男は、沖縄でも刳舟の縁に別の材をつけ、間を漆喰でとめた舟が使われており、トジブネと呼ばれていたとする。

ところが、当地の縫合技術が具体的にどの植物を使い、どのような方法によるものであったのか、これ以上の内容にせまる説明を筆者は目にすることができないでいる。

いくつか博物館などに残された標本資料には、針金で短い舷側板を綴じつけた刳舟があって、往時の縫合技法の存在をうかがわせるものの、その技量は、さきの喜界島の例にみるように、古舟に板をうちつけて修理改造したといった程度のものと観察する。

すでにふれたように縫合船は、さらに南の、台湾のアミ族やクヴァラン族、台湾・蘭嶼のヤミ族、フィリピンバタン諸島の舟などに広がっている。

台湾東部のクヴァラン族の舟は、船首がとがり、船尾が箱形で、オール式の櫂と方形の帆が使われ、船尾中央に舵をとりつけていた。タブやクスノキの古木を船材とし、舷側のタナ板はフジ蔓で綴じて釘は用いなかったという。他方、台湾のアミ族が火焼島から本島に移住したときの舟は、丸木舟を基底に舷側を板張りとし、釘を用いずにフジ蔓で縛り合わせるものだったという。クヴァラン族と同様、隙間にはバショウ（芭蕉）の葉をつめてアカドメした。

またヤミ族の舟には、竜骨構造船と刳底に板をたしていく二つの形式があり、どちらの場合も木釘と合わせて、肋骨材のとりつけや、両舷側材の接合にツルアダンで縛り合わせる方法がとられた。もっとも一九九一年に筆者が蘭嶼をたずねたときには、テグスが植物繊維にかわって用いられていたが、木釘と緊縛技法の組み合わせは生かされていた。

なお、バタン島にも船首尾ほぼ同形の、木の葉形のタタヤと呼ばれる竜骨構造船がある。木釘と縫合によって造られる船体は、ヤミ族のものほど船首・船尾がそりあがってはいないものの、基本技術は同じである。

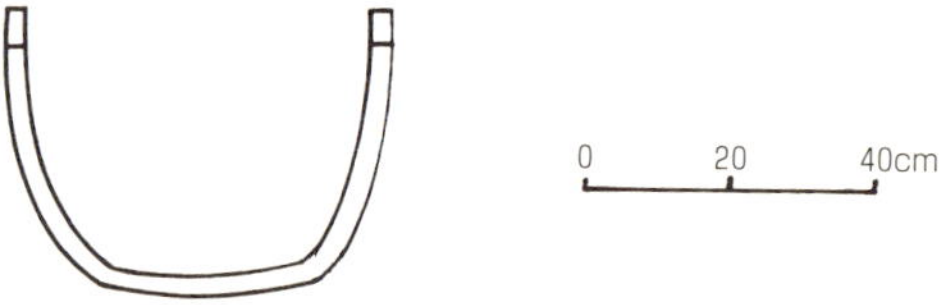

奄美のスブネ（日本民家集落博物館蔵）
長さ485cm．針金によるタナ板の接合．前方部のタナ板は欠損している．
（1987年春）

台湾ヤミ族のタタラ　1991年秋

タタラの建造　1991年秋

時はかわって寛文八年（一六六八）、尾張国知多郡大野村の源左衛門と申す者の廻船、伊豆下田を出帆したものの、運悪く遭難、流れついた先はバタン島であった。頭はずんど切りのオカッパ頭、身に着物なく、いままで見たことのない住人ばかりである。

帰る方法を失った漂民たちは、そこで島の豊富な樹木に目をつけ、あの手この手の交渉のすえ、長さ二八尋の舟を造りあげる。たった一挺のオノを大きさ、長さの異なる柄をさし違えて使い分け、山に出向いてそれぞれの木を見立て、曲がったところは曲がったなりの木を切りだして、板はオノで削って平らにする。鉄や銅がないために生産できない釘やカスガイにかわってクワを合わせ釘とし、木の皮で縄からげしてできあがった舟は、その記述から察するに、まさしく今日、バタン島で使われる竜骨構造船に近いものであったと想像する。

帰還の途中、出会った中国の南京人が「これは日本の舟ではない」と見破ったように、いわゆる和船造りにはなるはずもなかったのである。

漂民たちはこの舟でみごと長崎まで自力帰還し、『馬丹島漂流記』を残した。

時しばし移ろって、延宝八年（一六八〇）のこと、こんどはバタン島民一八人を乗せたフジからげの舟一艘が、九州宮崎の日向海岸に漂着しており、のち帰帆のオランダ船で送還されている。

植物繊維による縫合・緊縛技法は、奄美・沖縄から台湾、フィリピンへと連なる複数の先住民の舟に共通する在来技術であったろう。

櫓のあるなし――櫓の交通

日本人はどこからきたのか。
往時の南北の航海はどのような船で、どのようになされたのであろうか。
四面環海の日本の文化の形成研究にとって、船の研究は避けられない課題である。多くの研究者にとってそれは、たいへん待たれる研究でありながら、既存の学問体系のなかでは扱いにくい領域でもある。柳田国男もまた、船には関心をもち、陸の論理とは異なる海の論理法則を、その裏づけとなるべき島々の民俗を通して、総合と比較のもとに導きだすことの必要性を説いている。柳田国男の晩年の代表作『海上の道』には、次のような一文が綴られている。

しかし船についても、理解できないことがらが多々ある。第一、和船の細い櫓など、どういうわけであのようなものができたのであろうか。私は利根川のへりに成長したから、あの細い櫓はよく知っているが、あれは日本の特徴と思う。櫓は砂浜のあるところの海岸という条件が手伝っているのではなかろうか。沖縄と本土を結ぶ西海岸には帆を使うところは非常にたくさんあるし、棹を使うところもあるかもしれないけれども、櫓の交通を発達させるような条件を具えた土地は少ないようである。

柳田が櫓を「日本の特徴」としたことは、すぐれて直観的である。ここでは多少の厳密さをもって沖縄と本土を結ぶ島々の櫓のあるなしを検討してみることにしたい。

櫓をもたない刳舟

奄美諸島、沖縄では、単材刳舟や縫合船の推進に櫂を用い、櫓を使うことはしなかった。両手で櫂をもち、支点をとらずに水をかく、もっぱら座位によるパドルこぎである。

刳りぬいた船体は、内側を火であぶり、船幅を広げることによって、船底より上幅が開いた形になる。同じ単材刳舟でも種子島のマルキブネなどにくらべると薄く造られたのは、パドル操法を主としたために、全体に凌波性にすぐれるが、安定がえられにくいことから、舷側にタケなどの浮材をつけたりする工夫も生まれていた。奄美では船体のねじれを補い、バランスをとるために、傾くほうにモウソウダケをとりつけたり、腰の弱い舟にもモウソウダケの浮材で両側を補強することがあった。

明治以降に普及した木釘、竹釘接合の糸満ハギのサバニや戦後に展開した鉄釘仕様の南洋ハギと呼ばれる板舟のサバニに流行する安定浮材のとりつけは、このような単材刳舟の時代にすでに備わっていた工夫とみなしてよいだろう。

すなわち、櫓を要しない刳舟は、奄美諸島以南の島嶼部の特徴となっている。

成宗八年（一四七七）二月一日、韓国南部の島、済州島から北に位置する小島、楸子島《ちゅじゃ》へむかう途中、遭難した済州島民は、一四日間吹き流されたのち、助けられ、沖縄の与那国島に到着する。『成宗大王実録』一〇五に記されたこの時の済州島人の南島漂流記には「舟有柁棹無櫓、但順風懸帆而已」とあり、舟には舵や棹はあるが、櫓はなく、順風時には帆をかけるとしている。

一五世紀当時、済州島人にとって櫓はすでになじみの深い推進具であったのだろう。ただ、誤解のないよう、つけくわえるとすれば、日本の南島人がその後櫓をまったく使わなかったわけでも、知らなかったわけでもなかった。

すでに述べたように伊計島や平安座島付近のニーサギブネでは、帆走時の舵とりの役目を兼ねて櫓が使われていたし、また沖之永良部島《おきのえらぶ》から那覇への物資輸送に用いた同様の組舟（クミウバ）は、帆を仕立て、風向きの都合の悪いときの装備として櫓を用意したという。組舟とは、刳舟を四艘ほど横につないだもので、これに子牛や豚を三〇頭ほど積み、帰り荷は酒壺を積んだ。

つまり、筏のように刳舟を組み、船体を安定させることで櫓という推進具が生かせ、積載量をふやして家畜などを運搬することも可能になったのである。

他方、徐葆光の『中山伝信録』（一七二一年）に登場する進貢船は、櫓を左右二挺ずつ計四挺脇にはさんだ長さ二四メートルあまり、幅四・五―四・八メートルもの大型のジャンク船であり、琉球人たちが櫓を目にする機会はむろん、大型船では装備されていた推進具であった。

奄美でも輸送やサワラ漁などに使われる板付には、櫓櫂が用いられていた。

要は、刳舟に直接櫓を設置する技術変化の道をたどらなかったのである。のちに述べるトカラ列島で生じたような櫓の導入にともなって刳舟の船尾を幅広にする船体の変化もこの南方地域の刳舟には出現・定着しなかった。

なお、このような櫓をもたない傾向は、沖縄よりさらに南方の島々にも共通する。

台湾蘭嶼のヤミ族は、舷側にたてた支持棒に縄を何重にも巻いてとりつけたオールを使って操船し、櫓はいっさい使わない。フィリピンバタン島の場合もオールであり、櫓は使わない。

先のバタン島漂流から一六〇年あまりたった文政一三年（一八三〇）、岡山から江戸へ藩米を運ぶ途中、難船し、バタン島に漂着した神力丸乗組員の漂流記『神力丸馬丹漂流口書』にも、「帆柱二本立て、帆はアンペラにて造り、楫《かじ》は両脇に二つ付け、櫂は有れども艫《ろ》は無し」としている。

すなわち、漂流先から護送中に、漂民たちが乗った大きさの異なる現地船は、フジ蔓による縫合もしくは木釘接合によっており、船首尾が同じ形をしており、屋根がついていた。舵は船尾中央につける和船などの方式ではなく、いわゆる船尾側舵であり、櫂はあるが、櫓はなかった。

このような櫓がないことへの目配りは、先の済州島民の与那国漂着と同様、備前人のバタン島漂着である点で、重要な発見となっている。

つまり、漂着という唐突な形で異文化との接触を余儀なくされた場合、そこで観察され、認識される異文化は、相対としての自文化を無意識に映しだしやすく、まずは自文化のフィルターを通してしか異文化の異質性は認知しにくいものである。したがって、双方の漂民記録の内容は、済州島でも岡山でも櫓による操船を経験してきた者だからこそ生まれたともいえ、櫓のない操船光景はいささか奇異に映るものだったに相違ない。

しかも先の『神力丸馬丹漂流口書』では、漂民が中国経由で帰還するさい、乗船した唐船については、「二本帆柱にて、楫、鉄錨、櫓を供へたる船なり」、「この船、帆は竹にて籠にあみ、中に竹の葉を入れ候帆を二本立て」としており、竹製の網代《あじろ》帆と櫓・舵・鉄錨を備えた広東公船であったことを記している。

このような観察記述を通したとき、櫓は、アジア島嶼部ではなく、中国南部の大陸沿岸に連なる文化といえそうである。遅くとも漢代に出現していたとされる中国での櫓の利用は、七世紀ころとされる日本での初出年代より早く、日本の櫓もおそらくは中国から、直接もしくは朝鮮半島を経由するなどして導入されたのであろう。しかし、日本の南方部では、北方とは別の方法で櫓を使用しない技術文化をつくりあげていたのである。つまり、櫓は「日本だけの特徴」でも、「日本全体の特徴」でもないという点で、「日本の特徴」というよりは日本の「中の領域」の特徴であったのである。

櫓をもつ刳舟——種子島

近世期の種子島　藩政時代、ゴヨウマツやクロマツなど種子島の重要樹木は、山奉行によって、どれくらいの太さのものが何本あるかの点検が徹底され、みだりに伐採されないよう厳しく取り締まられていた。その取り締まりの目を盗んで、マルキブネをひそかに造り、発覚した場合、没収と罰金の罪に問われており、実際、西之村、安城村、現和村などの者が、山奉行署の認可をうけずにマルキブネをひそかに造り、その罪に問われたとする記載が、鹿児島県西之表市の種子島家の史書『種子島家譜』には複数みられる。

たとえば弘化三年（一八四六）五月の記述には「箱船を修理すと称して秘かに丸木舟を造る」、「箱舟を造ると称して黒松を請ひ、秘かに五葉松を伐りて丸木舟を造る」とあり、ゴヨウマツの大木を要するマルキブネ造りは、クロマツで造る箱舟より一層きびしい規制がかけられた。

すなわち種子島のマルキブネ製作に使われた船材は、島の西之表から中種子の山中に自生するヤクタネゴヨウマツである。クロマツは重く、水分を吸いやすくもちが悪いのにたいして、ゴヨウマツは脂が多く、船材としてすぐれており、手入れが良ければ六〇—七〇年と人の一生ほどに長持ちするため、重宝されてきた。

したがって、たとえ箱舟生産が奨励されても、マルキブネをよしとする保守の評価は、その後も容易にくつがえることなく定着していたのである。

用材の払い下げは、当時もけっして簡単ではなく、「半枯五葉松壱本」と記載されるとおり、枯れかけたものを選んで調達するという作法をもって処遇されていた。

このように単材刳舟の残る場所とは、そういう場所であった。漫然と森の豊かさにささえられ、森が豊かだから、生き長らえてきたわけでも、安泰だったわけでもない。残すべく処遇をしてはじめて残りえたものにほかならなかったのである。

戦前のマルキブネ製作　飛行場をおりたつと、プンと甘いサトウキビの匂いがする。サトウキビ畑をぬって港をめぐると、小さな漁港に出る。

地元の人は、「以前はマルキブネがごろごろあった」と表現する。それは過去の隻数記録と照らしてもよくその光景を言い表わしている。

種子島のマルキブネは、一本釣りなどの漁船として利用され続けてきたもので、長さ六メートルあまり、最大幅七五センチメートル、深さ四四センチメートル、船首は細く丸く、船尾が箱形をなす櫓こぎの単材刳舟である。

太平洋に面する東海岸はうねりが大きく、漁業集落も少ないため、マルキブネは、西之表から中種子町の西海岸に多く存在した。川崎晃稔によれば、全島で大正初期には四二五―四四五艘、終戦時で二二七―二四四艘あったが、一九六八年では八六艘となり、このうち七六艘が現役船だったという。

このような急激な減少は、むろん近現代における材の減少と不可分である。

それでも終戦直後まではまだヤクタネゴヨウマツも多かった。

一九八七年の中種子町牧川の松下氏からの聞き取りによると、戦前、氏の先代は四―五艘のマルキブネを造った経験をもつという。ゴヨウマツの良材はすでに民間の山にはあまりなかったが、官山（国有林）にはあり、近世期に示された方法と同様、枯れかけのものを払い下げて建造した。

中種子町は山が浅いので、おもに古田など北の舟木を調達したが、山奥の斜面にはえているため、舟出しにはたいそう苦労する。伐採作業は、五人ほどの人夫を雇い、山に小屋がけし、味噌、米、布団などを持ち込んで、二―三週間の泊りがけであった。

立木は根元の太いほうを船尾にあてる。そのため、土中の根のはった部分のまわりを大きく掘って、極力根の深いところから伐採する。

伐採した丸太は、まず斜面から山中の平らな場所へ移し、「山切り」と称する山方作業の舟大工が荒刳りしたのち、馬にて下山させ、西之表市塰泊《あまどまり》の名人の手で仕上げをした。通常荒刳りと仕上げは別の舟大工が担当した。

単材刳舟は、底のカーブを出すのがむずかしく、へたに造れば、でんぐり返りやすい。よい舟は、棹を左右どちらから入れても安定のよいものだった。

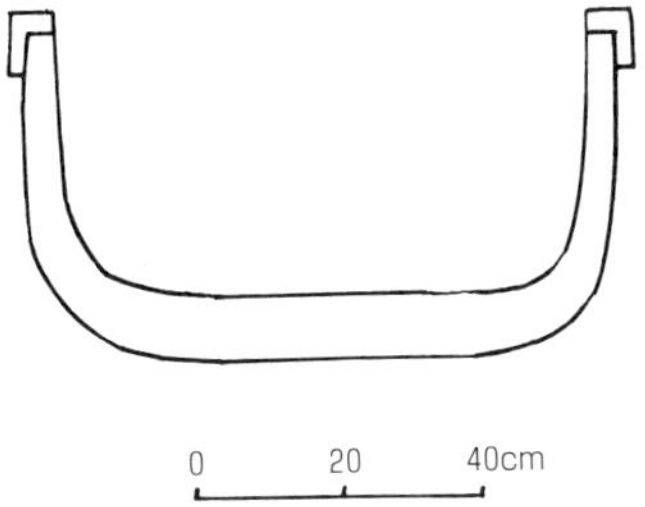

種子島のマルキブネ

マルキブネは、三〇年ほどの寿命があり、なかには修理に修理を重ねて一〇〇年ほどもたせたものもあるようだが、たいていはそこにいたるまでにフナムシの害にやられてしまう。それでも丈夫さは板舟の比ではなく、また簡単な疵は、ナイフで削るか焼くなどの方法で補修できた。

戦後、独立採算制をとる営林署では、建築用材として伐採したり、民間への払い下げが多くなり、もはや一九七〇年代にはマルキブネにできるものは五指にも満たないほどに減少していたと川崎は指摘する。

したがって、昭和三〇年（一九五五）ころに造られたものが現役船としてはもっとも新しい。記憶されているマルキブネは、一艘に小さな家一軒分の費用がかかり、たいへん高価なものだった。戦後わずか一〇年間ほどで、島民のマルキブネ建造は守るべき暮らしではなくなり、そのための手だてが放棄・放置されるなか、暮らしとしての命脈は断たれることとなった。

マルキブネの櫓

種子島のマルキブネの推進には帆と二材櫓が使われた。櫓下の羽はカシ、腕はシイである。

櫓こぎは、船幅がせまく不安定なため、小刻みにこぎ、また座ってこぐこともあった。この小刻みにこぐという独特の操船方法は、櫓こぎの進行時に生じる左右揺動のロスを減らすための技法であろう。なお、板舟のように体重を櫓にかけて大きくこぐことはできないが、長さと幅の比が一〇対一に近く、相対的に細長い舟であるため、スピードはかなり出たという。

種子島のマルキブネがいつごろ櫓を推進手段とするようになったかは定かでない。ただし、船首は丸く細く、船尾をやや太く箱形にして区別するという船首尾の形状の異なる船体は、立ちこぎでしかも支点をとって前方向にしか進まない櫓という推進具にたいへん合致した造りである。いずれかの時期に単材刳舟と櫓という技術の調和が試され、獲得されて、今日に伝えられることになった。

この単材刳舟と櫓の技術融合は、やはり日本の、中の領域の特徴といってよいものである。

木の葉形の舟

種子島の牧川では、明治・大正期に六月ころになると沖縄の糸満から東の風に乗って島に帆かけでやってくる二人乗りの「木の葉形」の舟があったという。

糸満の人びとは、数人から数十人、組になってあちこちの浜で出稼ぎ潜水漁をしており、たいてい先に述べたサバニと呼ばれる舟が使われていたが、牧川にやってきたそれは、沖縄のサバニとは異なる舟だったという。漆の塗り物や陶器を運んできてそれを売るかたわら、潜水漁をしたり、魚の加工をし、また魚を売って稼いでいた。浜では舟を解体して仮小屋を造り、そこに寝泊まりしていたと記憶されている。

そして半年ほどたつと、向きをかえて吹きはじめた北西の季節風に乗って再び南へ帰っていったという。行商と潜水漁を兼ねたこのような出稼ぎが毎年のようにくりかえされていた。

聞きのがしたが、ここに述べられる舟は、ニーサギブネやクミウバのように船体を複数並べたものだったかもしれない。印象深いのは、船形がサバニとは異なる「木の葉形」と記憶されていたことである。ところで、種子島東岸の田之脇（西之表市）では、漁夫が拾得して使っていたという漂着船が報告されている。これは、バタン島のヴョンとよく似た「木の葉形」の単材刳舟で、南方からの漂着船とみうけられる。しかも、これには揺れを防ぐためにモウソウダケを両舷にくくりつけて使用していた。安定用の浮材がなければ乗りにくい舟であることはヴョンの特徴でもある。

浜に流れついたものは畏怖され、また役所の取り調べの対象物ともなって処分、あるいは護送されたりもしてきたが、傷みの少ない舟などが浜に流れつけば、それを暮らしに生かすことも案外珍しいことではなかったのだろう。先の聞き取りにみる「木の葉形」の舟なども南方からの漂着船の再利用を思わせるものであった。ただ、その異船との出会いは、島の暮らしに多少のおかしみをそえこそすれ、島の暮らしをかえるまでにはいたらないものだったようである。

櫓をもったトカラのマルキブネ

たくさんの舟を見てきたが、鹿児島県トカラ列島のマルキブネを一目見たとき、それはとても不思議な格好に思われた。

どうやらそれは筆者一人の印象ではない。民俗学者・桜田勝徳もまた「これだけ小さい船で、これだけ深い船は他では見られぬと思われる船であった」と述べている。しかも、桜田は、一向に刃物の冴えといったものの感じられない頑丈で鈍重な形のものであったとつけくわえ、島人の合力による、専門の舟大工によらない手仕事であるせいかと考えたりしている。

いろいろ試されながら、なお成長期にある技の荒々しさをトカラのマルキブネはもっているのである。

近代に生じたトカラのマルキブネの変化は劇的である。

島ではもともと単材刳舟が使われ、櫂（パドル）を推進具としていたが、明治三七年（一九〇四）ころ、小型化した一人乗りの単材刳舟にはじめて櫓が使用されるようになったという。もともとの船体は、船首尾ともすぼまったもので、櫂こぎでは前にも後ろにも自在に進める形であったのが、櫓こぎになって種子島のマルキブネと同様に船尾の形状が箱形へと変化する。

すでに述べたように、これは櫓と単材刳舟との組み合わせにおいて理にかなった技術変化であり、それはまたトカラ列島のマルキブネがその後、さらに単材刳舟から合わせ舟化していく段階でも強化された船体構造の変化であった。

すなわち、トカラは、比較的新しい近代に、単材刳舟から板と刳りぬき材を組み合わせたシキ発達の刳舟への展開が短期間のうちに島内独自でたどることができる場所なのである。

刳舟にする船材はオガタマノキ（ローソクノキ）で、口之島と中之島には明治ころまでその大木がたくさんあった。ほかにタブノキ、ヒトツバなどが使われた。四人乗りの大型の単材刳舟も明治にはあったが、用材が不足すると、二人乗り、さらには一人乗りの小型のものへと変化していく。

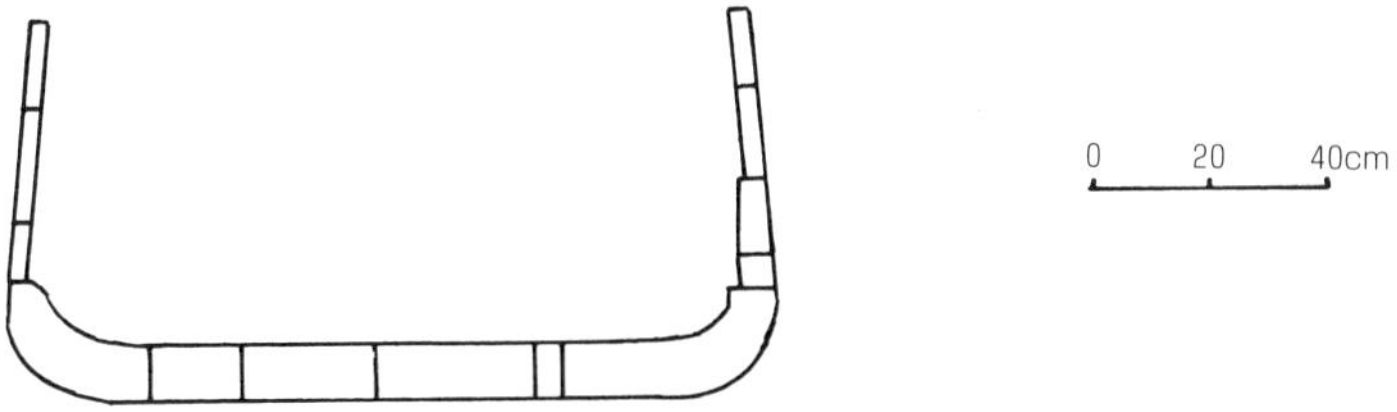

トカラ列島・口之島のマルキブネ（国立民族学博物館蔵）

単材刳舟の大きさは用材の大きさに規定されるため、巨木の減少が進むとそのままでは建造不能とならざるをえない。このような窮状を打開した工夫が合わせ舟であり、左右の刳りぬき材を船底で合わせたものが明治末から大正はじめころに中之島で造られた。鳥越皓之の調査によれば、これが合わせ舟の最初といい、その考案者の名は大山彦助という人物であったという。そして、大山彦助が発明して以来、合わせ舟方式は他の人びとにも利用され、その技法は伝わっていく。

ところがおもしろいことに、北隣の口之島でもまた、同様の発明がほぼ同時期にあった。下野敏見の調査によれば、口之島では大正五―六年ころ半田行之助という舟大工が工夫してL字の左右二材だけをつないだ合わせ舟を造っている。さらに口之島では大正一〇年（一九二一）ころになると、刳りぬき部材の間にスギ板一枚を入れた「三つ合わせ」や、スギ板二枚を入れた「四つ合わせ」の刳舟が造られるようになる。

すると、南の中之島でもさっそくこれをまねして同様の合わせ舟ができるようになったという。つまり、口之島では、半田氏という舟大工の創意によって、合わせ舟が展開したと認識されてきた。

船体の左右にあてる基本の刳りぬき材は、ネイタと呼ばれ、オガタマノキが使われる。ネイタの幅の不足分を補うセイレと呼ばれるシキ板にはスギもしくはシイが使われる。そして、舷側上部のタナ板（オワ板）にはスギ板を継ぎたす。

大きさには大小があるが、全長四・三メートル、上幅一一五センチメートル、深さ五四センチメートル程度で、船首がとがり、船尾が箱形の戸立《とだて》構造になっており、櫓と舵を設置する。接合には、当初木栓（セン）と木製カスガイであるビラ（チキリ）によったが、舟釘が調達されるようになると、釘接合におきかわった。

伝えられる年号の初出から判断すれば、トカラにみる合わせ舟第一号は、中之島の大山彦助のものになりそうだが、要は、一人の（あるいは二人の）創始者の出現を越えて、その後この技術が島嶼間で共有され、三つ合わせ、四つ合わせの技法を生んで定着をみたことである。そこには、巨材の減少期における単材刳舟からの脱却、櫓という新たな推進具の導入にともなう船体構造の技術変革という二方向からの転換が、島々共通の問題として早急に対応を迫られていたことがあげられる。

中之島が先にせよ、口之島が先にせよ、トカラ列島の島民の創意によって生みだされたとされる構造化は、たとえば本州日本海沿岸に広がったドブネのような連続性をもたず、他地域との技術連関が直接的には見いだしにくい事例である。

とはいえ、その技術変容が櫓の導入を契機としていた点は注目に値する。つまり、巨木の減少という島の事情と同時に、櫓という推進具の受容過程において、それに見合った刳舟の構造化が試され、トカラ列島に広まったわけであり、この点は奄美や沖縄とは大きく異なるところである。

島のなかでの、一島民の主体的工夫に根ざしている技術も、視点をかえると外在する文化をとりこむ動きと連動して立ちあげられていることに気づく。トカラの事例は、その意味において、南の奄美や沖縄とは一線を画して北に連なる文化を色濃く担っている。

それは近代に生まれたばかりの、そしてまた現代には消えゆくことになる短命なる技術変化に現われていたのである。

第三章　九州本島の前後継ぎ丸木舟

九州本島の場合、南部島嶼地帯にくらべると、刳舟の民俗事例は乏しい。民俗調査がさかんになる昭和三〇年代以降にはすでに現存する丸木舟はなかった。しかし、近代にはあった二つの民俗事例、有明海と鹿児島湾のそれを思いおこしてほしい。本章では、その前後継ぎの丸木舟から歴史をさかのぼっていくことにしよう。そして、モースが見比べた大阪鼬川《いたちがわ》出土の舟や愛知諸桑《もろくわ》出土の舟などをいま一度見直してみることにしよう。

鹿児島湾と有明海

丸木舟の舟旅

朝八時ころ、鹿児島市内の上町湊を丸木舟で出航、加子《かこ》（水夫＝こぎ手）二人、桜島の裾南の方をオコ島をさして帆をあげる。名山の姿、嶺頂の煙、四方の風景はたぐいなきもので、昼二時ころ対岸の大隅半島、高熊山の南方にある古江（現在の鹿屋市）という磯際の里に着岸した。

文政一一年（一八二八）から天保一〇年（一八三九）までの間に六たび、通算八年にわたり、薩摩に滞在し、天保の改革に力をそそいだ大坂の町人、高木善助の紀行文「薩隅日三州経歴の記事」には、鹿児島から古江へ、直線距離にして約三〇キロメートルの道のりを六時間で航行する丸木舟の舟旅が登場する。加子二人によるこの帆走丸木舟の速度は、時速約二・七ノットであった。

それが単材であったのか、複材であったのか、構造については紀行からうかがい知ることはできないが、時すぎて明治一二年（一八七九）、アメリカの博物学者E・S・モースが同じく鹿児島湾で底生動物の採集に引き網するのに乗った舟が一つの木塊からえぐりだした船首をもつ舟であったことを思いおこせば、江戸後期に丸木舟の舟旅が可能であったことは少しも不思議ではない。

ところで、モースの乗った舟は、描かれたその図（三一頁）から、前後継ぎの技法がとられた複材のものであること、その形状は船首が尖り、船尾が箱形の折衷形をなしており、おそらく櫓こぎ仕様のものだったと判断する。くわえて、重要なのは、モースがその舟をさして「薩摩の舟はこの種の中では最も能率的なもので、私がそれ迄に見た舟の中では最も速いものの一であり」と記した点である。四人こぎによる舟足の速さは、特筆に値するものだったようである。

なかんずく刳舟が近現代に衰退し、「時代遅れ」のレッテルをはられたとしても、それをすぐさま、一様に「性能の劣る舟」とみる図式がなりたたないことは、このような記述をもってしても理解できる。

幕末のころ、有明海を旅した二人の藩士が乗ったマルキブネもまた、モースの評価を首肯するにたるものであった。

一人は、大分県中津藩士であり、緒方洪庵に蘭学を学んでいた福沢諭吉である。『福翁自伝』のなかで、安政元年（一八五四）長崎遊学のおり、諫早《いさはや》から佐賀まで「丸木船」という舟に、五八〇文を支払って乗ったとし、晩方にたち、翌朝佐賀に着いている。

他方、越後長岡藩士・河井継之助は、やはり長崎遊学のおり、安政六年（一八五九）一〇月四日の晩一〇時すぎから翌朝八時にかけて、こんどは佐賀の本庄から諫早へ向け、つまり福沢とは逆のコースをたどって乗っており、その時の光景を日記『塵壺』のなかで次のように述べている。

> これより諫早へ廿里と云いけれども、図には一五里なり。此船、屋根なく、寒き事なり。船四ツ過に出る。右に高良山とて高き山あり、左に島原の温泉あり。海は泥海なれ共、風景面白し。島原と此の間の入海、図の如く奇なる地勢なり。諫早へ五ツ過につく。乗合予共五人、小舟にて数艘出たり。中には楠の丸木舟も数々あり、これ一番早き由。佐賀も諫早も皆、堀川ならん。潮のなき時はカラ川にて、佐賀も満潮に出し、諫早へ満潮に入る様にしたるものなり

すなわち、潮の干満の差が激しい有明海では、満潮時を読んで、出発・到着時刻が設定されており、人数が多ければ数艘が同時に出発する。そのなかにはクスノキのマルキブネが数々あり、しかもこれが一番速かったと記している。文脈上、河井の乗った舟は、板舟であったと推察できるが、諫早までの距離一五里とみて三・二ノットの速度である。クスノキのマルキブネは、これを上回る速力をもっていたことがわかる。

幕末のころ、有明海には通船として活躍するマルキブネがまだまだあったのである。

クスノキのマルキブネ

有明海・鹿島市浜町で報告されているマルキブネは、クスノキを船材とする前後継ぎの数少ない民俗事例であった。

クスノキは、屋久島の単材刳舟に複数樹種の一つとして利用されたほか、出雲の美保神社におけるモロタブネがもとはクスノキの単材刳舟だったと伝えられる程度である。それでも出土船では九州、大阪、

愛知、静岡などで報告されているので、古くは西日本で多く使われながら、いよいよ近代で途絶えた船材とみてよいだろう。

鹿島市浜町に大正はじめころまで残っていたクスノキのマルキブネは、長さ七メートルあまり、船首・胴・船尾の三つの部分からなり、船首と船尾は、それぞれ一本の刳りぬきで、中央部は、底と両側の三枚はぎになっていた。

刳りぬき部材を前後に合わせるという点で、前後継ぎの刳舟とみなすことができるが、問題は胴部であり、胴は底と両側の三材構成である。

筆者は、その構造をシキ発達の刳舟に相当するものだったのではないかと考えている。

そう考える根拠は二つある。

一つは、大阪堂島船大工町の船匠、金沢兼光が編纂し、明和三年(一七六六)に刊行された船の百科全書『和漢船用集』にもとづく。これには、「丸木舟」の項目に、琵琶湖のマルコに関する記載に続いて次のような記載がある。

又九州に有。肥前の丸木舟、其長さ三間半余、底平たく、両かは丸木のことく、是もろくい高くして、片手に早緒をにきり、片手濃《こぎ》にする、是を丸木こきと云といへり

つまり、肥前(壱岐・対馬をのぞく現在の佐賀・長崎県全域)には、長さ六・四メートルあまり、底が平らで両舷側が丸木のようになった丸木舟があり、それは、櫓杭を高くして、水中への入射角を大きくし、片手で力を入れずに軽くこぐ櫓こぎの舟であった。

この説明によるならば、船体は、のちに詳述する本州中部太平洋岸のボウチョウなどと共通する構造であり、近世中期の有明海には底が平ら、舷側に丸木材を配置したボウチョウ型の刳舟があったとみな

明治中期における九州地方の刳舟形漁船隻数

●刳舟形漁船

県名	丸木船	舫舡	刳抜舟	その他	合計
長崎県	71	—	—	10	81
佐賀県	153	11	—	—	164
鹿児島県	908	—	18	—	926
沖縄県	—	—	2,391	—	2,391

●その他の漁船

県名	伝馬形	一枚棚	二枚棚	西洋	合計
長崎県	2,179	500	26,184	3	28,866
佐賀県	607	396	2,870	—	3,873
鹿児島県	1,355	724	4,470	—	6,549
沖縄県	—	—	24	—	24

明治24年（1891）調査

すべきであろう。

そして櫓こぎには、丸木舟と板舟で異なる操法になることが認識されてもいたのである。

二つめの根拠は、明治二四年（一八九一）調査の『水産事項特別調査』の隻数統計である。これには、刳舟形漁船の「舫舡形」として神奈川県一〇六隻、愛知県五三隻とともに佐賀県に一一隻が計上されている。

ボウチョウという船名は、利根川の板合わせの荷舟などにもその名がみられたが、刳舟形ボウチョウという区分法と『和漢船用集』に記載された特徴を照合すると、佐賀県には舷側に丸木材を配置した丸木舟の仲間であるボウチョウ型があったことは動かしがたいように思われる。むろんここにいう丸木材とはのちに述べる琵琶湖のマルコブネのような刳りぬかない丸木（割木）材であった可能性も考えられよう。

有明海の民俗事例が、前後継ぎの特徴を保持しつつ、胴部にかんしては、両側に丸木材を有していたのではないかとみるのは、以上の点によっている。

もっとも、隻数統計では、佐賀県のところで「舫舟丁」とは別に「丸木船」隻数があげられており、長崎県と合わせ、二三四隻にのぼっているので、複数の刳舟技法が並存していた可能性もある。

いずれにせよ、有明海沿岸には、少なくとも前後継ぎとシキ発達という、刳舟の構造化にかかわる二つの技術が備わっていたとみてよいだろう。

なお、長崎県側の丸木舟については、明治二九年（一八九六）の『漁業誌』に簡単な記録がある。小エビ、小イカ、小雑魚をとる袋網、バッシャ網漁に使われた漁船の項には、「北高来郡ハ方言『ゴロリ』ト云ヒ丸木舟ナリ南高来郡ハ『ゴロリ』ト云フ普通ノ航海船ナリ」とある。当時、丸木舟はすでに「普通の舟」と認識されるものではなくなっていたが、北高来郡では丸木舟のゴロリがあり、しかも挿し絵からは櫓こぎであったことが読みとれる。

このほか、明治一六年（一八八三）東京上野で開催された水産博覧会でも、北高来郡諫早町で使われている丸木舟の模型が出品されており、その解説には「激浪怒濤ノ時ト云トモ転覆損ノ愁ヒナクシテ速力一時間凡ソ三里余リ」とある。すなわち、二人乗り組みの沿岸漁撈に用いるこの舟は、時速約一二キロメートル、約六・四ノットとかなり速力の出る舟であった。

このように有明海に面する沿岸には長崎県側でも丸木舟が使われており、その性能評価は板舟に勝るとも劣らないものであった。幕末から明治にかけて、くりかえし確認されていた有明海の丸木舟は、技術の細部が後世に伝えられないまま、明治から大正の近代化のなかで、あっけなく忘れ去られてしまった技術であった。

近世期の筑前・肥後の川舟

時代をさかのぼるほどに、九州本島にも丸木舟が多く存在していたことは確かである。たとえば、近世中期には、筑前（福岡）や肥後（熊本）の内水面で丸木舟が使われていた。

筑前の場合、元禄一六年（一七〇三）、貝原益軒が編纂した『筑前国続風土記』には、遠賀川水系を中心とする川筋集落に三六六隻もの「丸木舟」があがっている。

他方、延享二年（一七四五）の田島家文書には、熊本県島原湾にそそぐ菊池川水運に、室町後期の大永年間（一五二一―二八）、それまで用いていた「丸木（繰船《くりぶね》）」にたいし積載量の多い「川平田《ひらた》」が台頭した経緯が記されている。この川平田とは、丸木より規模の大きい平底の板舟であったとみてよい。

また、正保二年（一六四五）以前の調査とされ、近世初頭の実態を示す「肥後領高人畜・家数・船数しらべ」によると、熊本県宇土郡の項には、

一長崎村　舟数六艘　小舟丸木　水夫弐拾弐人

とある。さらに、玉名郡には菊池川下流の小浜について、

一小浜村　舟数拾七艘内　弐艘ハ四枚帆　拾五艘ハ丸木舟　水夫数弐拾弐人

とある。このように菊池川水運に川平田が導入されて約一〇〇年を経過した段階でも、丸木舟は小型船として健在であり、板舟との並存関係が保たれてきたことがわかる。

川舟の板舟化の時期は、九州内部においても開きがあり、近世前・中期の九州では、なおあちこちで丸木舟がゆきかう様を目にすることが

遠賀川水系の川筋丸木舟数

若松	62隻
黒崎	8
山鹿	23
植木	18
川島	16
河袋	8
戸畑	12
芦屋	32
木屋瀬	23
直方	22
片島	19
飯塚	123
計	366

遠賀郡，鞍手郡，嘉麻・穂波郡の隻数
(貝原 1703)

できたのである。

中世以前の九州の前後継ぎ

中世絵図

九州における前後継ぎの刳舟は、さかのぼると中世絵図にも登場する。

中国・元軍の襲来である元寇、文永（一二七四）・弘安（一二八一）の役に従事した熊本の竹崎季長《すえなが》が、絵師に描かせた正応六年（一二九三）の作といわれる『蒙古襲来絵詞』には、軍船につながれた小舟のはしけと、敵陣に乗り移るさいの大型のはしけが描き分けられている。すなわち、小舟のはしけは継ぎのない単材刳舟であるのにたいして、大型のはしけは前後継ぎの刳舟である。

絵図は、いままさに蒙古の軍船に近づき、乗り込んで討ち入る場面、長い熊手を軍船のふなべりにはりめぐらした網代《あじろ》の垣立《かきたつ》にかけてひっぱると、刳舟から軍船に乗り移り、攻撃を開始するところである。

威容を誇る蒙古の軍船に比すれば、その大きさも構造もいささか異形である。船体は、刳りぬきの船首部と同じく刳りぬきの胴部を前後に重ねつなぎ、その継ぎ目の内側に梁とU字の肋材を入れて補強している。胴部の舷側にはコベリ板がつくが、舷側板は継ぎたされておらず、細長い刳りぬき船体で、船首材の先端内側には、舫《もや》い綱をくくる刳り残しの突起がある。船尾側には櫓をこぐ水手がおり、櫓こぎの舟である。

他方、大型の兵船にも多数の櫓をこぐ水手の姿があり、櫓はいずれも継ぎのない一材櫓である。単材刳舟のはしけも船首尾の形状が異なる折衷形をなしており、櫓が使われていたと思われる。

前後継ぎの刳舟は、このほか淀川、瀬戸内海の渡航風景を描いた『一遍上人絵伝』、伊勢神宮付近の新名所を描いた『伊勢新名所絵歌合』などの中世絵図に表われる。一三世紀の作とされる『伊勢新名所絵歌合』（口絵参照）では、大小数艘の前後継ぎの刳舟が登場し、刳りぬき材三材を継いだだけのものとその上部に舷側板を一―二段たしたものが描き分けられている。口絵の図は小舟であるが、船尾に四角いはりだし板をとりつけ、早緒をもって櫓をこぐ舟夫と三つの刳りぬき部材を外側からコの字の鉄製板カスガイをうちこんで接合している様が読みとれる。前後継ぎの刳舟は、九州、近畿、伊勢湾におよぶ西日本に広くみられた舟であった。推進具にはやはり櫓が使われており、中世期にはかなり普及していた。

出土船

橘湾に面した長崎県北高来郡森山町唐比《からこ》遺跡をはじめ、九州本島からは数例の刳舟出土がある。唐比から出土した一つは、前後を欠いた刳りぬきの胴部であり、残存部の全長が四四六センチメートル、最大幅八三センチメートル、深さ三八センチメートル、船底部の厚み一〇センチメートルほどの大きさで、付近が沼沢だったころに運搬用に用いられたとみられている。

一九九二年にたずねたときには、唐比の温泉センターの庭の水槽に人の目にとまるでなし、緑の藻が付着して沈まっていた。

他方、唐比の別の場所から出土したクスノキ製とみられる刳舟断片は、全長二・四メートル、幅一・一メートル、深さ三〇センチメートルのもので、中央から船尾にかけての断片である。

唐比では、刳舟の部分的な破片は、相当数昔から出土しており、安産祈願の水晶観音として知られる補陀林寺では大型破片を削って安産守護のお札にしていたという。なお補陀林寺では、水晶観音縁起にまつわるクスノキの刳舟伝説が残っており、奉納された刳舟破片が寺宝にされている。

愛知県諸桑の事例といい、出土船のなにがしかは寺社に奉納され、仏像や札に生かされる道筋もあったのである。

このほか、有明海に面した諫早市小野から刳舟の一部が出土している。

これら九州の出土船は、船体の全体が出土していない例が多いが、むしろそれは前後継ぎの刳舟の一部であった可能性を喚起するものとして注目しておきたい。

民俗事例と出土事例双方ともに、また日本、周辺アジアをふくめて、前後継ぎの刳舟には照葉樹のクスノキ（楠・樟）材が多い。クスノキは幹が太くなる反面、縦にはのびない性質をもっているため、前後継ぎによって長さを補うと、幅のある大型の船体を造ることが可能であり、前後継ぎは、材の特性をうまく生かした技法であった。

古墳壁画

福岡や長崎、また熊本の菊池川や緑川水系などの古墳には、多数の舟の彩色画、線刻画が描かれてきたことはよく知られている。壁画に表われるその船体は、これまでゴンドラ形という表現があてられてきたように、船首尾のそりあがった形状を特徴としている場合が多い。そしてこのゴンドラ形という形容が使われる場合、すなわちそれは構造船と結びつけられやすい。

ところが、刳舟が多様であるのと同様、構造船の技術はまことに多様であり、どのような技術であるかをみきわめるのはそうたやすいことではない。

たとえば、単材刳舟でも、中央部に熱をくわえ、焼きダメして拡幅すれば、船首尾は必然的にそりあがり、ゴンドラ形になる。一層そりあがりを強調するには、出雲地方のソリコブネの船首のように、船首尾に板をとりつける方法もある。

他方、中世絵図に表われる船首・胴部・船尾という三つの部材からなる前後継ぎの刳舟も前後がそりあがり、ゴンドラ形をなす。そして、台湾ヤミ族のタタラやチヌリクランにみられる竜骨構造船や刳底に側板をたした舟もまた、曲がった船首尾材を船底からたちあげることでゴンドラ形になる。

そもそもゴンドラ形という形容は、ベニスのゴンドラが知られるようになった現代にイメージ化されたものであり、じっくり現物を見比べてみれば、ゴンドラとはほど遠いものをそう呼んでいるきらいがある。

壁画に表われた舟絵
熊本県山鹿市弁慶ケ穴古墳

壁画のすべてにあてはめるわけにはいかないが、中世期、九州本島には前後継ぎの刳舟が存在していた点に照らすと、壁画に表われた図のような船体は、前後継ぎの刳舟を基本船体とした構造ととらえるのがもっとも蓋然性が高いと考えている。

大阪鼬川出土の刳舟

前後継ぎの刳舟について、国内二つの出土船の技術を検討してみよう。まずは、大阪鼬川《いたちがわ》の出土船である。

それはもう、出土事件といってよいものであった。

刳舟発掘のニュース

大阪の鼬川は、天王寺村の西端を上流とし、木津川へそそぐ水路で、古代には付近はまだ海岸地帯だったところである。近世期、今宮・難波・木津の用・排水路として利用されていた鼬川は、難波新川（入堀川）との連絡によってより広域の用・排水、舟運の利をはかるべく、開鑿《かいさく》工事が着工されたのが明治一一年（一八七八）のことである。村の有志数名が発起人となり、囚人の労働力をえて工事がはじまってまもなくのこと、難波村と今宮村の境、字牛ケ口から刳舟は出土した。

この一件について、まず六月二日の『大坂日報』には

〇難波村新川堀止より鼬川への堀割ハ先頃より着手になり居りしが、昨今幽霊橋西南向かひを堀《ほる》と、船や色々奇珍なる物を堀り出し中に一丈二尺計りの物を堀出しよく吟味するに、楠を堀抜たる船にて此の端を少し削るに楠の香紛《かふん》々として鼻を穿《うが》つが、探古者の説に二千年有余年前の物ならんと何分奇妙な物なる由

とある。

当初このクスノキの刳舟は、九〇センチメートルほど掘りだされた段階で、邪魔になるため切りとられかけた。そのさい全体を掘るよう指示したのが、本工事の発起人である小野弥左衛門の代理人江口四郎七であったとされる。工事が急がれる現場の状況下にあって、全体を発掘する英断がなされたのは、まことに幸運であった。

なお、七月一一日の同じく『大坂日報』の記事には保存のいきさつについて、次のようにある。

○兼て記載せし難波米庫西手新川開鑿の折から堀当りし木船ハ、一昨日知事君其他二三名出張ありて見分《けんぶん》ありしに、全く堀抜船にて長サ二間半計りにて櫨樹《はぜのき》に相違なく、上代の物なれバ本日よりいよ〳〵堀出に着手なりたり。又同所の南手より堀出したる土器ハ、赤色にして古代の食器と思はれけるが何分轆轤《ろくろ》もなき時の手製なるの形奇にして、三千年前の物ならんと云ふ人もありて府庁第二課へ出したりと云ふ

ここで船材をハゼノキ（櫨）としているのは、先の記事やその後の鑑定からすると誤りとみられるが、この段階では行政もかかわって、保存に向けた掘り出しに着手している。船体は約四・五メートルまで掘り進んでいたものの、それが一一メートルを越す大型の前後継ぎ刳舟であることは、まだ判明していなかった。

刳舟は、その後、本町橋詰町の旧府庁の跡地を利用して開場していた大阪博物場で展示され、はるばるアメリカからやってきて、しかも鹿児島で現役の舟に出会ったばかりの博物学者E・S・モースの目にとまることになる。刳舟発掘から一年後の明治一二年（一八七九）六月のことであった。

残された絵図

鼬川出土の刳舟をふくめ、大阪で出土した前後継ぎの複材刳舟は、第二次世界大戦の戦火で消失し、残念ながら現物を見ることはできない。だが、幸い鼬川出土のものは、複数の絵図・写真の記録が残されており、その構造を詳細に知ることができる。

絵図のなかでも発掘まもないころに描かれたと推定できるのは、『大坂府下難波村鼬川開鑿際所得船之図』（巻物A）と『大阪府下難波村鼬川発掘古船図』（折り畳みB）である。後者Bには前者Aにはな

『日本海運図史』の鼬川出土の刳舟　(逓信省管船局 1909)

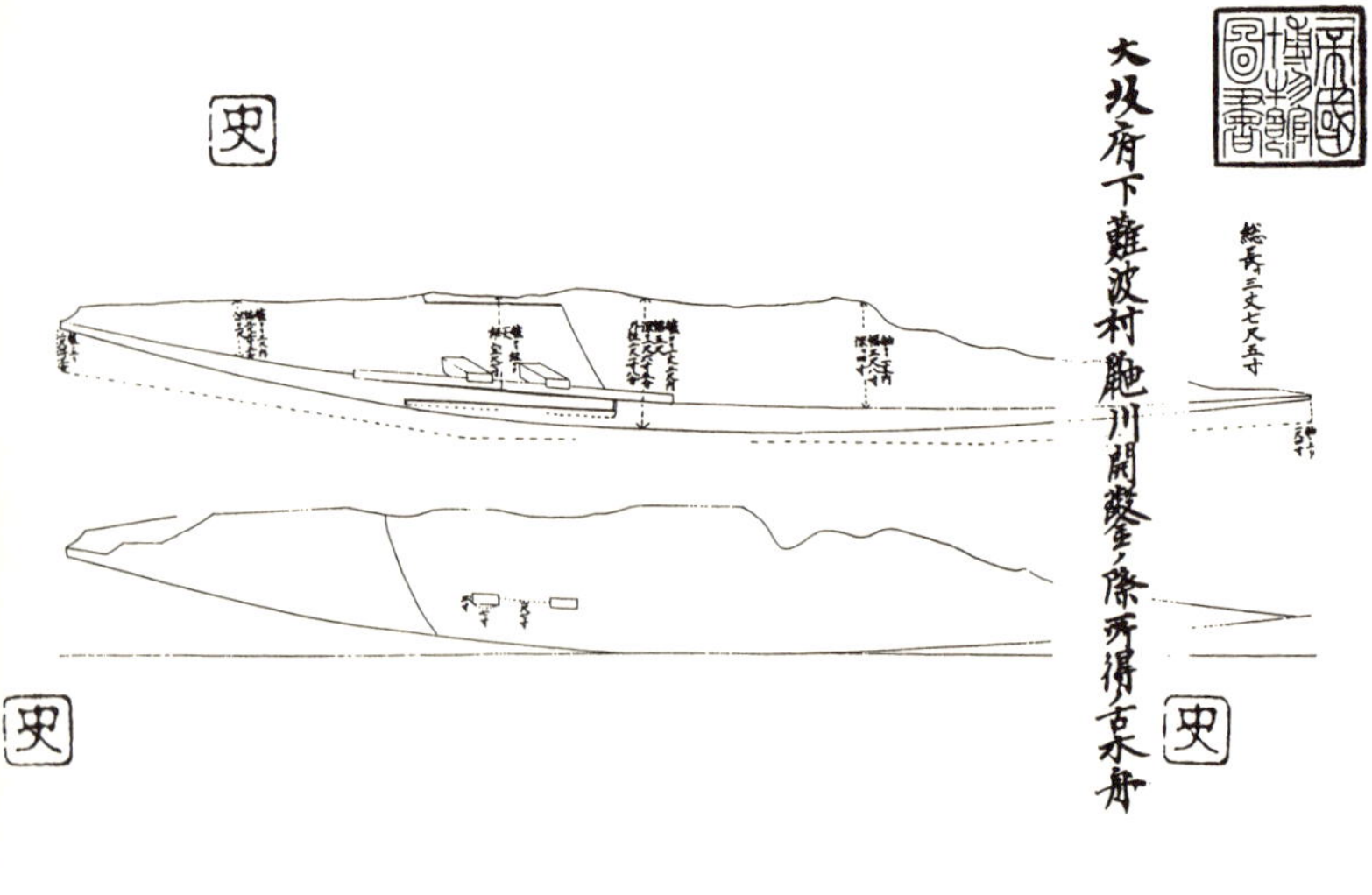

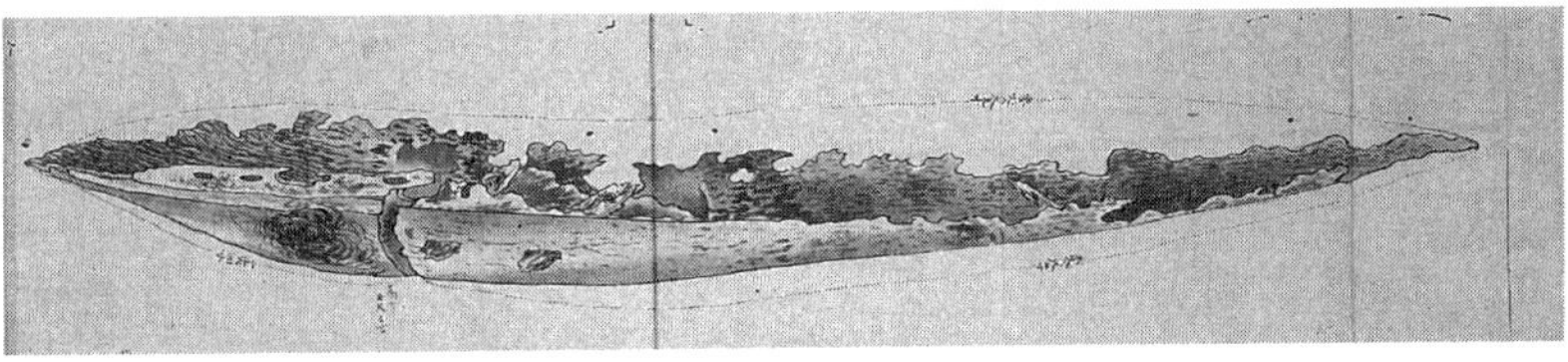

鼬川出土の前後継ぎの刳舟（東京国立博物館蔵）
前頁下段：大坂府下難波村鼬川開鑿際所得船之図（線図）
上段：大坂府下難波村鼬川開鑿際所得船之図（彩色図）
下段：大阪府下難波村鼬川発掘古船図（寸法入り彩色図）

い寸法入り彩色図がくわわるなど、若干の相違があるが、両者はほぼ同じ内容である。

これによると、出土船の残存長は一一メートルあまり、接合部分の幅一・四メートル、同高さ七六センチメートル、底厚一六センチメートルで、モースの見学時期には、すでに前後方向の破損が進んでいたことがわかる。

接合部は、重ね合わせたときに内外とも平らになるよう、双方を削って重ねる「印籠《いんろう》継ぎ」によっている。このような「印籠継ぎ」は、前後に材を継いでいく場合の基本的な合わせ方で、構造船の竜骨と船首材の継ぎなどにも活用されている。

ただし、その重ね合わせの長さは、せいぜい数十センチメートル程度である。たとえば、前後継ぎの刳舟の場合、推定全長約一九メートル、残存長一六・八五メートルの韓国珍島出土の舟では、重なり部分は五〇センチメートルである。

中国山東省出土の推定全長二三メートルの刳舟は、継ぎ部分は約七〇センチメートル程度であり、また上海浦東郊区川沙県出土の隋・唐代とみられる長江南部の川舟は、胴部の刳舟部材が一一・六二メートルあり、そのうち前側の接合部が長さ七二センチメートル、船尾側が九〇センチメートルである。

ところが、鼬川の刳舟の場合、重なりの長さは一・七三メートルと非常に長い。本船が梁を通して固着する閂《かんぬき》技法のみで結合しているため、このように長い重なりをとったのであろう。北方でみられた縫合船や当域でみられる筏舟などと同様に、航海後は解体分解して保管するという方法がとられていたのかもしれない。前後継ぎにみる閂技法と釘接合という二つの技法をくらべたとき、後者の釘接合は、なによりも船材の歩どまりをよくするのに役立っており、木材の経済効率を高めることと恒常的な利用にとっては手間がかからず便利な技法であったといえる。

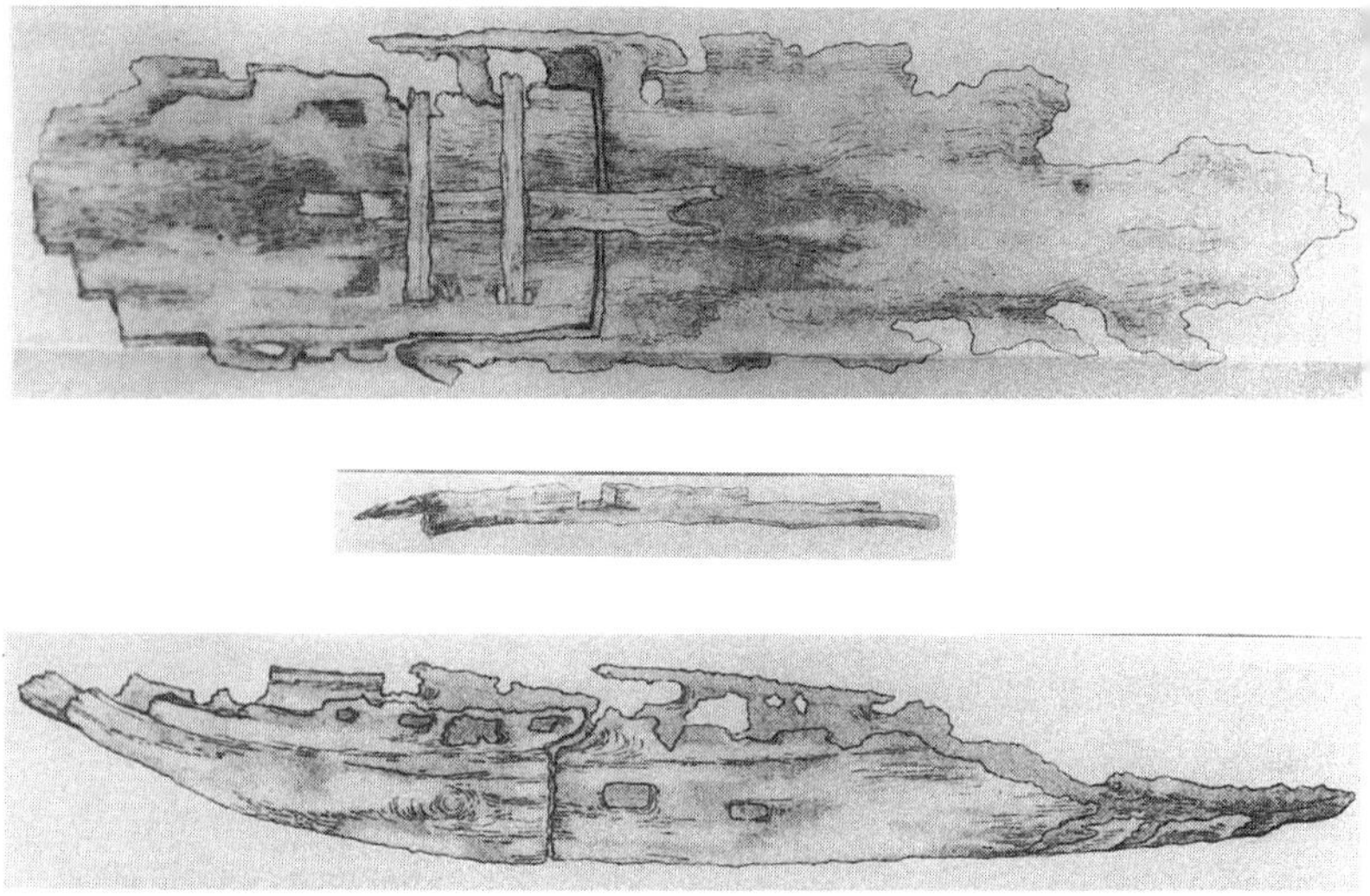

『大坂城誌』の図（小野 1899）

前者の閂技法は、接合部においた縦の枕木と舷側に通す横梁を組み合わせて固定する方法である。先の絵図やモースのスケッチ（三一頁）では、縦の枕木はまっすぐな角材のように見えるが、『大坂城誌』の図では、横梁を通す箇所が凹部に削られている。つまり、船底においた枕木によって結合部をおさえる一方、枕木の凹部に横梁を通すことによって接合部の縦のずれを防止し、縦方向の強度を補強している。

なお、接合部の二本の横梁は、凹凸のないまっすぐな角材である。舷側を貫く横梁の固定には、おそらく舷側の外側から木のクサビを入れ、遊びをなくす方法などがとられていたであろう。すなわち、この二本の横梁には枕木の横方向のずれを防ぐ細工はない。

また、明治四二年（一九〇九）の『日本海運図史』には、この嵌接《かんせつ》部において底部に一箇の縦材を置き、その上に四箇の横材で固定するとあり、うち中央の横材二材は船側（舷側）を貫く一方、前後の二材は船側を貫かないで、一端は船側内部の凹所にはめ入れ、他端は船側を切り欠き、各前後より槌打ちして、固着するものだが、この前後の二横材は現存しない、としている。つまり、舷側を貫かない前後二本の横梁は、もっぱら枕木をおさえる役割を担っていたことがわかる。

したがって、この前後の横梁はすでに失われているため、憶測の域を出ないものの、これには縦に凹を切るなどして、枕木の横方向のずれを防ぐ工夫がはかられていた可能性が高いと思われる。

いずれにせよ、このような結合技法は、大きな船材を要するものである。他方、鉄釘の錆による傷みが少なく、船体を傷つけずに分解修理が容易といった長所をもっており、耐久性においても釘接合のものより力を発揮したはずである。

他方、鼬川の刳舟は、前後に刳りぬき部材を継いだだけではなく、舷側に付属構造物をもっていた。これは、モースのスケッチを見ると、より鮮明である。モースは薄く細工された舷側上部の微妙な形状に注目し、この部分について二度にわたって執拗に筆をとっている。

おそらく、舷側上部にはコベリか、もしくは高さのあるタナ板を連ね、横梁、木栓などによって固定する方法がとられていたものと思われる。しかも、結合部のところでは、左部材の上縁が右へのび、右部材の舷縁にのるように細工されている。すなわち、ここにも結合部の上下方向のずれを防止する工夫がみられ、一見簡粗な継ぎ合わせの技法にも緻密な木材加工がほどこされていたことが読みとれるのである。

以上のように、鼬川出土の刳舟は、前後継ぎであると同時に舷側板をつけた長大な舟であり、しかもクスノキの大木を贅沢に用いたものであった。材料の歩どまりは低いとしても、長期にわたりくりかえし使うことのできる舟であった。

なお、かつて本船を大阪城で実見した民族学者・西村真次は、継ぎ目のアカドメのため、マキハダが使用されていることを観察している。このマキハダの使用は、これまでも複数の出土船で確認されている。マキハダとは、マキもしくはヒノキといった樹皮の内皮をほぐし、柔らかくして縄状に加工したもので、接合部の充塡材として和船には現代でも用いられる造船材料である。

中国では、麻縄を詰め、桐油と石灰を混ぜたパテが現代まで長く用いられているのにたいして、それとは異なる充塡材が日本ではすでに展開し、今日に引き継がれていることは注目に値する。

鼬川の刳舟について、西村は、伴出土器の写真から判断し、その年代を七世紀前半以前のものと推定している。さらに松本信広は、他の刳舟出土とも照らし、石器時代にさかのぼらせることはできないとし、古墳時代のものとみてさしつかえあるまいと判定している。

つまり列島にみる前後継ぎの刳舟は、周辺アジアから出土するものと比較しても出現年代は早い。中世期にみる西日本でのその隆盛ぶりといい、この技術は日本でもっとも開花した可能性が高いと考えている。

中央継ぎへの疑問

鼬川出土の刳舟は、従来、中央で二つの部材を継いだ前後継ぎの舟であるとみられてきた。そのことは、ここにとりあげてきた資料に共通する見解であり、その後も間接引用の形をとりながら、定説化してきたところである。

しかし、和船史の石井謙治は、愛知県諸桑出土の刳舟との比較により、鼬川の舟が中央継ぎではなく、三材継ぎである可能性を示唆している。つまり、欠損の著しい右側部材については、諸桑出土の船と同程度の寸法比をもっていたと仮定したうえで、復元全長は六〇尺前後あり、船首尾を胴部材に継いだ舟とする見解である。いいかえると、これは船首船尾いずれかの部材と胴部材の一部が残ったと推察したものである。

そもそも中央で継いだとする推定は、絵図でいう左側の部材が断ち切られていること、他方右側部材が長いという点に依拠している。

たとえば、『日本海運図史』には、中央において二材を嵌接するその長さは五尺七寸で、嵌接の両端より船の首尾両端に至る距離は、一方は一一尺、他は二一尺三寸にして短い方はその一端で切断したような痕跡がある。もし嵌接前後同じ長さと仮定すれば本船の総長はおよそ五〇尺に近くなる、としている。

ところが、これは、腐食の著しい右側部材の長さに変更がなかったという仮定に両者同じ長さであるとする仮定を重ねており、中央継ぎの根拠は、説得性に乏しいといわざるをえない。

左の部材は、腐食が少なく、原形をとどめており、欠損部分はその船体曲線に照らしても小さいものと思われる。したがって、本船は石井の指摘によるように、三材継ぎか、胴部を二材継ぎとした四材継ぎの可能性があるほか、仮定を最小限にとどめるならば、長さの異なる部材の二材継ぎとみるのが適切である。

しかも継ぎ目は、堅牢に造られていたことを加味すると、本船をもって構造的に弱く、外洋に出られるはずがないと診断し、したがって舟遊び用か内湾用ととらえる見方には、にわかには同意しがたく、むしろ十分航海に耐えるものであったと考える。この点は、韓国珍島で出土した前後継ぎの刳舟が、中国、朝鮮半島を往来する帆走交易船であったことに照らしても理解できるはずである。

『尾張名所図会』による諸桑発掘の古船

愛知県諸桑出土の刳舟

鼬川出土より四〇年前の天保九年（一八三八）四月、ところは、愛知県海部郡佐織町諸桑、竹腰という字の沼田の水付きの場所から、前後継ぎの刳舟が発掘された。日光川川浚《さら》えのおり見つかったもので、村人多数集まっての発掘現場はやはり相当大きな事件であったとみうけられる。

その話題は、尾張の学者、深田正韶編の『天保会記』や『尾張志』などに天保年間の特記すべき事件として、あるいは地誌的記事として編まれるにいたったのみならず、数種の瓦版、うちわ絵にまで描かれて流布していた。

弘化元年（一八四四）の『尾張名所図会』に描かれた「諸桑村にて古船を堀出す図」によれば、「樟の丸木船なるが、三ケ所つぎてかんぬきをもって是をさす」とあるように、三カ所でクスノキの刳りぬき部材を継いだ四材構成の刳舟で、船材や閂技法は鼬川と共通している。

刳舟発掘は、嘉永二年（一八四九）に書かれた、みずからの見聞にもとづく奇談珍話集である三好想山の『想山著聞奇集』にもとりあげられており、その推移について、もとよりこの舟の舳の先は水中より出ていたが、寺の藪陰で邪魔にもならず、だれも不思議に思うこともなく、うちすごしてきたもので、いろいろわからぬことが多いが、「只書記しおきて、後昆の良説を待つのみ」と結んでいる。

想山は、発掘から二カ月半近くたった六月半ばに実見した。

残存していた長さ一一間二尺（六八尺、二〇・六メートル、ただし『尾張志』では八〇尺とある）、幅五尺二寸（一・六メートル）の長大な船体である。また案内の土民から、舟中に漆で文字が書かれているようだが、摩滅して見えないとの聞き取りもえていた。

以上のように、江戸と明治の出土船騒動は、どちらも巨大な前後継ぎの刳舟にかんするものであった。

これらの舟について松本信広は、正確な年代は不明ながら、古墳時代末期ころと比定できる可能性を示唆され、他方石井謙治はこの技術の下限を鎌倉時代まで下げてもよいとする考えを述べている。前後継ぎの刳舟は瀬戸内海や伊勢など中世絵図にも表われており、古代から中世にまたがって、九州から大阪、愛知にかけての西日本にみる主要な造船技法であった。中国や韓国でも出土しているとはいえ、おそらく、その密度は日本ほどではなかったはずである。

また民俗事例では数少なく、早々に消滅したかに思われる前後継ぎの刳舟も、類似の技法は、各地の木造漁船、あるいは荷船として発展した弁才船などの構造船を観察すれば、船底に太い舳材や刳板などをたてる技法、船底板を前後に継ぐ技法などに継承されている。

たとえば、富山県神通川のササブネは、船首部材を一枚の刳板からとりだしている。また、若狭湾のベタと呼ばれる小型船や新潟県出雲崎のマルキと呼ばれる漁船では板舟の船首に半丸太状の厚板をたてている。また、田沢湖では板舟の場合、材がスギであれば、船首尾にはナラのような堅木の刳板をわざわざはめこんだ。これらは、多く刳舟の前後継ぎと同様の重ね合わせの技法をとっており、前後継ぎの技法は、部分的にせよ構造船の随所に残存しているとみることができるのである。

刳舟と出土地のその後

さて、大阪・鼬川の開鑿工事は、刳舟発掘の翌年（一八七九）完成し、その後高津入堀川とも結ばれた。だが、悪水の停滞は十分解消されないまま、昭和一四—一五年（一九三九—四〇）には道路拡張などの目的から鼬川はその大半が埋め立てられた。

発掘から約二〇年後の明治三三年（一九〇〇）、市域の拡張にともなって実施された町名の大改称のおり、今宮村牛ケ口の区域は、先の刳舟出土にちなんで、「船出町」と名づけられた。船出町の地名は、昭和五五年（一九八〇）の改称まで、約八〇年間にわたり、町民に親しまれることとなる。

「難波中」となった船出町の名やその由来は、やがて人々の記憶から消えるはずである。だが、出土を伝える碑もある。大阪難波の繁華街の雑踏を通りぬけてほどなく、浪速郵便局敷地内の一角に昭和三七年（一九六二）市政施行七〇周年を記念して建てられた「鼬川くり船発掘の地」という碑である。

他方、諸桑の刳舟は、発掘後どうなったのか。『天保会記鈔本』によれば、やはりこちらも名古屋の栄国寺内に持ちだして見物させたという。もっともあまりに長いので、そのまま輸送できず、船体は三つに挽き切って運ばれたとされる。

そして、その古船の一部は、大黒様の彫り物に姿をかえ、満成寺に、また梁穴とみられる貫穴をとどめた古船の破片も個人宅に残されて、いまに伝えられるのである。

第四章　ボウチョウ型丸木舟の系譜──モロタ・マルコ・ボウチョウ・マルタ

愛知県から静岡県、神奈川県にまたがる太平洋岸にはかつてボウチョウと呼ばれる丸木舟が確かにあった。それらは出雲や琵琶湖・諏訪湖、三陸沿岸のものと共通し、周辺アジアに散見されるシキ発達の刳舟の特徴をなしてもいる。

左右の刳りぬき材（丸太材のこともある）をそのまま合わせるか、間に船底板を入れた構造で、両舷のふくらみの大きい、上すぼまりの形状をもった舟をここではボウチョウ型とした。そして、ボウチョウの名をもたないボウチョウ型もとりあげた。

美保神社のモロタブネ

一九九八年一一月一日、島根県美保神社につながる道が崖くずれのため、臨時の連絡船で美保港に入った。美保神社にはこれまで何度もきているが、このような道ゆきははじめてで、鏡のように凪いだ美保湾を舟でゆくのはかえって楽しい。例年正月には、美保神社に詣でる参拝客の車でたった一本の道路が数珠つなぎの渋滞になるらしく、「連絡船で海から詣でるのもよいのだが」と宮司はいう。

美保港の渡船は廃止されて久しい。

モロタブネの製作

事代主神（エビス神）をまつる美保神社では、毎年四月七日に青柴垣《あおふしがき》を築いた二艘の神船が海上を進む青柴垣神事と、一二月三日に二艘のモロタブネが競漕する諸手船《もろたぶね》神事が開催される。

ことに諸手船神事で登場するのが、モミ製の丸木舟で、こぎ手八人、舵とり役の大櫂一人、合計九人ずつ氏子が乗りこみ、対岸の客人《まろうど》社の麓と宮前の間を水をかけあいながら、競漕するのが神事の見せ場となる。

年に一度の神事以外、境内に安置され、海に浮かぶことのないこのモロタブネは、およそ四〇年に一度造りかえることを旨として受け継がれてきた。

現在神事に使われているのは、二艘とも昭和五三年（一九七八）に大根島入江《にゅうこう》のソリコブネ舟大工吉岡睦夫氏によって建造されたものである。

モロタブネ製作では、伐採して荒刳り後、半年から一年の乾燥期間が必要とされる。現船の場合、中国山地の仁多《にた》町阿井の山林からモミの大木を調達したのが昭和五二年（一九七七）九月のこと、荒刳り・乾燥をへて翌一九七八年の一〇月に完成したもので、伐採から数えればやはり一年あまりかかっている。主要船体はモミ、片方は左右の材を船底で合わせたもので、他方も間にわずかな船底板チョウが入る程度で大きい材が使われている。左右の刳りぬき材のもっともふくらんだ部分はホテと呼ぶ。接合面には漆を塗って接着し、外側から釘をうって接合する。これにヒノキのタナと船梁をとりつけ、左右舷側に紋を彫る。

新造船ができると、美保神社のトウヤはサカキの葉を口にくわえ、無言で白木の船体外側に墨を塗って化粧する。トウヤの身内も一筆ずつ墨を塗る。そして、墨がはげないよう上から椿油も塗る。墨は神

モロタブネ神事
島根県美保神社の舟こぎ神事．曲がる場合，舵とり役の大櫂は，わずかに水をかく程度がよく，舵のように水中につけすぎてはうまく進まない．1986年冬．

事のたびにトウヤによって塗りなおされる。

　左右の紋には、赤の丹と白の胡粉が塗られ、船体は神船として完成する。

歴代との違い

　現在美保神社の収蔵庫には一代前の昭和一五年（一九四〇）製作のモロタブネが二艘とも保管されている。吉岡睦夫氏の先代である舟大工吉岡利一郎氏が請け負い、美保関町の舟大工が世話係を勤めて造られたものである。

　さらにその前のモロタブネはいまはないが、明治三四年（一九〇一）作で美保関町の舟大工が作業を請け負った。さらにその前、つまり三代前は安政五年（一八五八）隠岐の島後灘村から寄付されている。

　このようにモロタブネは、伝承通りおよそ四〇年に一度造り替えられてきた。ただし、その建造にあっては一所で代々なしえるほど舟大工稼業が安泰でありえたわけではなく、むしろその時々の状況に応じて同様の技術をもった近在の舟大工のいずれかが請け負い、継承してきたものであった。

むろん寛政一〇年（一七九八）に生じた神社火災のような非常事態には、神事を滞らせないよう、すぐさま新造されたはずであり、また遷宮のさいにも年限にかかわらず新しくしたと宮司は語る。

もっとも四〇年に一度をおよそのめやすとし、その時々のモロタブネが手本にあるにせよ、過去からの寸分違わぬ技術ではありえず、またそうあらねばならない理由は見いだされないのであって、いくばくかの変遷を重ねてきたことは、現物が物語っている。

つまり、古くはクスノキの単材刳舟だったという社伝と現船の違いにとどまらず、今日残る二代のモロタブネを比較しても技術の相違が読みとれるのである。

たとえば、現船は二艘とも、船底中央で刳りぬき部材を直接接ぎ合わせるか、わずかな継ぎ板（チョウ）を入れるだけで十分なほどのモミの大木を調達して造られている。先端の前幅は七〇センチメートル、全長も六五六センチメートルと古船の寸法と同じであるが、古船では前方部に二センチメートルほど幅狭になるくびれをもつのにたいして、現船はくびれのない寸胴な船体で、艫幅は古船より四センチメートル太い。

また船体は、古船のほうが船底の板（チョウ）の幅が広く、接合には外側に釘、内側には鉄製の板カスガイが多数使われているのにたいして、現船では、外側の釘接合のみで、内側の板カスガイは使用されておらず、また船底内側中央に縦に入る仕切状の棒がない。

くわえて現船の底厚は六センチメートル近くあり、厚く重い船体であるのにたいし、古船は三・二センチメートルと薄く、軽く造られている。

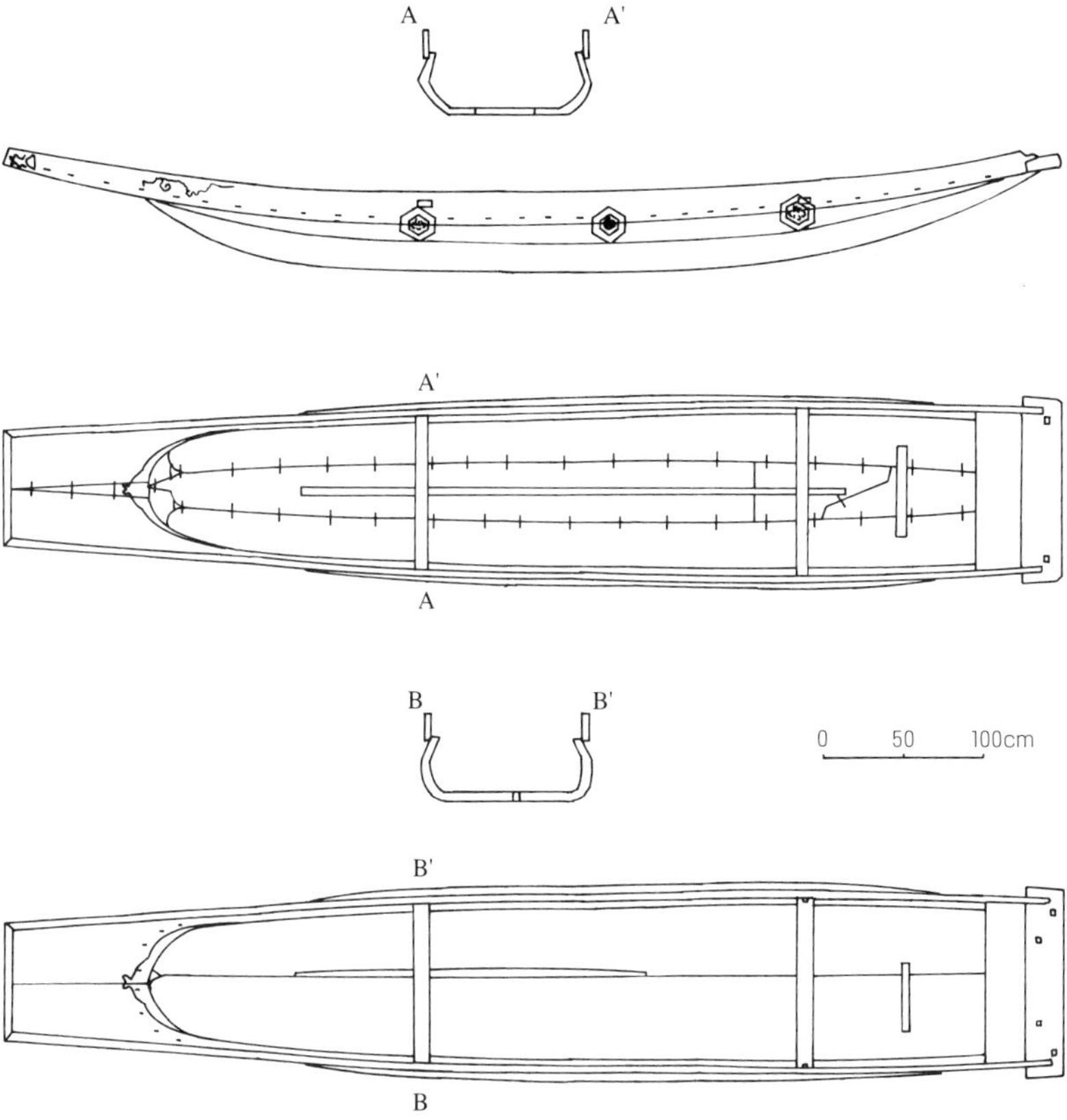

美保神社のモロタブネ
上：旧モロタブネ（1940年製作）
下：現在のモロタブネ（1978年製作）

つまり古船は、絵図として残る明治年間建造のモロタブネとも共通し、両者はともに現船より細い材が使われ、よってチョウの幅を広くし、かつカスガイを多用する方法をとっていたのである。

このような古船と現船にみる技術の変化は、チョウが小さくなり、接合具の使用も少ないという点で現船のほうが古式の技法とみることもできよう。だが、丸木舟は、基本的に船材の大きさや形状に合わせて造られるため、一見技術のゆりもどしにみえる構造の違いは、技法の新旧というより使用する材とのすり合わせにおいて可変する技の幅とみなすことができる。

また過去二代のモロタブネが広いチョウを入れる方法をとっていたことは、生活として類似の舟が製作され続けていた時代であるゆえ、その時代の舟造りの考え方をより一層反映しているようにも思われる。

つまり、刳りぬき部材であるオモキに大きい材を使わず、幅広のチョウを入れるという方法は、刳舟のよさを残しつつ、材料費を安くおさえ、舟大工の手間もえられるものであって、造り手と発注者双方の生計にかなうものであった。また薄く、軽くして、しかもくびれをつけたプロポーションは、乗り味の点でもよい舟であったと判断する。他方、大きい材を使い、釘接合の箇所も少ない現船のほうがもちのよさでは上回るはずであり、それぞれ長短をもちあわせている。

これまで舟大工たちは、みずからが経験してきた技と一組の現船をモデルにしつつ、モロタブネを製作してきたのである。むろんそのときどきで調達できる材木は同じ太さ、性質ではなかったが、類似の技術が生活として定着していただけに、その造り手を近在に確保することは難しいことではなかったはずである。

ところで、モロタブネは、宗教儀礼と結びついた舟ゆえに、いまも現役であり続ける数少ない民俗事例である。

とはいえ、現船の建造にあたった造船場の浜は、その舟を卸して一カ月後に埋め立てられ、道路になった。舟大工にとってもこれは最後の新造船の仕事となったようである。

なおモロタブネの舷側に描かれた文様は、現船では二重亀甲のなかにある渦雲紋の形状が整えられ、また先代、先々代のモロタブネにみられた右三つ巴《ともえ》紋は、本殿の神紋と同じ左三つ巴紋に統一された。ここにも前と同じとおりではない変遷を認めることができる。

次の造り替えのおりには、この現船を手本として製作されるであろう。

問題は、舟大工不在の可能性である。それはいまだ経験されることのなかった事態であろう。今後どのように継承されるのか（されないのか）、四〇年に一度というサイクルは、同様の舟が日常的に造られ続けていた時代においてこそ持続可能な時間の幅であったのである。

中海のソリコブネ

先のモロタブネを製作した舟大工たちが日々手がけていた仕事は、かつて中海などで使われたソリコブネ（以下ソリコ）などである。その名の通り、そりあがった船首に特徴をもつソリコは、一九八〇年代なかばにはまだ漁師の舟小屋にも残っていた。いまでは島根県立博物館や美保神社、東出雲町民憩いセンター、神戸商船大学海事資料館、国立民族学博物館、海の博物館（三重県鳥羽市）などに保存展示されたものがあるにすぎず、生活の舟であることはおろか、生活の場から姿を消している。

先のモロタブネを手がけた大根島入江の舟大工・吉岡睦夫氏は、父についてソリコを手がけた経験をもつ。みずからで八代目を数える舟大工筋であるが、聞けばソリコをよく手がけるようになったのは二、三代前からといい、その技術継承は意外に新しいものであった。

つまり、舟大工を家業として重ねてきた造船場が、つねに同じものを同じように造り続けてきたわけではなく、時代の要請、たとえば舟を使ったなりわいの盛衰や近在における造船場の盛衰によって、多少の振幅をこれまでも経験していたのである。

たとえば戦後まもないころ、戦争に出ていた兵隊たちが復員し、生活の糧を稼ぐため、こぞって舟を調達した。そのため、一時的に訪れた舟大工のにわか景気は、全国的に共通した振幅の一つであり、中海も例外ではなかった。

戦後まもないころは、非常に多く舟を造ったものだった。ソリコは単価が高く、サンマイゾコと呼ばれる板舟の三倍の値段で取り引きされており、意東にまで泊りがけで造りにいった。意東はソリコの需要の多いところであり、小屋に入れて管理しているため、数十年はもたせられる。それにひきかえ、大根島は舟をおさめる小屋がなく、中古船を買って使うことが多かった。

ソリコ製作は、吉岡氏の他に二、三の舟大工があたっており、ツライタの釘止めのあとの形などで、その製作者はすぐにわかったものだという。

材料となるモミは隠岐から調達されており、ソリコにもまったくの丸木のものがあったが、たいてい二本の丸木で左右をとり、その間に別材の船底材チョウを入れて幅を補った。刳りぬき部材オモキの左右のもっとも出ばったところをホテと呼ぶ。

仕上がりの船体寸法や形態は定型化しているとはいえ、丸木の大きさ次第でその船体構成はかわるため、構造的には、分類図（六頁参照）にみるA、AX、AYのバリエーション、つまり単材刳舟・二材

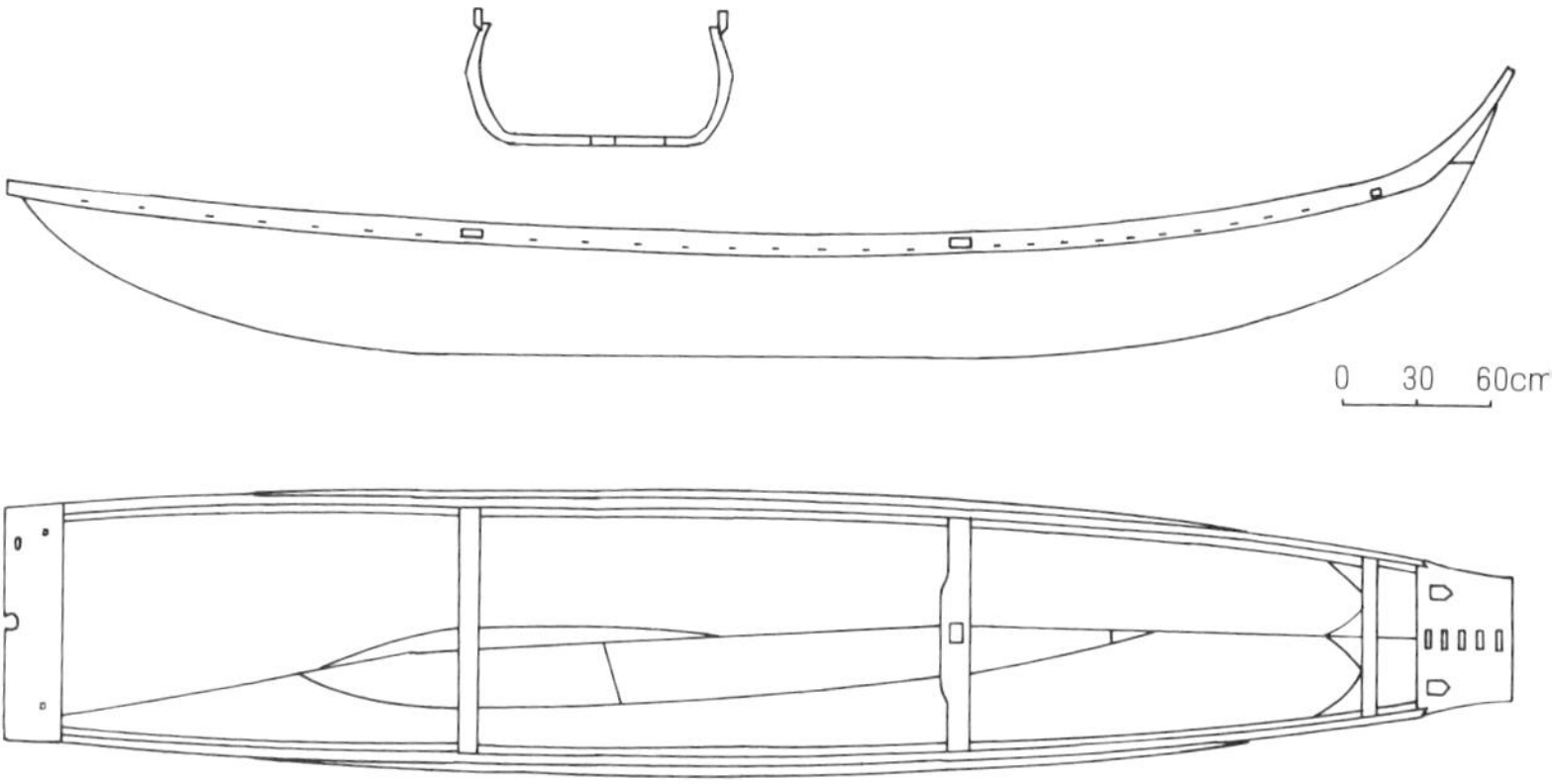

中海・下意東のソリコブネ
当時は，舟小屋をのぞけば，ソリコが残っていた．1986年冬．

合わせ・チョウを入れた三材合わせの刳舟の舷側に板材フナブチをつけた形態であった。
オモテを八寸そらせ、トモで五寸そらせ、長さは二〇尺とほぼ同じだが、幅は乗り手の体に合わせて一―二寸程度異なる場合もあった。接合は、釘止めで、チキリはモロタブネ同様使わず、漆を接着剤とした。

異なるのは、モロタブネが座位による櫂こぎであるのにたいして、ソリコは立ちこぎの櫓こぎが中心で、ソリコには曲がりが少なく、握り手となるツクをもたない独特の棹状の櫓が使われた。ツクがないため、ハヤオ（櫓綱）をもってこぐ操法で、ツクのある櫓はツクをもってこげばゆれないが、ゆれを要する桁引きではむしろこれがよいとされた。桁引き漁は、波よけのツライタに綱をつけ、八―一〇キログラムの重石をつけた桁をひく。オモテのそりあがりが大きいので、ローリングが容易で、オゴノリや赤貝とりには具合のよい舟だった。

とはいえ、その用途は桁引きだけであったわけではなく、明治の終わりころまでは外海での鯛縄や鰤《ぶり》縄漁にも利用され、また大正の終わりころまでは薪炭などを運搬し、帆走した大型のソリコが使われたという。

帆受けはないが、前方の梁に帆柱用の穴をもっているのは、そうした帆走時代の名残りであろう。

ソリコは中海では大根島、意東のほか、大海崎にもあった。

ヒラタやカンコ、サンマイなど相対的に安価な板舟で代替可能な用途においては、ソリコが使われなくなるのにたいして、ローリングを要する中海での赤貝とりではソリコを不可欠とする評価が使い手の側にあり、戦後においてはほぼ赤貝とり専門の舟として存続してきたのである。

したがって、戦後、赤貝漁を岡山県の笠岡に根づかせるさいにも、貝とともにソリコが中海から運ばれたという。だが、瀬戸内でソリコが定着することはなかったようである。そして中海でも赤潮などの影響で赤貝がとれなくなると、おりからの干拓事業の進展とともにソリコはもはや出番を失い、暮らしにとって無用の長物となっていった。

ところで、出雲から遠く離れた地にソリコの名が聞かれる例がある。福井県福井市鮎川浦のソリコ衆と呼ばれた人びとである。文化一三年（一八一六）井上翼章の『越前国名蹟考』によれば、ソリコとは出雲方面から漂着してきた人びとの子孫のことで、近世前期、最初に乗ってきた舟のへさきが反っているためにかれらをさしてソリコと呼んだとある。その船名にちなみ、ソリコに乗ってやってきた移住者たちがそう他称されていた。

浦人に助けられた恩返しに当地にとどまって漁をし、子孫のなかには他の浦に移住した者もいると伝えられ、ソリコ衆は、鮎川のみならず、福井市白浜、越前町城ケ谷、敦賀市立石にもいた。とくに白浜、城ケ谷、立石の間では、近世期、盆と正月に互いを呼びかわし、絆を深める交流が続いていたという。

つまり、「中海のソリコブネ」とは、最後に使われていた場所にほかならず、その事実のみをもってソリコを内海専用ととらえることは、かえって歴史の動態を見誤りかねない。近代にソリコが外海でも使われていた実態に即せば、このような越前への移動は十分おこりえたことがらであったと判断する。

隠岐のトモド

島根県隠岐にはトモドと呼ばれる丸木舟があった。磯見のカナギ漁に用いたトモドの場合、ローリングしない船体が望ましく、舷側下方が角張った形状で、上幅が狭く、船底には内にもりあがるカーブを

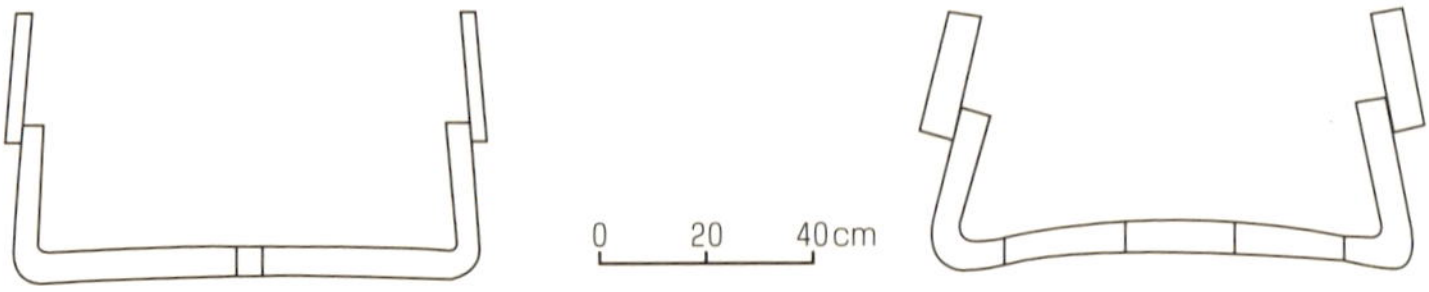

隠岐のトモド　左：美保神社蔵，右：(石塚 1960)

もつモリがある。また漆や釘の使用は同じだが、こちらは木製接合具であるチキリもわずかながら使うというように、技法には若干の違いもみられる。

カナギ漁にくわえ、網漁や肥料用の海藻採取、また人糞尿を出作りの畑に液体のまま運ぶ漕ぎ回しにも都合がよく、古くなったトモドはこの肥舟に使われた。浦郷町赤之江あたりでは、肥舟用に幅の大きなトモドを造ったという。

トモドは貞享・元禄（一六八四―一七〇四）ころには島前・島後で五〇〇隻ほどあった。板舟のサンパが明治三〇年代ころから普及し、くわえて板舟のカンコも昭和のはじめころから普及するようになると、近世期からすでに漸減状態に入っていたトモドは急速に減少し、第二次世界大戦後はほとんど消滅、焼火《たくひ》神社や美保神社にようやく保存される程度となっている。

その理由は、造りは簡素ながら、大木を要し、船価がべらぼうにかかることがまずあげられる。カナギ漁にはトモドがよいのは事実だが、板舟でできないわけではなく、また釣り漁などにはむしろ板舟のほうが軽快で波切りがよく便利である。そのため、いろいろな漁を組み合わせて不便を補えばすむとみなされて、安価なカンコやサンパに自然、代替されるようになったという。すなわち、船材に大木を要する丸木舟がその命脈をたつのは、機能の劣等性というよりも、融通のなさにあり、また船価にすぐさまはねかえる木材資源の高騰によるところが大きかったことが読みとれる。

船材はモミが減ってスギになったが、モミのほうが海水に強く長持ちしたという。

なお、宝暦四年（一七五四）、同一三年（一七六三）の史料によれば、トモドの名は隠岐のみならず、中海や西の神西湖にもあがっており、ソリコ同様、海でも湖でも使われた舟だったようだ。

琵琶湖のマルコブネ

マルコブネ水運

琵琶湖は、日本最大の湖であり、世界のなかでも数少ない数十万年以上の歴史をもつ古代湖のうちの一つで、多様な生物相に支えられ、古くから人間活動が活発になされてきた。同湖では、縄文後期（約四〇〇〇年前）以降、スギ製の単材刳舟などが多数出土している。

すなわち、琵琶湖でも単材刳舟が船の原型をなしていたことは疑いないが、他方、鎌倉時代の『石山寺縁起』などを見ると、なお当時単材刳舟は使われていた。もっともその時代の形状は、船尾が箱形、船首が丸い折衷形になり、T字の練《ね》り櫂、つまり舷側のへりに櫂の支点をとり、櫓と同様に揚力原理で進む櫂が使われていた。

これらはいずれも比較的小型のものであるが、近世・近代を通じて、琵琶湖水運を担った大型荷舟がマルコブネ（以下マルコ）である。

琵琶湖は、近世前期まで日本海と京都・大阪をつなぐ主要幹線路であり、日本海の物資は、山越えの陸路と合わせ、もっぱら琵琶湖を経由して運ばれていたため、すでに相当数の舟が往来していた。

近世前期以降の文書には丸子舟、丸舟、丸子、丸太船などと登場しており、近世中期には五〇〇石積み程度を限度としながら、現存するものよりはるかに大型のものをふくみ、享保ころの全盛期には千数

琵琶湖・尾上のマルコブネ　最後の現役船頭とマルコ．1993年春．

百隻にのぼるマルコがみられた。

もっともこの水陸併用の輸送は、距離的には最短ながら、積みおろしの手間やコストがかかるため、近世中期、下関を経由して瀬戸内から大阪に入る水路一本による西回り航路が開発されると、その後はそれが日本海水運の主要ルートにとってかわられることになった。

とはいえ、むろん琵琶湖では在地の物資輸送にマルコによる水運は続いており、近現代は、おもに薪、石、瓦土、瓦、肥えや米、酒、醤油といった地回りの品々が中心であった。

ことに第二次世界大戦の戦中戦後には、薪運搬などで暮らしをたてようとするにわか船頭がふえ、昭和三〇年代ころまで多くのマルコ船頭の活躍がみられたが、昭和四〇年代にはほとんど衰退し、二〇〇〇年現在、現役船頭は湖北の尾上《おのえ》在住で八〇歳をこえる山岡佐々男氏だけである。一人、昭和二三年（一九四八）建造の一〇〇石積みマルコで竹生島への資材運搬や湖北ムカイ山からのチップ材の搬出などを手がけている。

現存のマルコは、エンジン船であるが、動力がつくのは大正の終わりから昭和のはじめころのことで、それまではもっぱら帆と櫓によっていた。帆走マルコは昭和三〇年代なかば、瓦土を大津に運んでいた長命寺（近江八幡市）のものが最後であった。

マルコブネの船体

一〇〇石積みマルコの船体は、およそ長さ一七メートル、幅二・五メートル、深さ一メートルの大きさで、六枚前後からなるシキ板の両側にフリカケをたちあげ、舷側には半丸太のオモギ、そしてタナがつく。船尾は戸立《とだて》構造で、船首部はシキ先端中央に斜めに立てた長さおよそ三メートルたらずの舳材シンを基準に、ヘイタと呼ばれる縦板を樽状に接ぎ合わせて、丸みをつける。ヘイタの数は、左右七—八枚ずつで、船首の丸みをなめらかに「まんずりさせる」には左右八枚ずつ、計一六枚とする。ヘイタには腐食防止と化粧を兼ねた銅板、すなわち伊達カスガイをはるのが琵琶湖の慣わしで、今日のFRP（強化プラスチック船）にまで引き継がれた琵琶湖固有の意匠となっている。

東京国立博物館に展示されている塩見政誠（一六四六—一七一九）の比良山蒔絵硯箱を見ると、ヘイタと伊達カスガイのある舟の図が描かれている。すでにそのころには琵琶湖の舟の意匠として定着していたのであろう。

さて、船体の基準となる半丸太の巨材からなるオモギと船底のシキはスギであり、フリカケとヘイタ、シンは真水に腐りにくいマキ、タナにはヒノキが使われる。また船尾には、倒した帆柱を受ける帆受けと舵を吊るための大きな鳥居ダツがある。

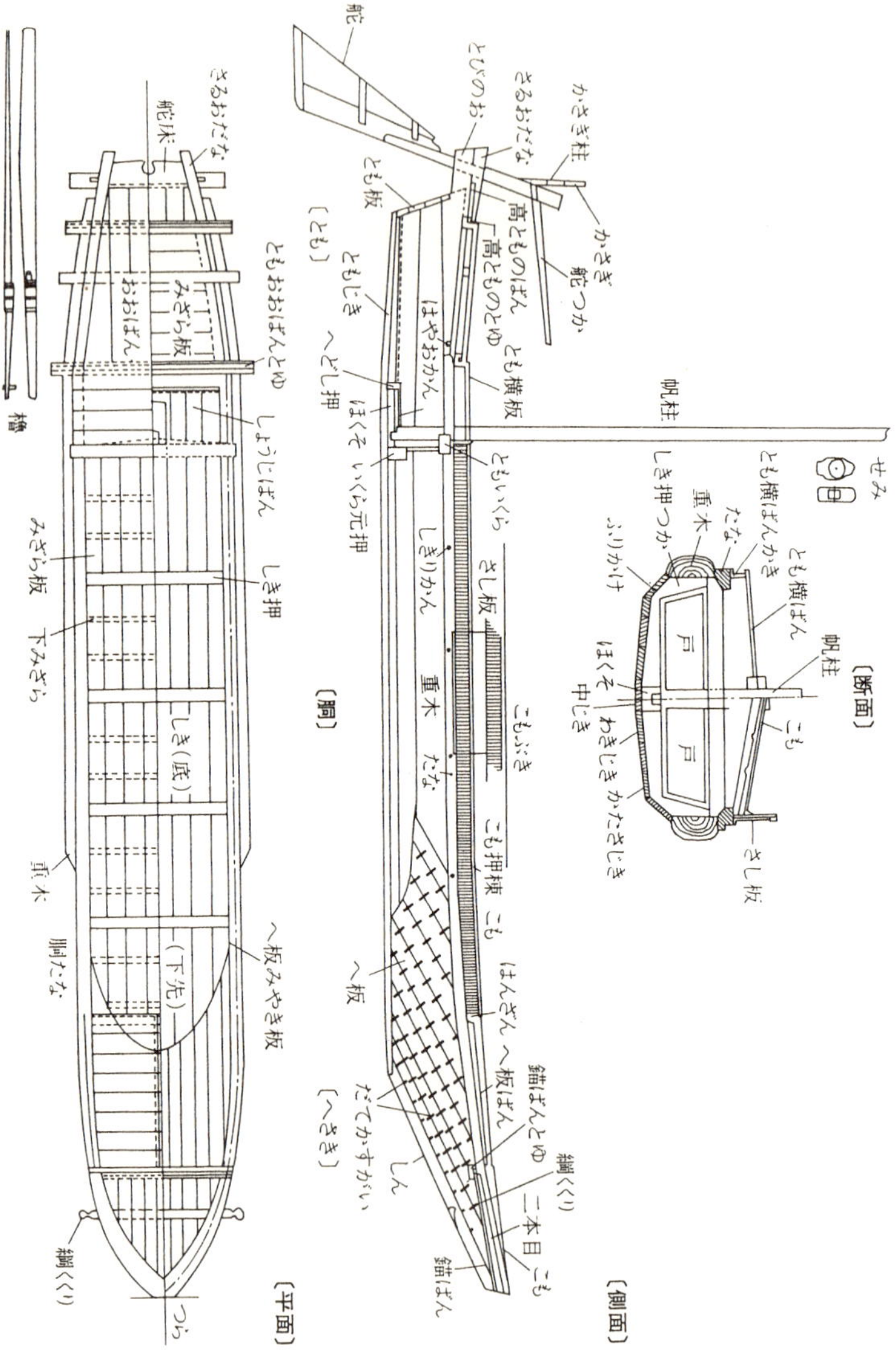

〔断面〕
〔側面〕
〔平面〕
〔とも〕
〔胴〕
〔へさき〕
帆柱
せみ
とも横ばんかき
とも横ばん
たな
重木
しき押つか
ふりかかけ
戸
こも
さし板
ほくそ
中じき
わきじき
かたさじき
舵
とびのお
さるおだな
かさぎ柱
かさぎ
舵つか
とも板
高とものばん
高とものとゆ
ともじき
はやおかん
とも横板
へどし押
ほくそ
いくら元押
ともいくら
しきりかん
さし板
重木
たな
こもぶき
こも押棟
こも
はんぎん
へ板ばん
へ板
錨ばんとゆ
鋼くくり
二本目
こも
錨ばん
だてかすがい
しん
舵床
ともおおばんとゆ
みざら板
おおばん
しょうじばん
しき押
みざら板
下みざら
しき(底)
(下先)
重木
胴たな
へ板みやき板
鋼くくり
つら
櫓

琵琶湖のマルコブネ
前頁：一般構造図
右：接合横断面（復元船）

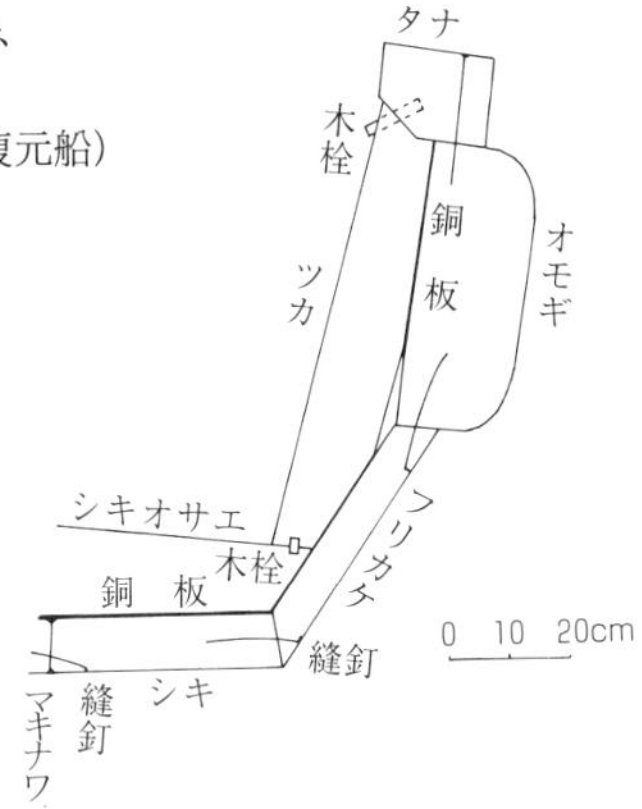

今日あるこのようなマルコの特徴は、近世期にほぼ完成していたものであり、たとえば一八世紀の『和漢船用集』の丸木舟の項に、以下の記述がなされている。

其形丸木を刳《えり》たるかことし。故に又丸太舟と云。是北国のはかせ作りに類す。其舟長く細く深くして、底より両側板《がわいた》丸くはき上《あげ》にて枻《たな》なし。上のはきをおもきと云、水押《みおし》も立板ニ丸くはき、舳《とも》ハ横舳《よこども》にて大立横神《おおだつよこがみ》あり。右檝《おもかじ》の方にそへ立あり。ろくい高く鉄にて作る。棹櫓を用。帆・櫓かね用。旅客舟の内に有て外へ見へす。古津・今津・塩津・海津等に多し。其外所々にあり。大船ハ五百石積余ニいたる

石井謙治は『図説和船史話』のなかで、シキ長と最大幅の比が六・五前後、深さと最大幅の比が〇・四八前後であり、これは同じ積石数の弁才船《べざいせん》とくらべ、前者で約二倍、後者で約五割大きいことを指摘している。海で使われた当時の弁才船にくらべて、淡水の琵琶湖のマルコは相対的に細長く深さのある形が特徴となっている。

また底のシキ板は、紡錘形に船尾部を木取ることで左右のそり（タチ）と前後のそり（ツリ）をえており、丸みがあるし、シキに続く両舷のフリカケからその上のオモギと呼ぶ半丸太に

かけても、丸く接《は》ぐ縫釘を多用した平張り技法によっている。

なお、今日のマルコの船首部は、太い舳《みよし》材であるシンを基準に丸く接ぐ方法だが、先の明和三年（一七六六）の『和漢船用集』や文化一一年（一八一四）刊行の『近江名所図会』にはこのシンが描かれておらず、縦板のヘイタのみで構成されている。

だが他方、安永五年（一七七六）をさほど下らないとみられるマルコの寸法史料には「ヘサキの真木、長十四尺物又五尺ニテモ由、真長ケレバ舳板《へいた》ヲ助ク」とあり、すでに長く太いシン木が使われていた。樽状に接ぎ合わせた船首部は、近現代のマルコにあってももっとも破損しやすい泣きどころであるだけに、波の直接あたる舳のシン木は、船体の強度上重要な構造部材であった。これは、弁才船などの技術的影響をうけて取り入れられた技法であったのかもしれない。

「はかせ作りに類す」

おおむね現代まで引き継がれてきた以上のようなマルコの特徴のなかで、注目したいのは『和漢船用集』に「北国のはかせ作りに類す」としていた点である。なにをもってはかせ作り（以下ハガセ造り）としたかは、さらに検討を要しよう。

琵琶湖のマルコは、従来日本海地域の羽賀瀬《はがせ》舟や北国《ほっこく》舟と同系の構造とする見方が定説化している。つまりここでいう日本海系とは次章で述べるドブネ系統の舟をさす。その理由は、縫釘接合を基本とする平張り形式の接ぎ合わせにあって、接合部を重ね張りにして二階、三階造りにする弁才船造りにみられる和船とは異なる点にあるとされる。瀬戸内の弁才船との相違を示した点で、重要な指摘であるが、縫釘を多用する平張り技法は、ボウチョウ型の刳舟にもみられるものであり、そのことをもって日本海系とすることはやや無理がありそうである。

たとえば今日伝わる、ハガセ造りの流れをくむ日本海沿岸の舟、すなわち若狭湾以東に分布するドブネ系統の舟と比較すると、その船首は積み木状に横板で連ねられ、マルコのような縦板構造をとってはいない。また琵琶湖のマルコには、ハガセ造りに顕著な漆の利用やチキリ・タタラといった木製接合具の使用が認められない。

むしろマルコにみる樽型のヘイタ構造は、太平洋岸のボウチョウ、諏訪湖のマルタブネの船首部処理と共通し、また丸木舟ではないが、伊勢湾のヨツノリと呼ばれる荷船にも使われているものである。

もし琵琶湖のマルコと日本海の羽賀瀬との共通点を求めるならば、船尾が鳥の羽のようにのびた船尾舷側材、オモギ（日本海ではオモキもしくはコマキ）と呼ばれる舷側の半丸太にあろう。ただし、オモギ（オモキ・コマキ）材は、日本海沿岸に限定されず、太平洋岸にも存在しているし、琵琶湖では、オモギ部分の舷側をホテとも呼んでおり、この呼び方は、すでに述べた出雲、後述の諏訪湖で使われている同じ部位の呼称でもある。

ここに、琵琶湖のマルコをもって簡単に日本海系（ドブネ系）とはくくれない理由があり、よって日本海系であるとしてもそれはドブネ系ではなく、太平洋岸にも内陸にも分布したボウチョウ型であるとみてよいだろう。

むろん、それはただ他地方から琵琶湖に伝授されたままを意味するのではなく、琵琶湖固有の開発もくわわっていたに相違ない。

たとえば、マルコの場合、シキに連なるフリカケの上にオモギがのる。このフリカケは、太平洋岸の渥美半島のボウチョウなどにはない部材である。

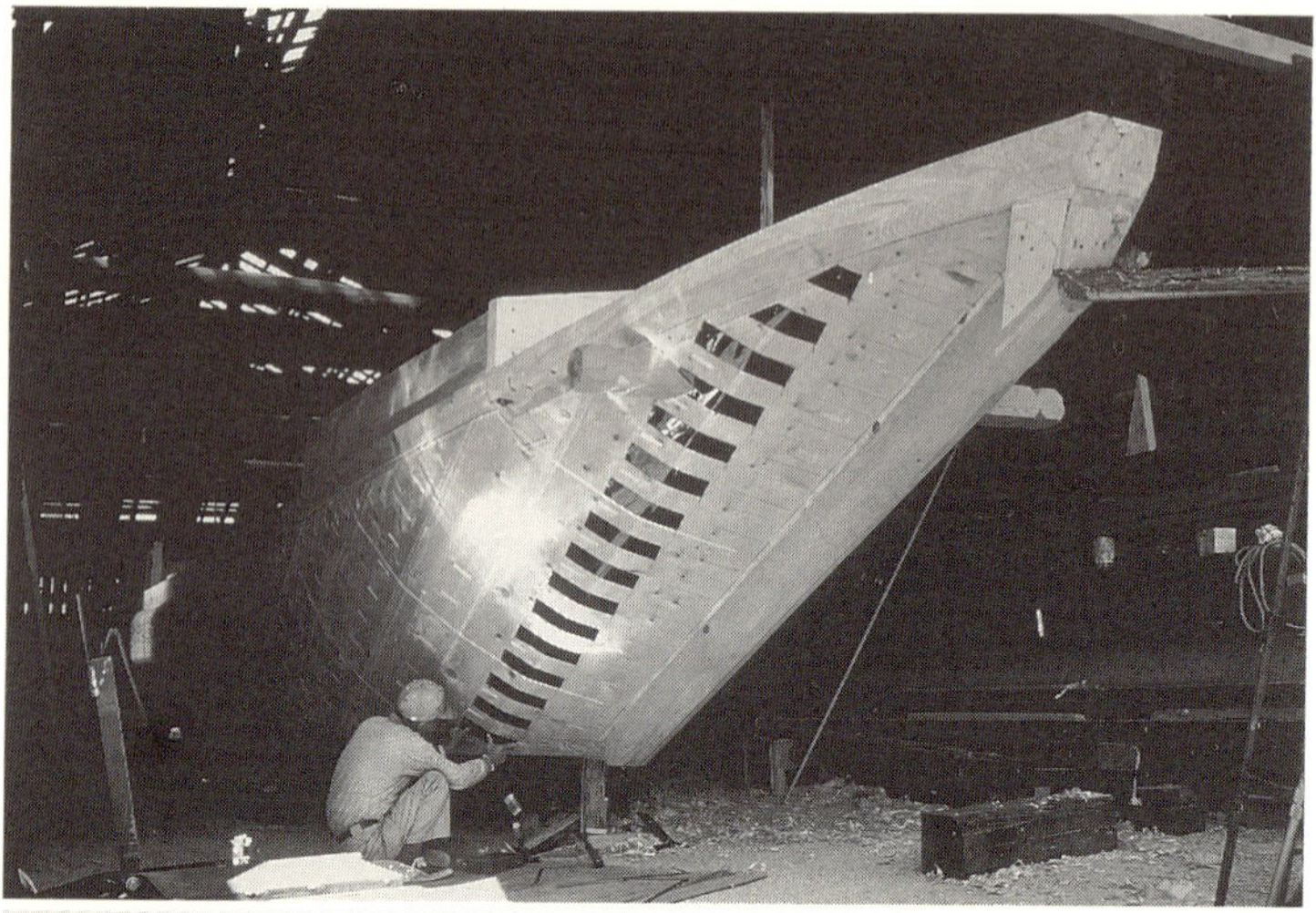

マルコブネの建造
船首のヘイタに伊達カスガイをはる。一九九三年夏。

復元された帆走マルコブネ
一九九五年春。現在、滋賀県立琵琶湖博物館に展示。

一九九三年から九五年にかけて滋賀県立琵琶湖博物館では、一〇〇石積み帆走マルコが復元製作されたが、その作業工程を実見すると、フリカケにオモギをとりつけるまでの間が最大に慎重さを要する作業となっている。いったんとりつけると、船体はオモギの重みでかえってしまり、さらに長い角材のタナでオモギとヘイタをおさえていくことで、船体は落ちつく。

他方、オモギはあるが、フリカケをもたない渥美半島のボウチョウは、高い浮力をもつ船体でありながら、波負けしやすく、構造上横転しやすい舟であったことが記憶されている。琵琶湖のマルコの場合、ヘイタ構造の船首は、構造上もっともこわれやすく、船頭の多くが大波をうけると破損した経験をもっているが、他方「マルコは荷を積むほどに安定し、絶対沈まない」というように、転覆の危険は少ない舟であった。荷舟としての積載能力と安定の双方を高めるには、船体の喫水を高位置に設定しつつ、高い浮力をえることが必要であり、フリカケは、そうした性能をえるために必要な構造材であったと考える。

積み荷は、喫水がオモギの上すれすれにくるまで積めたといい、琵琶湖のマルコは、割木船とも呼ばれていたボウチョウなどと類似の構造をもちながら、一層荷物輸送に適した構造を獲得していたのである。

太平洋岸のボウチョウ

渥美半島のボウチョウ

三州奥郡（現在の愛知県渥美町）では、知多半島を遠くに眺め、入江の多い波静かな渥美半島北側の

「裏浜」にたいして、砂浜の続く渥美半島南側の太平洋岸をさして「表浜」と呼ぶ。この愛知県渥美半島の先端に近い表浜海岸では、ボーチョ（ボウチョウ）と呼ばれる刳舟が明治三五年（一九〇二）ころまで地引網漁に使われていた。

板舟で、舳材が長く高くつきでたトーカイ船（渡海船）が導入されると、ボーチョは二〇世紀にはほとんど使われなくなり、その現物を目にすることもできなくなったが、幸い模型や記録が残されている。松下石人の『三州奥郡漁民風俗誌』（一九四一年）によると、ボーチョは、スギの巨木を二つ割りにして両舷側とし、船底と船首尾に板材をあてた構造で、長さ六―七間（一一―一三メートル）、幅は胴部で一・五メートル、船首側が二・一メートルと、前方の肩が開いた舟であった。左右の丸太材は船首側に木の根元の太いほうをあて、重心が前方にくる。これは先の琵琶湖のマルコと同じである。

神社に奉納されていたボーチョの模型も参考にすれば、舳板は艫板より傾斜をとり、波にのりやすくする工夫がみられる。

船首尾を閉じる舳板や艫板、船底のシキは、複数の板を接ぎ合わせていたであろう。舷側材の半丸太は胴部では若干の刳りがほどこされ、内側の空間が広くなっているが、左右に大きくはりだし、厚みのあるもので、船首尾では半丸太（割木）に近い格好のものであった。

ボーチョは九―一〇人乗り、積み荷は鰯で二〇〇桶分、五〇石積み程度であった。櫓・櫂中心の舟で、舟足は遅く、船首は、舳板の上に波切り板、さらに波切り板をおさえる舳木がつくとはいえ、このあとづけの舳木は構造材といえるものではなかった。舷側上部にはわずかなへリ木がつくだけで、高さをえる工夫もないため、波の高い遠州灘の表浜では、岸につくとき、波にあおられ、カブル（横転する）ことも稀ではなかったようだという。

琵琶湖のマルコがフリカケをもつことによって、安定性と走行性を獲得したのにたいし、ボーチョはおおむねマルコからフリカケをのぞいた構造とみてよく、右の報告に照らせば、扱いにくさが残るものだったのだろう。

他方、渥美半島の付け根側、すなわち浜名湖と遠州灘にはさまれた静岡県白須賀町（現在の湖西《こさい》市南部）から新居《あらい》町付近においても、近世後期、ボウチョウと呼ばれる割木船が使われていた。明治二七年（一八九四）の『静岡県水産誌』に

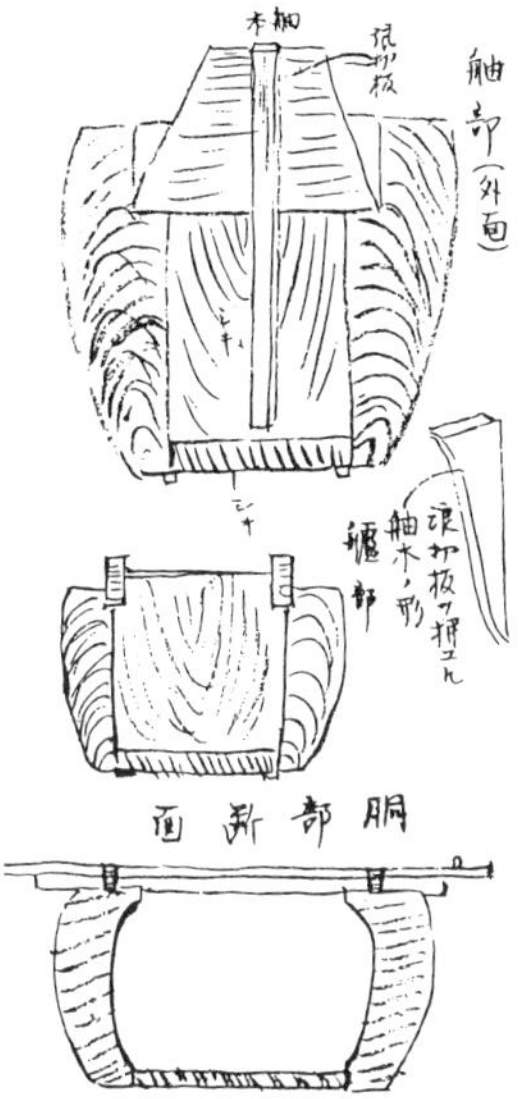

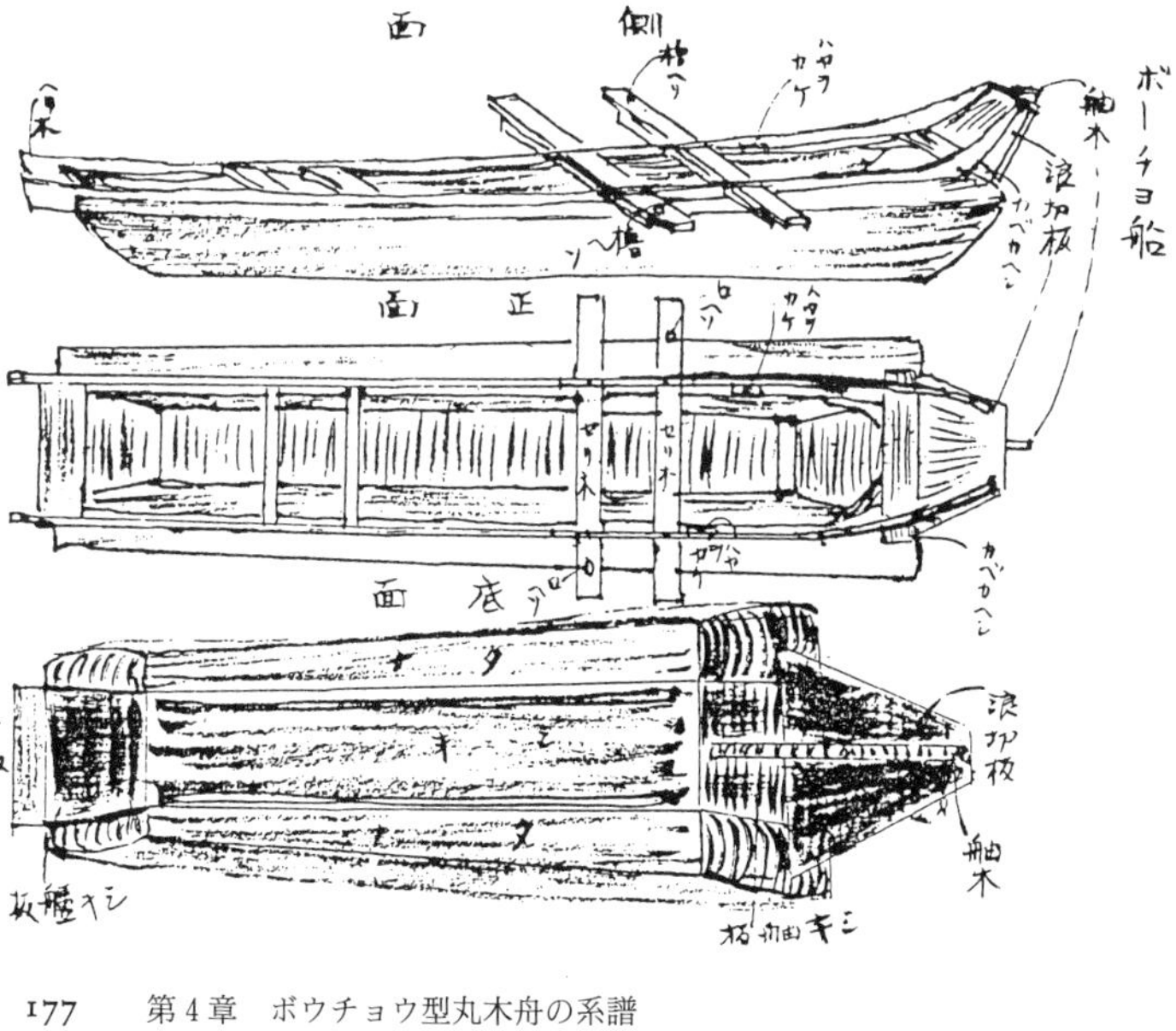

渥美半島のボウチョウ（松下 1970）

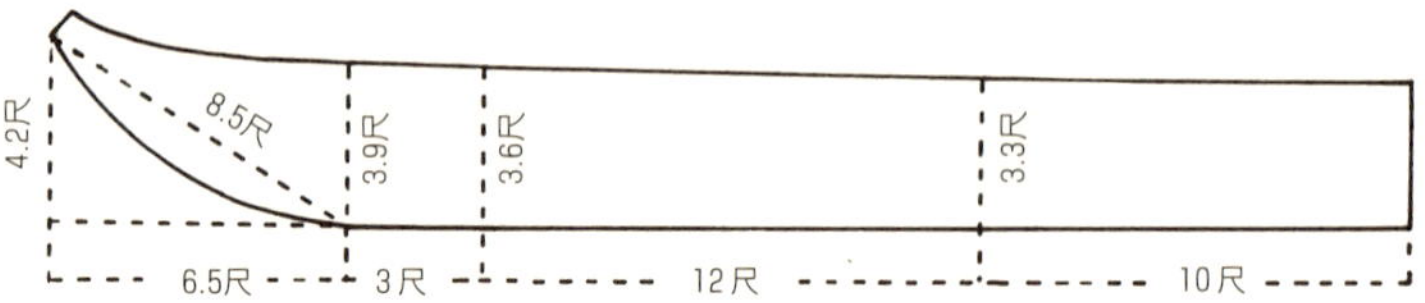

渥美半島のボウチョウ木取り（愛知県教育委員会 1969）

よれば、

往時ハ割木船（方言ぼうちやう）ノミ使用シタルモ文政三年ニ至リ白須賀町字元町漁業者平五郎氏現今ニ使用スル板船ヲ掛塚《かけづか》地方ヨリ移シタリト是レ白須賀町漁船改良ノ嚆矢《こうし》ニシテ新居町ニ於ケルモ当時尚割木船ノミヲ使用セリト云フ

とある。そして、新居町の東隣である舞坂（現在の舞阪町）では、

舞坂ハ文化初年ノ比既ニ刳木船ヲ板船ニ改良ス

とする。

つまり、浜名湖の西側では一八二〇年になって天竜川下流の掛塚地方から板舟を移入したのをもってボウチョウから改良されたのにたいし、舞坂では一八〇四年のころ「刳木船」をすでに「板船」に改良したとするように、「割木船」や「刳木船」は「板船」と明確に区別できる旧来の技法をとどめた舟であった。

すでに述べたように、渥美半島先端のボーチョ（ボウチョウ）は、それ自体が浮力材となる割木状の大きな刳りぬき舷側を特徴とする舟である。ボウチョウという同じ船名、さらには割木船、刳木船といった形容から渥美半島付け根側のそれもまた、ほぼ同様の構造の舟であったと判断する。

しかも板舟への代替が当地方では東から西に進んだことによって丸木舟ボウチョウは漸次衰退していったのである。

かつて田中阿歌麿は『湖沼学上より見たる諏訪湖の研究』のなかで、一八世紀初期の東京湾には、なお刳舟が多いことが記録に残るとし、二〇世紀初頭の段階で中海のほか、愛知県三河湾などでも刳舟を目撃しうると述べている。

三河湾については、ほかにも明治四五年（一九一二）ころ、豊川河岸船町地内で丸木舟が新造され、それをボウチョウと呼んだという報告があり、嘉永の末か安政年間の一八五〇年代に書かれたらしい祖父の手控え帳にあった木取図の写しも残されている（前頁図）。これを見ると、やはり船首の傾斜が大きく、船尾がたちおとしに近い構造で、丸みのある船首の傾斜をみれば、マルコなどと同様に、舳板は丸みのある接ぎ合わせをしていた可能性が高い。

時代を同じくするこれら二つの資料から渥美半島の付け根内側でもボウチョウが存在していた事実が判明するのである。すなわち、ボウチョウは、二〇世紀はじめ、なお渥美半島のそちこちで目にできる刳舟だった。

三浦半島のボウチョウ

ボウチョウという名は、マルタブネやマルコ、ソリコなどとは異なり、名が体を表わすたぐいの船名ではない。したがって神奈川県三浦半島では、磯見漁すなわちボウチョウであったという説明もある。

相模湾に面する三浦半島小坪や三崎などには、明治期ハシバコブネと呼ばれる丸木舟があり、磯見漁に使われていた。内海延吉の『海鳥の嘆き』によると、普通の舟は、舳材があり、船首がとがっているが、これは箸箱形で、底面が平らな箱形であること、抵抗を減らすため、船首尾の底面は斜面をなすこと、厚さ七・五―九センチメートルのスギの厚板を使い、左右両舷側は、中央から上部が内側に傾斜しているため、体を乗りだし、磯見をするのにふんばりがきいたという。スギの心材であるアカタで造ら

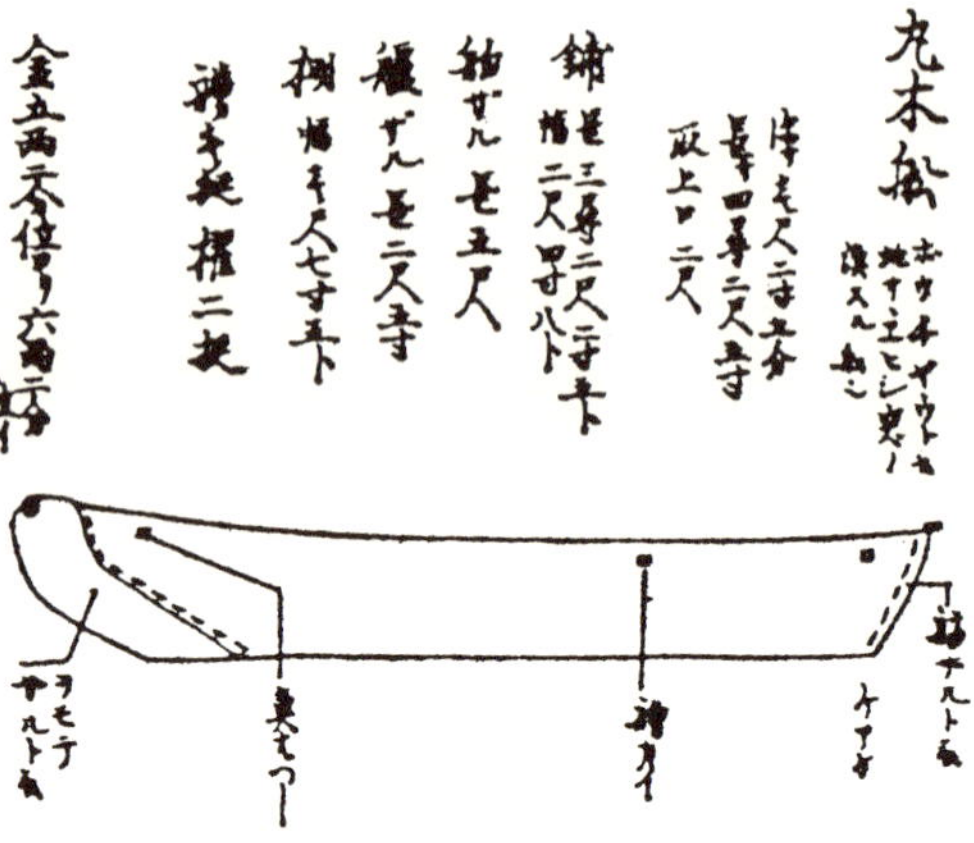

『今西氏家船縄墨私記坤』のボウチョウ

れ、二〇―二五年の耐用年数があった。

三浦半島の舟の技術については、文化一〇年（一八一三）浦賀同心組頭であった今西幸蔵が同半島の三崎で著した『今西氏家船縄墨私記坤』がある。これには、「丸木船　ボウチャウト云、鮑サ、エヒシ突ノ漁スル船也」とあり、磯見漁の丸木舟をさして、ボウチョウと呼ばれていたとする。

長さは、一尋を五尺として約六・八メートル、深さ三八センチメートル、取上口六一センチメートル、シキ長約五・二メートル、シキ幅七五センチメートル、タナ幅五三センチメートルとなり、船首の傾斜が大きく、舷側上部が内にむいた上すぼまりの船体であった。図を見ると、船首材は丸く大きく、舷側は一枚もので構成されているかに見える。この特徴は、先のハシバコブネと呼ばれた丸木舟の記述、ならびに三河湾のボウチョウの木取図とも共通するところがあり、のちに述べる諏訪湖のマルタブネと寸法的にはたいへん近い。

明治末から大正はじめにかけて三浦半島小坪で建造されていた磯漁用マルキブネは、一九七三年時の復元資料によると、シキ長一五尺（約四・五メートル）、シキ幅四尺（一・二メートル）とかなり幅広で、舷側は上下二枚板からなり、内側への湾曲も少ない。つまり、『今西氏家船縄墨私記坤』の丸木船（ボウチョウ）におけるほどの舷側の内への傾斜は板のしなりだけでまかなえるものではなく、もし舷側を上下に継いでいるとすれば、造船技術上、内への湾曲は、先の復元船におけるようにわずかなものになるはずである。

ゆえに、本来ボウチョウと呼ばれた丸木舟の舷側は、一枚構成であった可能性が高く、内への大きな傾斜を可能にするには、厚板にせよ、丸木材にせよ、かならず刳る技法が加えられていたと考える。

巻物として当地に残っていた「権現様丸木舟由来記」には、もとは丸木を刳りぬいたものであったことが語り伝えられており、古くは名にふさわしい構造の舟であったと推察するのである。

なお、同じ相模湾に面する静岡県伊豆半島東部の網代《あじろ》村（現在の熱海市）では、アワビ、サザエなどの磯漁に従事する丸木船役があり、古く初島周辺での漁業権を有していたことから、享保五年（一七二〇）、同島民による棒受網《ぼううけあみ》の新設をめぐって、その撤去を求める網代村との間に争いが生じている。結局、丸木船役の存在は往古のことゆえ、島民の網漁を認める裁定が下されたようだが、磯場と磯漁にたいする特権的所有意識をもつ漁師集団は、漁に使われる丸木舟という舟の種類をもって区別され、人間集団の認知区分ともなっていた。

浜名湖のマルタブネ

ボウチョウという名前ではないが、同じ基本構造をもつ舟は静岡県浜名湖にもあった。マルタブネといい、両舷全体を刳りぬき部材で構成し、船底と船首尾に板をあてた舟である。とくに船尾は二枚合わせの縦板であることが図に表現されている。

明治の『静岡県水産誌』によれば、

我県下ニ就テ之ヲ云ヘハ、漁船ノ其源ト称ス可キハ、浜名湖ニ使用セル丸太船ニシテ、四五年以来之ヲ使用スルモノ漸ク稀ナルモ、風暴等ニ際シ湖中ヲ航スルニ最モ適当ナリト云フ

とあり、一九世紀末の段階で、すでにマルタブネの利用は珍しく、その形状は県下の漁船の源ともいうべき古式のものながら、風波に強い舟として湖の航行には最適とする評価があった。

この評価は、同じ形式をもちながら、すでに述べた渥美半島のボウチョウが転覆しやすい舟という評価をえていたのといささか対照的である。つまり、形式は同一ながら目的や使用場所によって、あるいは細部の技法の練達度合いによっても技の評価は異なりえたのであって、ボウチョウという船型形式イコール遅れた技法とも、最適技法ともひとくくりにはできない内容を有している。

では、浜名湖の場合、最適とされながらもなぜ、マルタブネは衰退せざるをえなかったのだろうか。そこには相対的な値段の高さがあげられる。先の『静岡県水産誌』の浜名湖の項目には、小網に使用する「丸木船」、囲い網用の「ちつょろ船」(チョロブネ)、竹壺漁に使う「三枚船」という三種の漁船が掲げられ、各新造予算は、「三枚船」七円、「ちつょろ船」一一円、「丸木船」二五円内外となっている。また、

即チ丸木船ハ構造最モ簡単ニシテ、巨多ノ資金ヲ要スルモ、保存ノ永キコト三拾余年を越ユ可シト云フ

とあり、三〇年以上の耐久性を誇りながら、他船の二―三倍以上の値段のために、もはや一般漁民にとっては現実的ではない高値の品となっていた。

また、浜名湖と遠州灘にはさまれた新居では、近世前期、丸太舟が畑の肥やし用の藻草とりや耕作通

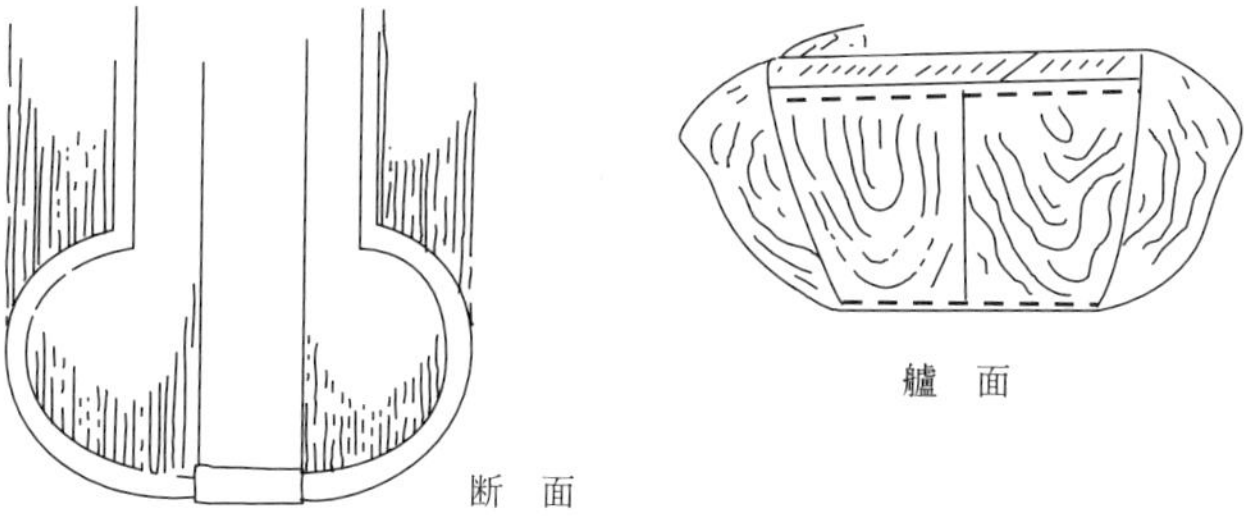

浜名湖のマルタブネ（静岡県漁業組合取締所 1894）

い、渡し、耕作合間の巻網での小魚とりなど農漁船として使われており、延宝五年（一六七七）の文書には丸太舟四六隻、さくは舟（サッパブネ）一〇隻、よいた舟（ヨイタブネ）一九隻の隻数があがっている。

すなわち当時丸太舟は主流をなす舟であり、その大きさは長さ四間（七・三メートル）、幅二尺五寸（七六センチメートル）ほどであった。

明治末に新居で二、三隻使われていたというマルタブネは、長さ三間半（六・三メートル）、幅三尺（九一センチメートル）あまりなので、近世前期には近代より細長い船形であったとみられるのである。すなわち同じ名前ながら、そこに船体の形状変化が生じていた可能性がうかがえる。

確かに浜名湖・新居の近代のマルタブネは、他地方の丸木舟と比べても長さにたいして幅がやや広いのが特徴的である。ところが、この舟も明治末には「全体に重たい、幅のあまりない船」と記憶されており、併存する他の板舟とくらべ、幅が狭いという印象をあたえていたようである。そして、当時は漁船というよりも河岸の往来や「タカバタの地蔵」参りなどに使われていたという。ヘサキは丸く、すこしとがり気味で、トモは箱型の戸立で、櫓で推進する。マルタブネをこぐときは、他の舟にくらべてちょこちょこと細かくこぐのがコツであり、丸木舟には丸木舟の技能が必要であった。

そこで、思いあたるのが、明和三年（一七六六）刊の『和漢船用集』

「丸木舟」の項である。これには、

ろくい高くして、片手に早緒をにきり、片手濃《こぎ》にする、是を丸木こきと云といへり

とあって、丸木舟には「丸木こぎ」なるものがあった。推察するに、浜名湖のマルタブネにみる櫓こぎ法は、ソリコや種子島のマルキブネなどと同様、この「丸木こぎ」と呼べるものではなかったろうか。つまり、支点となる櫓杭を高くして、水中への入射角をあげること、片手で軽く細かくこぐことによって、左右の揺動ロスをおさえることが望ましく、そこに「丸木こぎ」の技能上の特色があった。

諏訪湖のマルタブネ

諏訪湖の漁業

遠州灘にそそぐ天竜川の源に、長野県諏訪湖は位置する。ここにもマルタブネと呼ばれるボウチョウ型の丸木舟がある。

湖では古くから年間を通した漁業がさかんで、遅くとも中世末期には湖が結氷していない春から秋に、おもに舟を使っておこなう明海《あきうみ》漁と冬場の結氷期、舟を使わずになされる氷上漁の二元的漁業が課税の対象となるまでに発達していたという。そして、近世期には明海の漁業権が小和田・花岡・小坂の三浜にゆだねられ、三浜による入会漁業が幕末まで続けられていた。小和田は、高島藩の城下漁村として特権的漁業権があたえられたのにたいし、湖西の花岡・小坂は、湖畔に山が迫り、耕地に乏しい土地柄で、田地にかわるなりわいの場を湖水にもとめたことによっている。むろんその場合も漁にくわえて耕作をおこなう百姓漁師であり、湖の漁だけで暮らしがなりたつほどのものではなかった。そして氷上漁では、

花岡・小坂を一浜とし、小和田・有賀・岡谷の五村四浜による漁場割で漁が営まれていた。

水産資源に恵まれるとはいえ、わずか面積一三平方キロメートルあまりという小さな諏訪湖の水産資源は、ともすれば乱獲に陥りやすく、近世期より種々の漁業規制を実施し、資源維持がはかられてきた。今日、諏訪湖では移入種であるワカサギが漁獲の大半を占め、人工ふ化放流によって育てたワカサギを綿密な日時規制によって投網もしくは刺網でとる漁法が主たるものとなっている。

マルタブネの推移

筆者が修士論文の調査地を諏訪湖にきめ、せっせと通っていた一九八一年当時、湖周辺の在来船は、板舟・マルタブネを合わせ、四七〇隻を越しており、このうちマルタブネは五八隻あった。うち三四隻は花岡・小坂に集中しており、漁業集落の伝統をうかがわせたが、小林茂樹の一九五五年の調査ではその傾向は一層明確で、一六八隻のマルタブネのうち、一三〇隻がこの地に集中していた。

また明治二七年（一八九四）の『水産事項特別調査』では、長野県下の全漁船八一六隻中「刳舟形」丸木舟は三七八隻で、これは沖縄県に次いでその比率が高い。一部木崎湖や青木湖にみる単材刳舟がふくまれているとしても、この数字の大半は諏訪湖のマルタブネとみてよく、近代まで相当数の丸木舟が存在していた。

この諏訪湖の明海漁で使われてきたマルタブネは、浜名湖とほぼ同じ構造のものといってよい。

全長七メートル前後、深さ三六センチメートルあまり、シキ幅七九センチメートル、上幅五七センチメートルで、シキ幅が広く、上すぼまりの横断面をもち、基本船体は、船底板のシキ、両舷側のホテ、船首尾の板ソリノボリからなる。すなわち、舳材をもたない船形で、ソリノボリは船首尾とも三枚の板を縦に接ぎ合わせている。

両舷をなす刳りぬき部材のホテは丸太を縦に二つ割りにし、それぞれ内側を刳ってとりだす。このホテという名称は、出雲のソリコやモロタブネ、琵琶湖のマルコとも共通する。

また刳りぬき部材であるホテの上部にはワノセと呼ばれるタナ板がつくが、これは、巨材の入手が困難になった明治中期以降の変化であり、それまでは浜名湖のマルタブネ同様、刳りぬき材だけからなっていた。すなわち、諏訪湖では近代になって船体が分類（六頁図参照）のZからAZへと変化したのである。

シキは、三枚並べの六枚接ぎで、左右方向にヤエンと称するカーブ、前後にソリ、中央部でナカタレと称するたるみがつく。いずれも安定性や走行性を考慮した工夫であり、多少の風波にも小揺れしない点に特色がある。

今日のように一日の操業時間がわずか三、四時間程度に限られ、しかも船外機で移動する時代とは異なり、ハエナワなど長時間におよんだかつての湖上作業では、マルタブネはそれなりの合理性をもって工夫され、かつ選びとられた技術であった。

船材には、明治ころから自生もしくは植林のカラマツが使われており、それ以前は船底板のシキにはカツラ、舷側の刳りぬき材ホテにはクリというように在地の落葉樹が使われていた。カツラはホテには弱いため船底に用いたが、クリ、カツラとも船材としては、かならずしも丈夫なものではなかったという。

他方カラマツは、加工がむずかしいものの、耐久性にすぐれており、リュウセンや中ブネと呼ばれる板舟にはもっぱらカラマツが使われてきた。すなわちマルタブネにおけるカラマツへの船材変化は、一

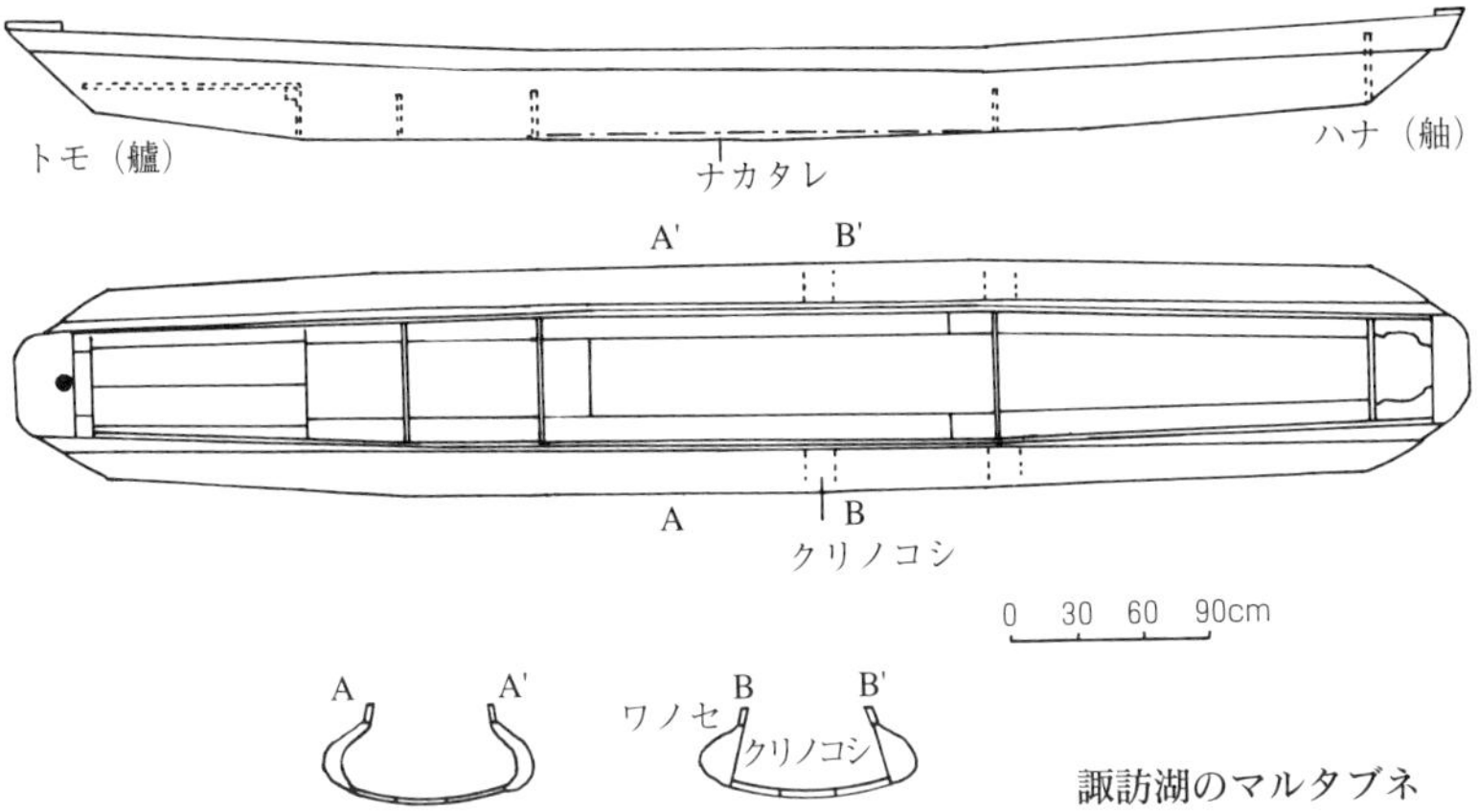

諏訪湖のマルタブネ

諏訪湖のマルタブネ
ワカサギ漁に用いられている．1993年秋．

概にクリ、カツラの巨木の減少による代替現象として片づけられる問題ではなく、むしろ製材技術の発達によってカラマツが使えるようになったともいえる。ことに舷側上部のワノセは、従来削り落としていた廃材部分の再利用であって、そこには製板技術の革新が歩どまりのよい細工加工を容易にした点を読みとることができる。

また、接合は、縫釘をはじめとする鉄釘接合だが、明治一〇年（一八七七）ころまではタケを削り、種油で煎った竹釘を鉄釘と合わせて併用していたという。他方、日本海沿岸のドブネ型にみられるような漆やチキリ・タタラ接合は使われてはいなかった。

近代は、マルタブネの船材や接合具、ワノセの付加といった技術変化をもたらしただけではなく、マルタブネ自体が同じカラマツ製の板舟であるリュウセンにとってかわる時代でもあった。したがって、その後は減少の一途をたどり、昭和三〇年代以降では、いよいよマルタブネが新造されることはなくなった。一九九三年現在その数は二九隻まで減少している。

本来、マルタブネは、刳りぬきの舷側ホテを残して、傷んだ船底や船首尾をとりかえることで、四〇―五〇年ほどの耐用年数がある。ただし、現存船についていえば、すでにその寿命すらすぎている。外部を強化プラスチックでくりかえしコーティングしなおして、かろうじて原形をとどめているといってよく、おかげで諏訪湖では、なおマルタブネが現役であり続けているのである。

マルタブネと櫓の導入

田中阿歌麿の『湖沼学上より見たる諏訪湖の研究』によれば、諏訪湖は、高島城の防御の必要上、漁船のほか、湖上船舶は長さ二間半、幅二尺以上の使用を禁止したとされ、そのため藩主所有の御用船一隻以外は絶えて運送船はなく、文政年間（一八一八―一八三〇）に浜中島撤去工事にともなう土木用に大舟が造られたものの、作業が終わればすぐとりこわしたと伝えている。そしてようやく運送船のたぐいが建造されるようになったのは明治維新以降のこととする。これだけ数多くのマルタブネ漁船が諏訪湖に残りえたのは、このような水運にたいする抑制政策が関与していたのかもしれない。

他方、漁撈の労働効率を高める船体の大型化や動力化などがかならずしも劇的に展開しなかったのは、漁場の狭小性による資源量の限界認識が、かたやきめ細かな漁業規制として実践されていく一方、舟にたいするやみくもな技術革新をも抑制してきたためと思われる。

諏訪湖のマルタブネに帆が使われていたとする報告や形跡も管見できない。またマルタブネに櫓が使われるようになるのも大正の終わりから昭和のはじめころといたって遅い。もっとも板舟の荷舟にはそれ以前から櫓が使われていたが、諏訪湖の推進具は、練り櫂系統のコジ櫂が主力で、これにオール式にこぐネジ櫂がくわわる方式だった。このほかパドル式の手櫂があり、これは漁場での小移動に今日でも用いられている。

このような櫂中心の推進に櫓が導入されたとき、諏訪湖では舟の前後を逆転させ、それまでの船首（ハナ）を船尾に、それまでの船尾（トモ）を船首にし、櫓こぎはハナで、漁はトモでという作業空間の分割によって技術適応をはかるやり方が浸透した。これは船尾の櫓杭に櫓をかけてこぐ推進と投網《とあみ》や針縄を流す作業が重なって、ともに作業しにくくなる不具合を克服するための策として一九四五年ころに生じた現象で、以来船体の部分名称としてハナ、トモという言い方は変化しないまま、本来有していた進行方向における前と後を示す意味はもたなくなった。そして、この逆転化は、その後の船外機導入においてもそのまま引き継がれていくことになった。

櫓櫂の時代にはソリノボリはホテに沿って接ぎ合わされており、マルタブネにせよ板舟のリュウセンにせよ、ソリノボリの長さはトモ側よりハナ側で長く、傾斜角度も大きく、そのことは船首となるハナにかかる水の抵抗を少なくする意味があった。実際櫓にせよ櫂にせよ、トモでこぎ、ハナを船首として進行するほうが舟足は速かったという。しかし、そのような船体上の特徴も、トモを船首とするようになって機能上の意味をもたなくなった。すなわち速力を確保することよりも、作業性のよさを確保することが当地では優先された結果であり、その形状特徴は、その後も長くホテの寸法割に残されていくこととなるのである。

三陸沿岸のカッコとマルタ

本州太平洋岸東部では、三陸沿岸南部の宮城県歌津町のカッコと大船渡のマルタがあげられる。

宮城県歌津町のカッコは、磯見漁に使われたスギ製の丸木舟で、長さ八・四メートル、最大幅一一〇センチメートル、深さ五一センチメートル、カナオレと呼ばれる刳りぬき部材を舷側下方にあて、船底に二―三枚のシキ板、カナオレの上部にはタナ板がついた構造のものである。底幅が広く、上すぼまりの構造で、船首尾はともに縦板でふさぐ。そして船首側は、その外側に波切りと船首の補強を目的とした舳材がつく。

ただし、これはあとからとりつける技法によっており、基本船体の主要構造材とはなっていない点で、渥美半島のボウチョウと同様の特徴をなしている。ともに外洋に開けた波の影響をうけやすいところで使用されており、縦板構造の弱点を多少なりとも緩和する働きがあったと思われる。したがって、この

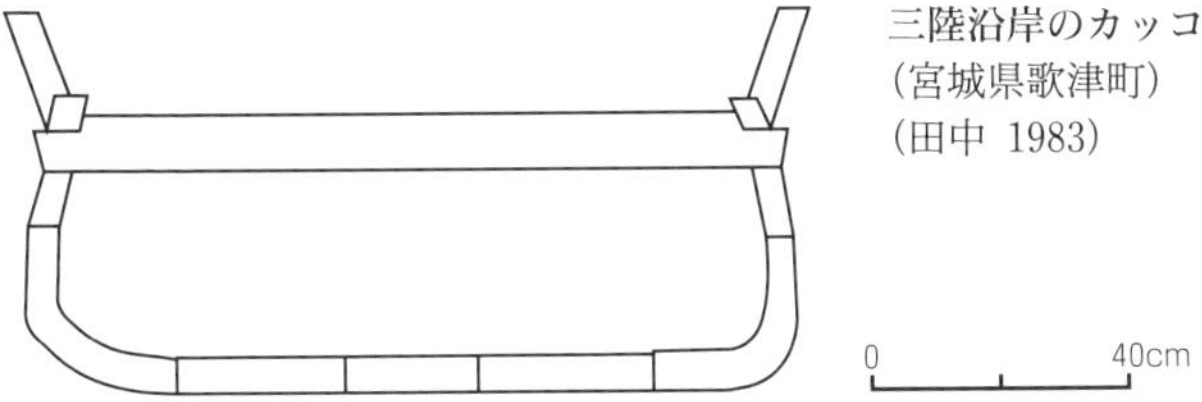

三陸沿岸のカッコ
（宮城県歌津町）
（田中 1983）

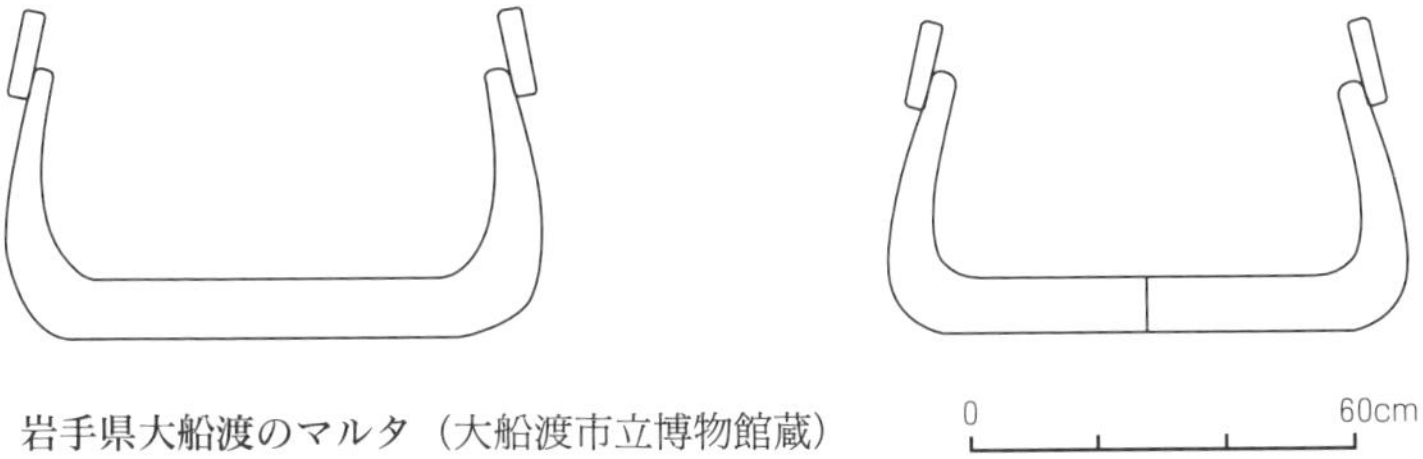

岩手県大船渡のマルタ（大船渡市立博物館蔵）

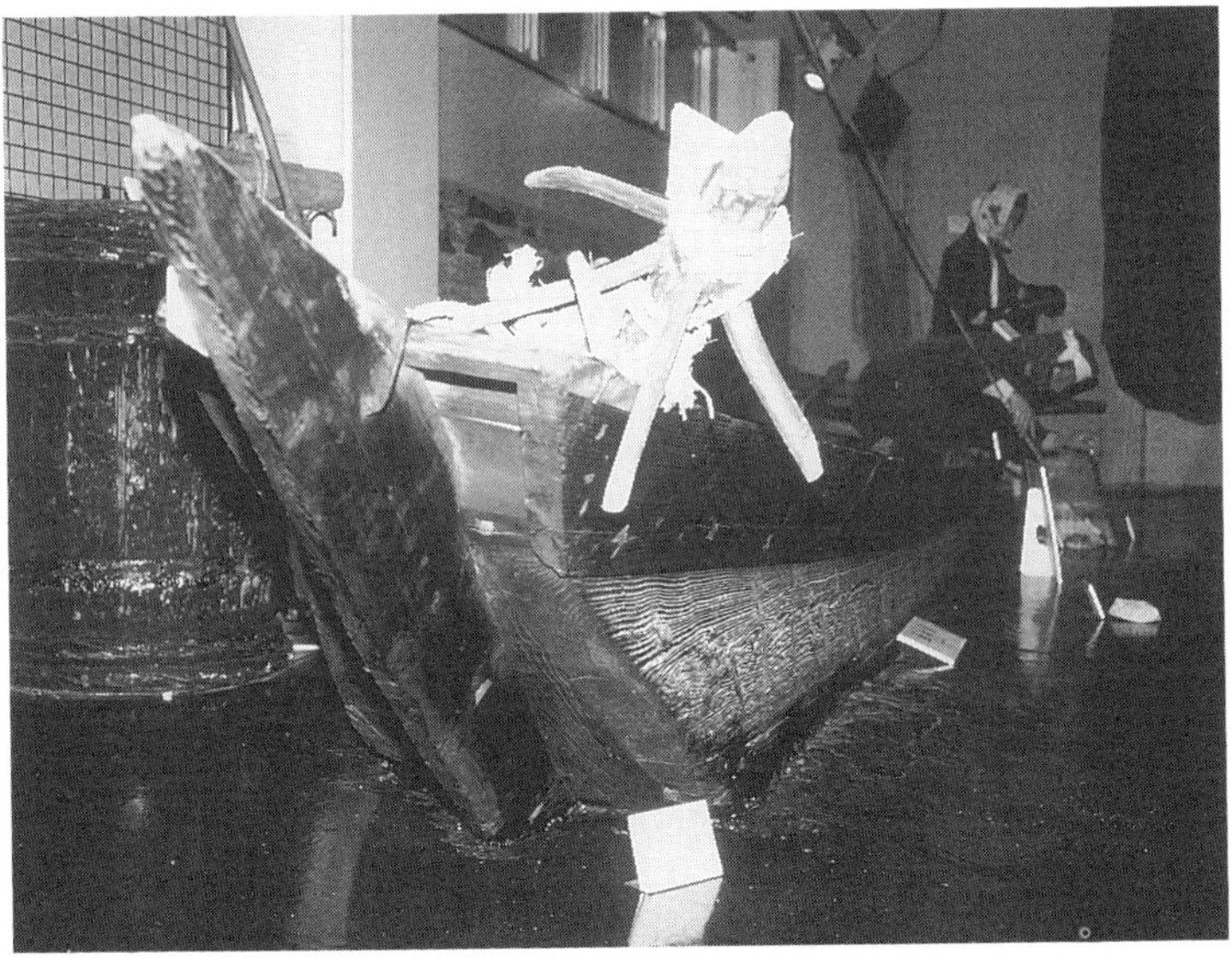

宮城県歌津町のカッコ（魚竜館） 1994年春.

舳材をとれば、構造は、諏訪湖のマルタブネなどともよく似ているのである。

刳りぬき材とシキとの接ぎ目には漆に小麦粉を混ぜたものを塗って接着剤とするが、日本海側のドブネ系統に顕著な木製カスガイであるチキリの使用はみられなかった。

そして推進には櫓櫂と帆を使い、櫓は腕にナラ材、櫓下にアズサ材を使用した。

なお、歌津町のカッコは、刳りぬき部材であるカナオレを基準とするところから他と区別してカナオレカッコとも呼ばれており、このような特徴をもつ舟は岩手県三陸町越喜来《おきらい》にも存在していた。

他方、三陸町の西隣、大船渡湾内で使われた舟にマルタブネがある。これは別名ホリキカッコとも呼ばれたものである。

単材の刳舟の舷側上部にコベリ状の板をたした構造（六頁の図のA）と船底で左右の刳りぬき部材を合わせて、舷側上部にタナを継ぎたした構造（六頁の図のAX）の双方が民俗文化財に指定され、現在大船渡市立博物館に保存されており、前者がヒバ、後者がスギ製である。一九五八年に民俗文化財指定へむけての現地調査がなされたおり、一〇隻が確認されたが、ほとんど廃船でしかも大部分は一木ではなく、二材継ぎであったという。一材のは、長さ六メートル、上幅七〇センチメートル、深さ四二センチメートル、二材合わせは、長さ五・七メートル、上幅六〇センチメートルとやや小型であるが、同様に上すぼまりの箱形で、アワビなどの貝やノリ、ワカメ採取に用いられたもので、櫓櫂で推進した。

当時稼働していたのは一隻だけで、所有者は「まだ使えるのに惜しい」というのを市から説得されて保存指定されたという。その後、湾にあった他の舟は、当地を襲ったチリ津波の影響で全滅したことから、結果として保存指定された二隻だけが助かることになる。

民俗学者柳田国男は、『豆の葉と太陽』におさめられた「海に沿いて行く」（一九二五年）のなかで、大船渡湾での光景にふれ、新旧交錯する様について、次のように述べている。

大船渡の湾内には浚渫用の発動船が来て働いているのに、その近くには不細工な丸木船がまだ幾つか残っていて、実際に用いられているらしかった。奥州地方の当世の姿には、全体にこういう調子がある。意外に文明が進んでいるというのも事実、また意外に開けないというのも事実である。

新旧二色の分子が、かならずしも互いに融和しないまま、隣を接して並び存している。柳田の目に映った「不細工な丸木船」とは、まさしくこのマルタブネにほかならなかった。

新たな文明の進展によってかならずしも一掃されてはいかない、新旧いりまじった風景をそこここにつくりあげたのは、「まだ使える」といって暮らしの舟であろうと欲した、あのマルタブネの所有者の態度にこそ原動力の一端があったのであり、それはまた津波というひとたびの災害をもってひとたまりもなく一掃されていく光景でもあったのである。

ボウチョウの意味すること

以上のように、両舷がふくらみ、左右の刳りぬき材（割木材）を主要部材とするボウチョウ型の丸木舟は、日本海の出雲地方から、琵琶湖、本州中部の太平洋岸や浜名湖、諏訪湖、さらに三陸沿岸とかなり広域の、海や内陸の湖にまで分布してきた。

これまで出雲の諸事例は、丹後や若狭、越後などのドブネ型に連なる日本海系の技術として一括される傾向にあった。したがって諏訪湖と出雲の丸木舟の類似性から技術伝播が推定される場合にあっても、日本海側から諏訪湖へ移入したという見解が示されてきたにとどまる。しかし、ボウチョウ型とドブネ型の技術的相違に着目し、なおかつ太平洋岸におけるボウチョウ型の分布に留意したさい、浮かびあがってくるのは、出雲から琵琶湖にぬけ、太平洋岸から浜名湖、天竜川を北上して諏訪湖につながるという曲折した道筋である。

すなわち、出雲が発端であるにせよ、否にせよ、諏訪湖のマルタブネの技術は日本海側からではなく、太平洋岸からのルートによって入ったものという推測がなりたつのである。

オモキ造りの名をもって「日本海形式」とひとくくりにするのは、誤りといわねばならない。

ボウチョウ型は基本的に丸太を半分に割り、寄せて合わせる簡単な造りの舟である。単材の刳舟からシキ発達のZ方向へのバリエーションや段階的展開もみられ、部材の大きさによって構造の変差を生みだしやすい丸木舟の特性を色濃く残してきた。しかも第I部で述べたように、ボウチョウ型は周辺アジアにも民俗事例や漢代の出土事例として類例がみられた。これらの意味においてボウチョウ型は、より古式で普遍的な祖型の舟であったといえる。

他方、シキ発達の刳舟分布域にはこのボウチョウ型とは異質なドブネ型が展開する。それは分類BZの基本構造をくずさず、細部におよんで様式化された技術群を構成する点で、ボウチョウ型とは区別されるものである。続く五章と六章ではそのドブネ型について詳述していく。

第五章　若狭湾以東のドブネ型丸木舟——トモブト・ドブネ、そしてカタブネ

若狭湾の刳舟——トモブト・コチブネ・マルキブネ

単材刳舟

若狭湾以東に展開したドブネ型の丸木舟についてこれから述べるにさいして、この地に存在した単材刳舟にもまずふれておく必要がある。

大浦半島の東に位置する京都府舞鶴市田井には、かつて二艘の単材刳舟があった。六〇〇年以上前に越前から移り、田辺領内の三大百姓の一つに数えられるほどであったと伝える田井の旧家・倉内家が所有してきたものである。

民俗学者・礒貝勇によれば、片方は一九五四年段階ですでに原形を失っていたといい、その断片の一つが現在、国立民族学博物館に収蔵されている。

もう一方の単材刳舟は、京都府立丹後郷土資料館に保存されており、昭和初期の撮影と推定されるその写真も残っている。

船体は現在、縦に二つに割れているが、木目の通りをみれば、もとは単材であったことは明らかで、

全体として姿をよくとどめたスギ製の刳舟である。長さ約六・七メートル、幅八四センチメートル、船底の厚みが約六センチメートルあり、平底で寸胴《ずんどう》、船首は尖り、船尾は箱形をなす。船底前方には帆柱を受けるホクソがあり、船尾中央には舵を設置する凹部、艫櫓用の櫓ベソをつける穴、船首には波よけ用のバンがのり、写真と現物双方から、後述するトモブトやコチブネなどドブネ型の姿と共通する特徴を有していたことがわかる。

「トモブトは単材刳舟の船体をまねたもの」という舞鶴地方で聞かれる伝承は、このような共通性に裏づけられたものであったろう。

ところで、この舟が高浜の博覧会に出品されたさいの写真をみると、その立札の説明には、所有者は舞鶴市田井の倉内氏、出品人は大飯郡高浜町の船大工・胡間利一氏であることが明記され、かつ「一年代　長禄三年頃　(約四七〇年前)」と記されている。

つまり年代は一四五九年の室町中期、高浜小学校で全国勧業博覧会が開催されたのが昭和五年（一九三〇)、その約四七〇年前とはちょうどこの年代に合致する。

明治末にはすでに使われていなかったようだが、この「独木船説明書」にもとづけば、中世にさかのぼる舟ということになり、現物として残る最古のものになる。少なくともそのようないわれをもって大切に保管されてきたものであった。

もっとも若狭湾で単材刳舟が使われてきたことはさして驚くに値しない。単材刳舟の残物は、のちに述べる敦賀湾西浦の浦底にも明治まで存在していたし、栗田湾の舟大工が語る大正期の記憶にも同様のものが残っていた。

祖父のあとを継ぎ、トモウチやトモブト製作に従事してきた舟大工・故荒砂喜一郎氏は、五年半の修

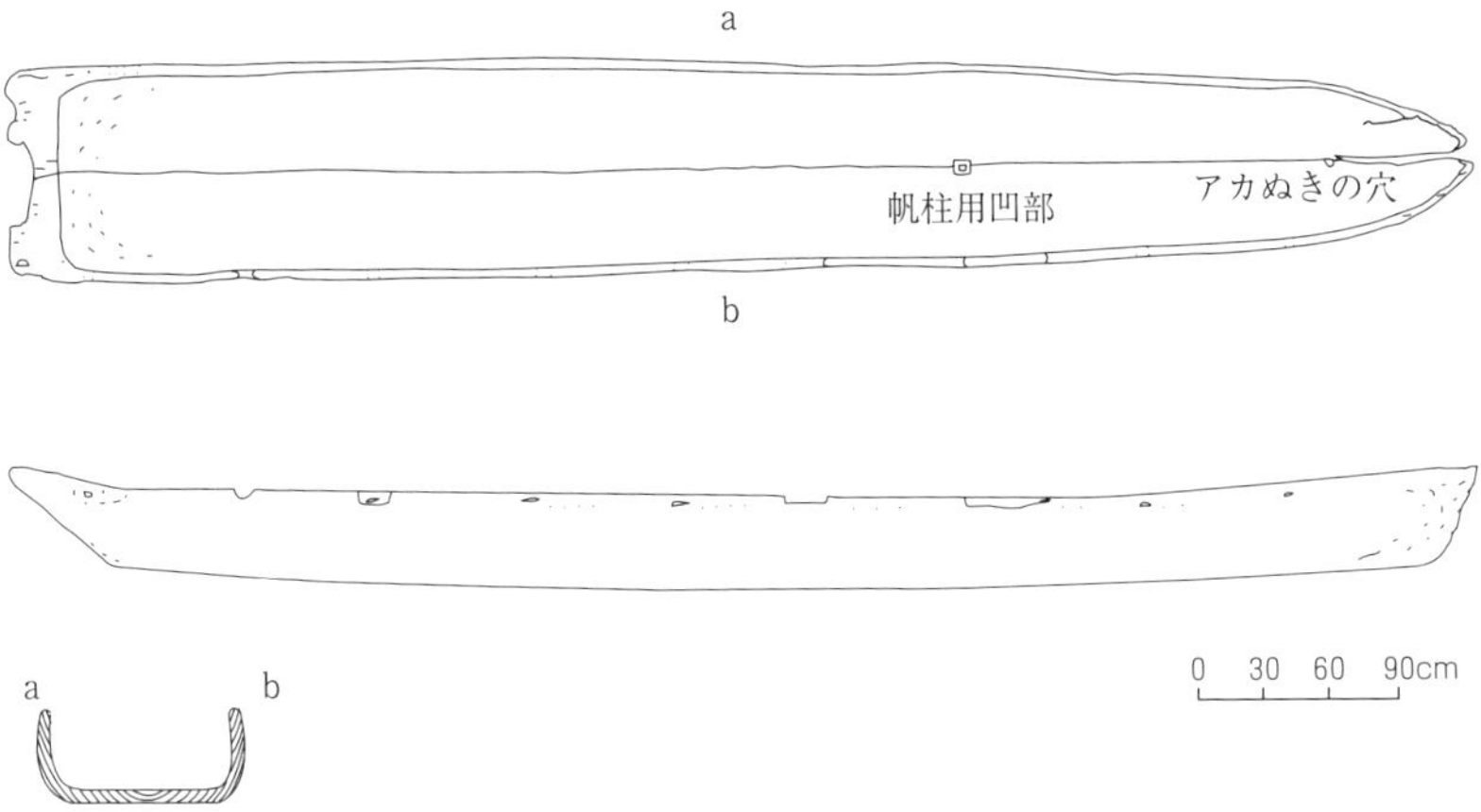

舞鶴市田井の単材刳舟（京都府立丹後郷土資料館蔵）

業ののち、一九歳で舟大工になる。ちょうどその舟大工なりたての時分、「骨董品のような、使いものにならない単材の丸木舟」があり、年寄りがだいじに保存していたという。

トモブト

船名と船形

若狭湾を代表する丸木舟・トモブトは、トモ（船尾）が太く、舳《みよし》の細い船体にその名の由来をもつ。丹後半島の袖志《そでし》から小浜湾以西にかけての範囲が近現代の分布域となっている。

もっともその呼称は、伊根一帯のトノブト、舞鶴一帯のトモウチ、高浜から小浜にかけてのマルキブネ（以下マルキ）と地域ごとに違えており、船形も慣れればすぐに見分けがつくほどの微妙な違いがある。この節の記述も地域呼称によって書き分けているが、すべてトモブト型のことである。

たとえば、東のマルキは全般に丸みがあり、前後のそりも少ないのにたいし、西のトノブトほどそりが強く、舞鶴のトモウチはちょうどその中間といった具合である。むろん在地の人びとにとっては、そんなおおまかな違いは違いの範疇ではなく、むしろ浦ごとや目的によるさらに細かな相違、舟大工によるくせなども船体に見いだして云々していたのであろう。

このトモブトについては、和船の百科全書ともいえる明和三年（一七六六）の金沢兼光の『和漢船用集』に、

トモフト　丹後の国よさの海にあり、或ハトモウチと云又カナチとよふ。かなちとハかなかしらのことをいへり。其船おもてのかたち、かなかしらの魚に似たるを以て云成へし、又舟のとも平たく大也。是によりて舳《とも》太と呼小舟也

とあるように、当時すでに本地方の代表的な在来船となっていた。しかもトモブトの別称として記され

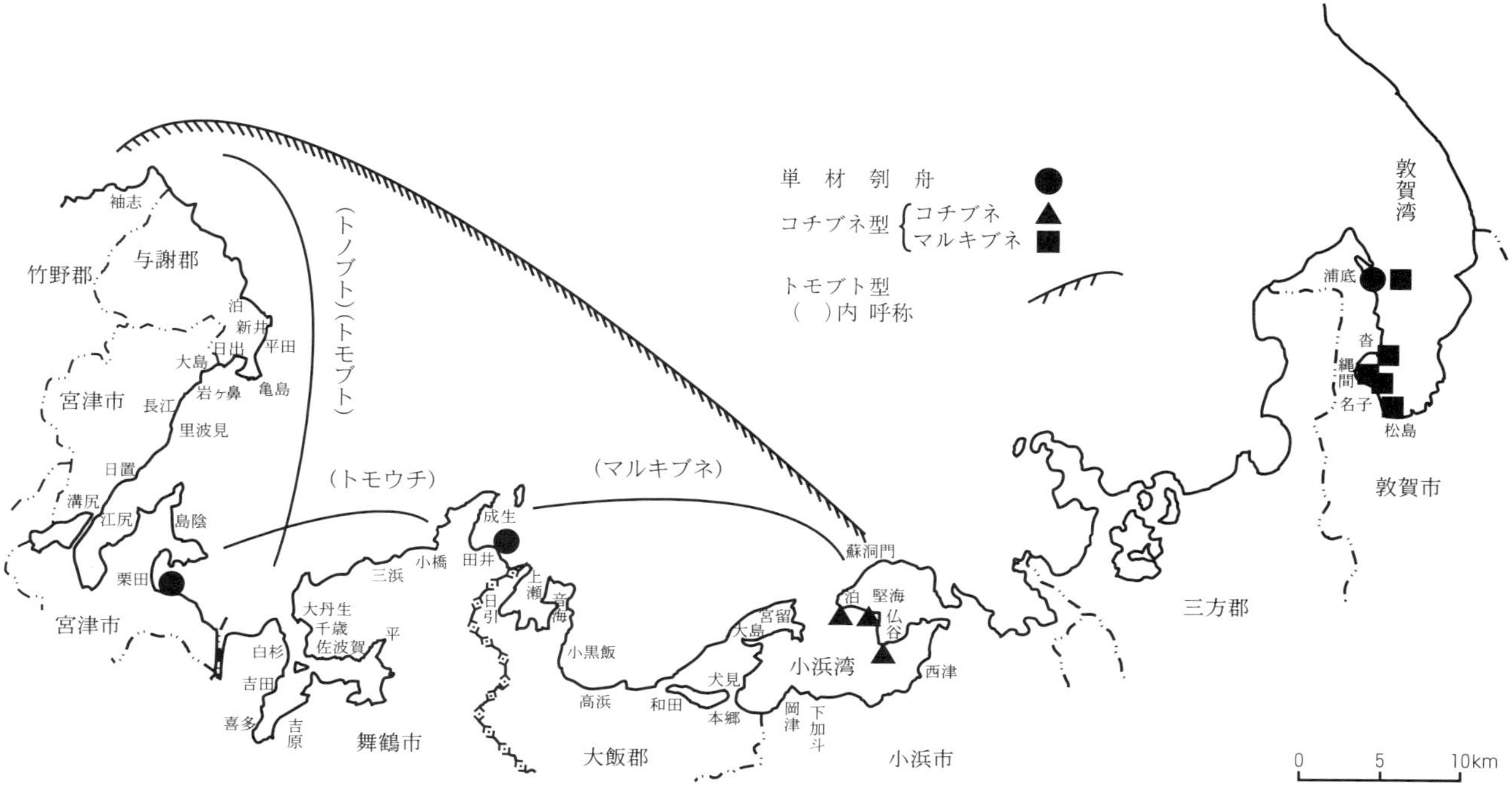
単材刳舟
コチブネ型
コチブネ
マルキブネ
トモブト型
( )内呼称
(トノブト)
(トモブト)
(トモウチ)
(マルキブネ)
竹野郡
与謝郡
宮津市
袖志
泊
新井
平田
日出
大島
岩ヶ鼻
亀島
長江
里波見
日置
溝尻
江尻
島陰
栗田
宮津市
白杉
吉田
喜多
吉原
大丹生
千歳
佐波賀
平
舞鶴市
三浜
小橋
田井
成生
日引
上瀬
音海
小黒飯
高浜
和田
本郷
犬見
大島
宮留
大飯郡
岡津
下加斗
小浜湾
泊
堅海
仏谷
蘇洞門
西津
小浜市
三方郡
敦賀湾
浦底
沓
縄間
名子
松島
敦賀市
0
5
10km

若狭湾の刳舟分布

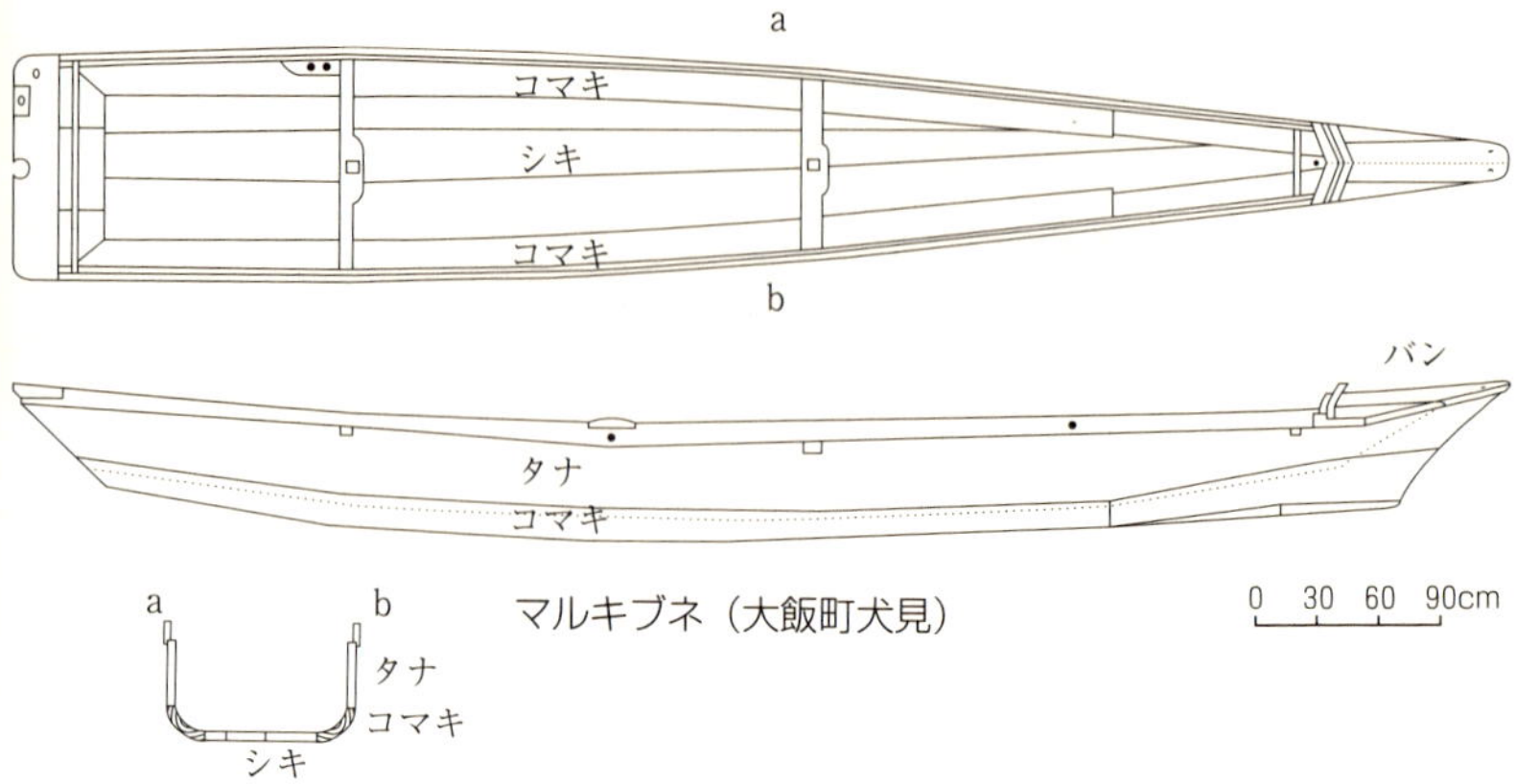

マルキブネ（大飯町犬見）

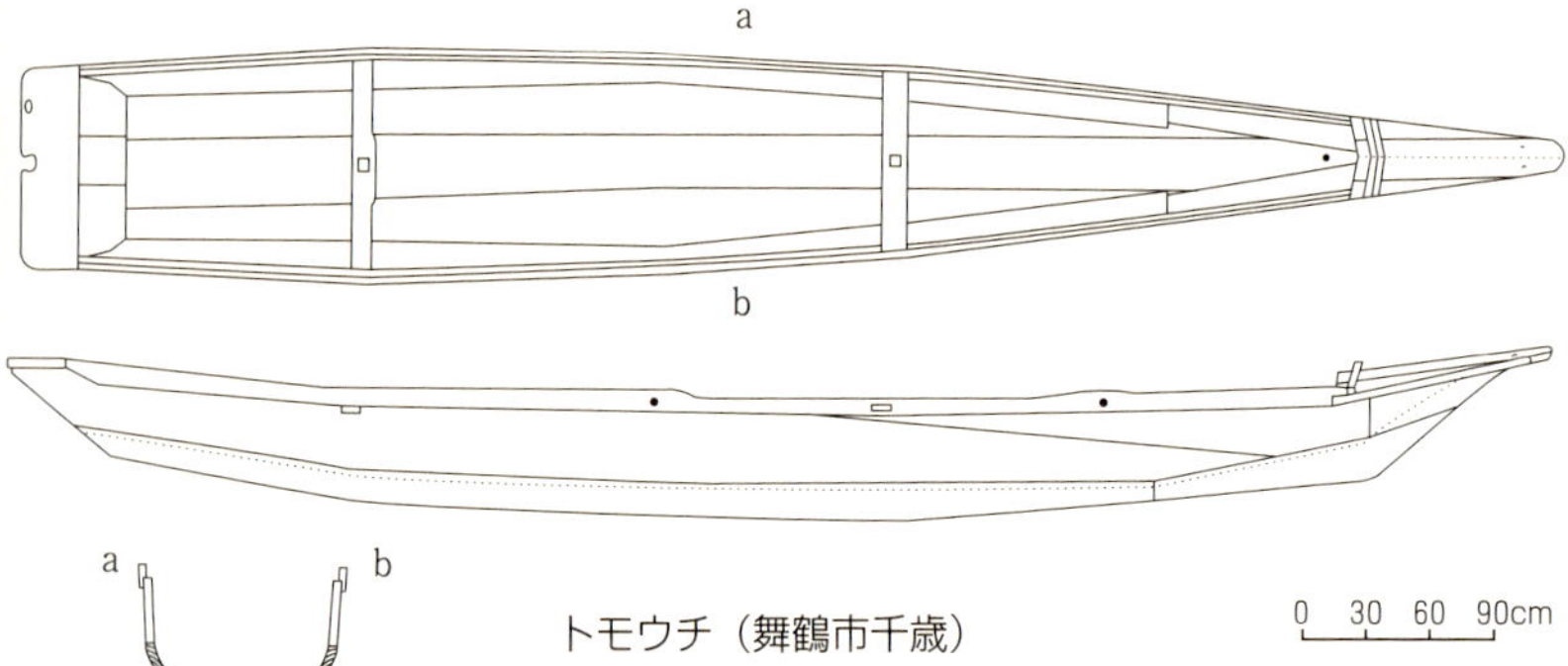

トモウチ（舞鶴市千歳）

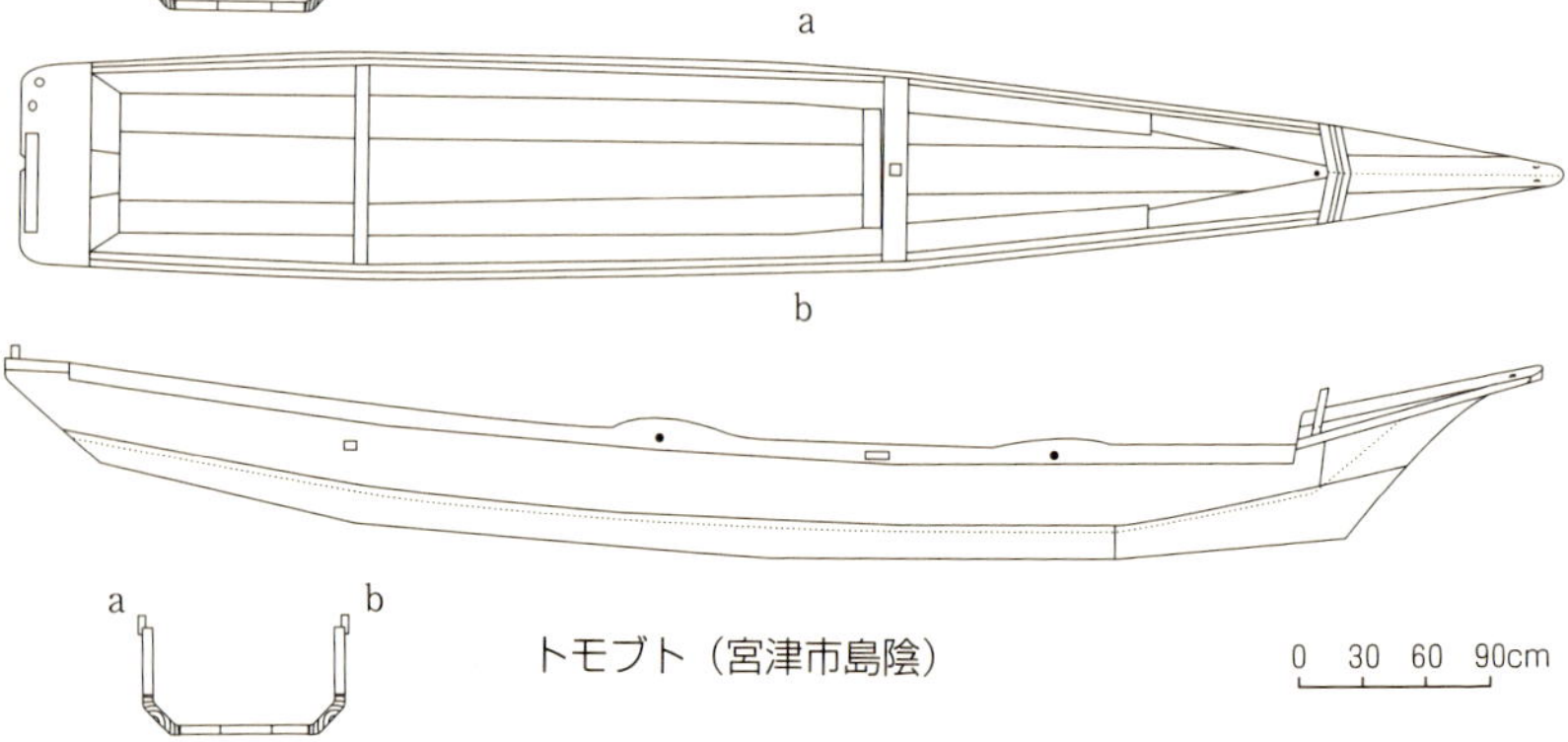

トモブト（宮津市島陰）

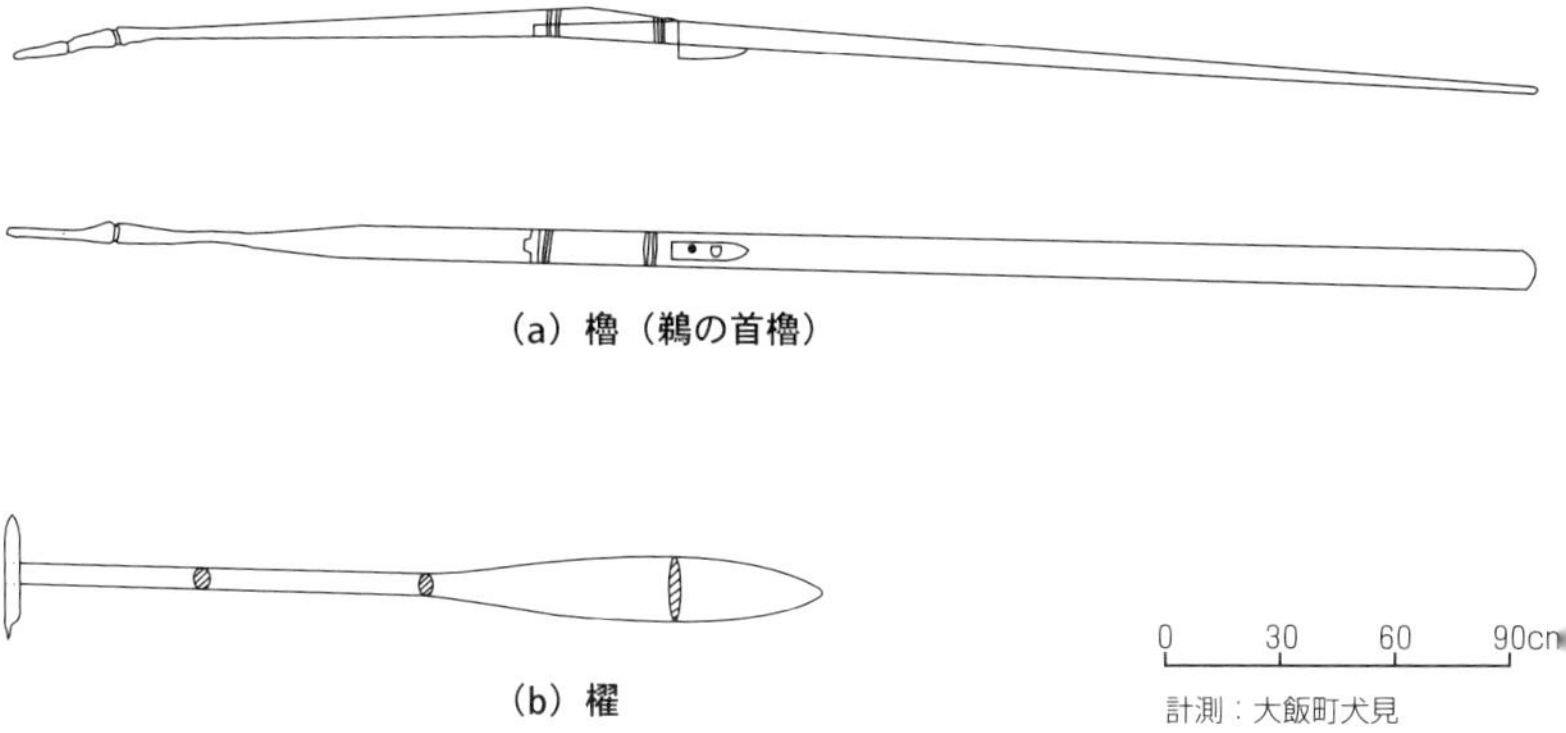

（a）櫓（鵜の首櫓）
（b）櫂

トモブトの櫓と櫂

たトモウチの名も現代に通用しているのである。

トモブトはさらにさかのぼること貞享三年（一六八六）の三浜の舟譲渡に関する文書にも「ともふと船」として登場し、遅くとも江戸前期には定着していたとみてよい。

現存するトモブトは、スギ製で、全長七・四メートル前後、中央幅九〇センチメートル、深さ五二センチメートル、板厚は約四センチメートルほどで、平底のシキと舷側下方の刳りぬき材コマキ、そのコマキの上にタナ板がのり、内部には二―三本の梁が入る。

当地方では刳りぬき材の呼称はオモキではなく、コマキが定着しており、小巻という字をあてたりする。コマキには、根曲がりの丸太を選び、木の性質を合わせるため、必ず一本の丸太から左右両方のコマキをとりだした。

そして、しぼりこんだ船首部は、上下の厚板を削りだし、左右を先端で合わせていく。その上に山形の覆い板であるバンをつけて波よけとする。

舟大工のことばによれば、「どこをとっても無理がない、造り木」と表現されるトモブトの特徴は、積み木のように組みあげ、刳って刳って造形する、寄せ木細工のようなまったく無理のない構造にあった。

荒砂氏によれば現存船の接合は、いずれも舟釘とチキリによっており、すでに第二次世界大戦前からそうであったという。ほぞ穴をあけ、矩形の木栓をうめこむタタラ技法（五〇頁の図）がかつてはみられたようだが、明治生まれの故舟大工にとってそれは改良すべき面倒な作業としか記憶されてはいなかった。ただし、小黒飯にはチキリとタタラ合わせのマルキが残っており、長く継承されたところもあった。シキ板どうしの接着剤には漆、コマキとシキの間などにはヒノキの内皮の繊維からなるマキハダ（ヒワダ）を充塡材としてつめ、アカ（海水）が入らないようにする。

推進具は、おおむね櫓と櫂であり、トモブトの櫓はとくに鵜の首櫓と呼ばれる独特の腕のものが使われてきた。この腕は、握り手となる垂直のツクをもたず、鵜の首状に削りだしたもので、そこに早緒をかけ、櫓の先を片手で握り、さらに片手は、早緒を握ってこぐ方法である。

なぜこのような櫓を使うのか、聞いてみるのだが、「昔からトモブトはそうだ」という以外、明快な答えは返ってこない。


農漁船　トモブトには、伊根の場合のように若狭湾の沖まで出漁するものもあったが、内湾の沿岸漁が主であり、また肥えや稲などを運ぶ農用船の役目も大きかった。

土地の少ない在所では、岬をまわるか、海を渡った対岸に「渡り田」をもち、その耕作通いに舟は欠かせなかったわけで、沿岸の村々では、一家に一艘は必需品というほど普及しており、男女を問わず、櫓をおして田地通いをする日常があった。

また肥えは、近隣のムラから舞鶴市街や小浜市街の町家まで舟でとりにいく。二〇日に一度程度の割

栗田湾・トモブトでのジャコ地引網漁
稲刈りの終わる秋口からさかんになり，風のない晴れた日に漁をする．写真は1艘だてによる漁の光景．1988年秋．

合で町まで出かけては、野菜や米との交換か、お金で買いとり、持ち帰った肥えは、耕作地横の肥やしの壺にためおいた。舞鶴市白杉では、この肥えとりに出かけなくなってトモウチを使うこともなくなったという。

トモブトは、トモウチやマルキといった呼称とは別に、コンコロとかテンコロという名も定着しており、双方合わせてコンコロトモウチなどと呼んだりする。櫓をおすと、「グリングリン」とローリングし、その反動で進む操作上の特質から漁師や百姓たちが命名した呼称であろう。返しの強さは、地引網漁や桁引き漁にはむしろよいとされ、天の橋立近くの宮津市溝尻と漁師町ではローリングしやすい特徴を生かして現在もなお、好んでトノブトが貝の桁引き漁に使われている。

トモブトは新造されなくなって久しいが、不要になった近隣のムラから中古船を集めてきて、アサリやトリガイとりに重宝されているのである。

これらは基本的に個人もちの舟だが、伊根町泊にはムラもちの地引網用トノブトがあった。大型のもので、二艘対になって網をまきジャコを引いた。それぞれに二―三人が乗りこみ、網が沈みこまないよう、六艘ほど小舟を出し、網を支えにまわる。ムラ総出でオカから網を引き、とれたジャコはアジカ(竹籠)を各人に割り当てて、家で釜ゆでにし、乾燥させた。

宮津湾ではすたれてしまったが、岬を隔てた栗田《くんだ》の浜(宮津市)では続いており、今日トモウチでの地引網漁が見られる唯一の場所といってよい。風のない晴れた日、魚群の到来を見定めて舟を出す。チリメンジャコは雨が降ったようにプチプチわく。アジは泡がわく。コノシロならば海面赤く、パチパチはねるというように、水面のわき具合を見て、魚の種類や群れの大きさを識別する。ジャコは稲刈りが終わる秋口からさかんになり、だいたい一二月はじめまで続けられる。近年はめっきりこなくなったが、昔は三月ころになるとイカナゴもやってきたという。

一艘だては通常四人で操業する。群れが大きいと二艘出し、大型の網で引くこともある。栗田の浜では、三人が二艘だての権利をもち、アジヤという一カ月交替の当番制で、出漁の判断から出荷にいたるすべての責任が任される。この二艘だてが出漁すると、他の舟は出漁できないきまりだが、その漁業権は朝の一網と夕方の一網だけに行使され、あとはムラのだれが出漁してもかまわなかった。

他方、東の小浜から高浜では、サザエ、アワビなどの磯見、トリガイ引き、鯖、甘鯛などの延縄、タコ壺漁、ワカメとり、磯引きや大網と呼ばれる地引網などのほか、むろん農用にも用いられた。同じマルキでも採貝や採藻に使われる高浜マルキは磯見のさい、練り櫂の操作がしやすいよう、オモテとトモ双方がそりあがるのにたいして、地引網のさかんな小黒飯のマルキは、トモ側だけにそりがあるという

冬の宮津の行事テンコロ競争
毎年2月に天の橋立で催されるトモブトによる舟こぎ競争．80年代終わりころから強化プラスチック製の双胴式トモブトが使われるようになった．1990年冬．

ように、用途に応じた形状の地域差も生まれていたのである。

このほか、西の丹後半島の袖志では、テングサとりの海女の出稼ぎ舟として使われていたし、沖への出漁がみられる伊根では、深さが五七センチメートルほどの深さのあるトノブトが好まれていた。

基本の技術は同じながら、目的に応じた差異がそりや刳りの多少、幅や高さに表われる。発注者が注文を出し、舟大工は無理の生じない範囲でそれに応じる。その相互交渉のくりかえしのなかで、一個人の好みにとどまらない共有された形が生みだされ、舟大工と施主どうしの縄張りとなじみの関係が技を洗練させ、舟を見れば、「どこの舟か、だれの造った舟かがわかる」ほどに、均質な差異を固定化させていくことにもなったのである。

刳る技法が多く使われるトモブトは、昭和二八年（一九五三）一艘四万円であり、板舟のカンコの二万八〇〇〇円とくらべてもかなり高価な舟であった。

毎年二月の最終日曜日、天の橋立では恒例のテンコロ競争が開催される。トモブトを型どった強化プラスチック製の双胴船だが、町おこしの行事として定着している。

小浜湾のコチブネ

造船技術　船首が細く、そりのあるトモブトは、若狭湾でもっとも普及した小型木船でありながら、小浜湾より東には出ていない。もっとも、近代以前もそうであったとはいいきれない。延享四年（一七四七）の史料によれば、一七一三年までは三方郡丹生《にゅう》浦に、沖漁用のテント九艘と区別して小漁用の丸木舟一九艘が登場する。構造はわからないが、小漁とあるので、この丸木舟もトモブト級の小舟であったろう。

他方、若狭湾にはトモブト以外にも類似の特徴をもった舟があった。福井県小浜市仏谷で使われてきたコチブネがその一つである。頭の大きいカジカ目の魚コチに似ているところからその名がついたという。その名の通り、船首平面が三角形で、エラのはった、つまり船首側の幅が船尾幅より広い船体をなしている。

筆者が計測することができた仏谷のコチブネは、堅海《かつみ》から譲渡されたもので、もとは九メートル近い長さがあったが、カキ運搬には大きすぎるため、船尾側を約一メートル切断している。スギ製で、幅約一メートル、深さ五二センチメートルある。刳りぬき材コマキは柾目で木取りされている。タナ板は一枚、シキ板は二枚板だが、古くはシキ板一枚のもあったといい、今日残るコチブネは、シキ板の厚みが六・五センチメートル、タナ板で四・五センチメートルある。寸胴で船尾は箱形、船首は三角に尖り、

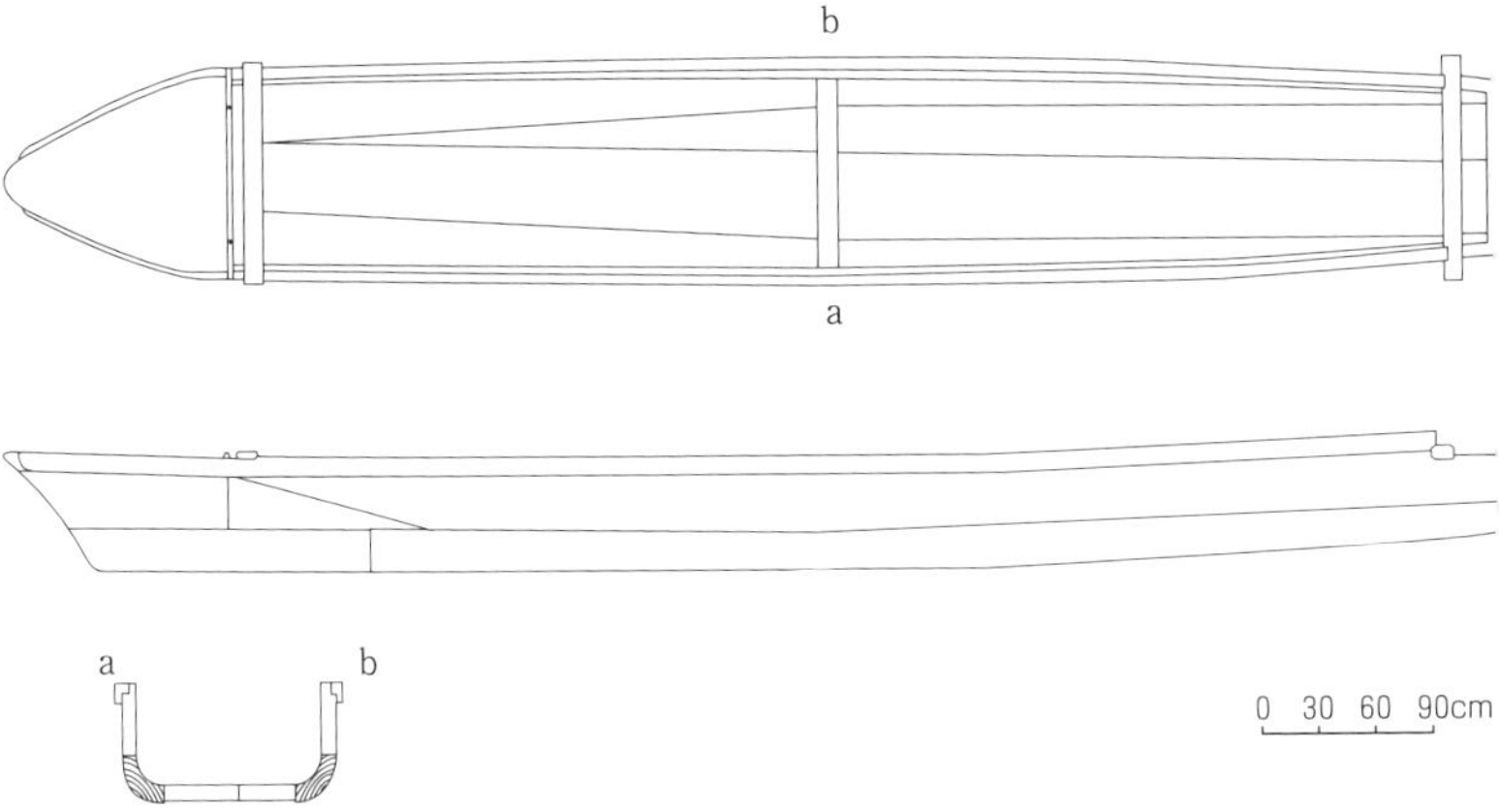

小浜市仏谷のコチブネ

1986年，4隻あったコチブネのうち3隻が現役だったが，94年には2隻に減少した．港の護岸工事が完成し，堤が高くなったので，カキのあげおろしができず，その後コチブネは使われていない．写真は1986年冬．

厚板を刳りだして積みあげた上に波よけのバンがのる。

もとあったコチブネは、船尾が大きくそりあがり、だいたい長さ九―一一メートルほどであった。特筆すべきは、タタラ技法を使い、鉄釘をいっさい使っていないことである。トモブトでは、すでに手間のかからない舟釘仕様におおむねかわっていたのにたいし、コチブネの表面は釘の埋め木跡も錆も浮かんでおらず、チキリ・タタラ・漆接合の見本をそこに見てとることができる。舟は、大島本郷、西津、小浜で造られたもので、大正・昭和のはじめに造られたものが、最後に残っていた数艘のコチブネであった。

用途　コチブネとトモブトは、基本構造が同じとはいえ、両者は混同されることはなく、むろん使用地では明確に区別されている。コチブネは、オオブネとも呼ばれ、最後に残っていた仏谷ではおもにカキ養殖の運搬船として使われてきた。もっとも仏谷におけるコチブネの導入は戦後のことで、それ以前は岬を一つめぐった堅海や泊が本場であった。

ことに蘇洞門《そとも》の花崗岩（みかげ石）の採掘権をもっていた内外海《うちとみ》半島最奥の泊は、家の土台となる検地石や石塀用の石材を切りだして、コチブネで小浜に運んでおり、そのためむしろイシブネ、オオブネの名が定着していた。

蘇洞門の石材は慶長年間（一五九六―一六一五）、小浜城築城のさいにも切りだされたといい、コチブネの利用はかなり古くにさかのぼったことが語り継がれている。

波の荒い蘇洞門での重量物の運搬ゆえ、通常の板舟では傷みやすく、その点コチブネは、波風に強く、他の舟ではとうてい帰れないような波の日も安全という評価があった。石材だけでなく、蘇洞門の外へコロビ（桐の実）をとりにいくにも使われて、小浜まで運ばれた。

一九六〇年代、泊のコチブネは石材の需要がなくなるとともに近隣へ手放された。

コチブネを所有する家はたいてい、小型船のトモブト型（マルキ）と両方を所有しており、マルキは田畑通いや稲藁運搬、沿岸での手繰り網漁などの「小遣い」用、コチブネは荷物運搬用と使い分ける。つまり、コチブネは魚とりの舟ではなかった。

海辺に面しているとはいえ、このあたりは魚とりに熱心な土地柄ではなく、せいぜい自分たちが食べる程度のことである。魚は結構いたようで、泊地先では西津からやってきた漁師たちが釘合わせの板舟で地引網を引いており、昼になるとイモの葉に魚を分けてもらいにいったことが記憶されている。

なお、コチブネは堅海では、薪や割木、稲運搬に利用しており、泊より大型のものがあった。

このほか仏谷では、毎月二四日の愛宕さん参りや祇園さんの祭の見物、買いだしなど、村人がかたまって小浜へ出かけるさいにコチブネが活躍した。

帆も利用したが、櫓櫂が中心である。櫓はやはりトモブト型と同様、ツクをもたない鵜の首櫓が使われた。櫓二挺、櫂四挺、四人でこげば、仏谷から小浜まで三〇分で着いた。海からの道はなかなかに便利であった。

船名の由来　コチブネのことを調べていて再び気になりはじめたことがある。
それは、先にあげた『和漢船用集』では、トモブトがカジカ目の魚であるカナガシラに似ていることから、その地方名でカナチと呼ばれたとしている点である。コチもまたカジカ目の同様の姿をした魚であることから、船名はともに舟の姿を魚の姿にみたてた同様の命名法によっている。

ただし、このコチブネの名が聞けるのは、小浜の仏谷や泊、堅海あたりにとどまり、あまり広く用いられていた名称ではない。また、今日カナチの船名は聞かれない。

ところで、コチやカナガシラは頭の大きい尻すぼみの魚である。したがって船首にかけて細くなるトモブトを念頭におくと、『和漢船用集』にみるトモブトをカナチと呼んだとする記述は、やや不自然に思われる。

カナチは、むしろ仏谷のコチブネや後述する敦賀のマルキブネにみられるような寸胴で頭の大きい形態のものではなかったろうか。

というのも舞鶴（田辺）藩によって課された一〇人乗りから二人乗りまでの船税を示した、舞鶴市安久兵左衛門文書にみる文化一一年（一八一四）の御用触付帳には、「右之外　てんと　胴船　金頭　艫太　年々壱度ツヽ御用可相勤候事」とあり、船税関連文書のなかで両者は明確に区別されている。しかも記載順からみて、金頭は艫太より大型のものであったと推察する。

すなわち『和漢船用集』にみるトモブトの項目には、ほぼ同一の構造をもってはいるが、細部を比較すれば異なる複数の種類の舟がふくまれていたとみられるのである。

舞鶴市千歳では、一六世紀末の田辺築城のさいに舞鶴湾博奕《ばくち》岬の花崗岩を切りだした石切り衆が用いた舟が刳舟であったと伝えている。しかもそれは明治のころまでは、海難救助など緊急時に出動する舟として用いられ、安全でしかも速いという特長があったとされる。今日残る舟からの推測が許されるならば、それはやはりコチブネに類するものであったと想像する。

敦賀湾のマルキブネ

敦賀湾の西浦側には、先のコチブネと形状が類似する胴の太いマルキブネと呼ばれる地引網舟があった。磯浜で小規模な漁を営む敦賀湾の東浦にたいし、西浦側は、地引網に適した砂浜が続き、縄間《のうま》、沓、名子など各浦で二艘ずつ所有していた。最後に残ったのは、戸数二四戸、半農半漁の縄間で本家組の人々が区有していた舟である。もとは二艘あったが、一艘はすでに一九四四年ころなくなっていた。

縄間のマルキブネ

舟の製作地は、「若狭のほう」という以外に確実なことはわからない。ただし、製作年代については、船首波よけのバンの内側にうちつけられた鑑札に「明治二八年二月相渡第六九九号」の墨書があり、一八九五年に造られたものであることがわかる。それは、浦の長老で明治四二年(一九〇九)生まれの磯辺甚三氏が語る「安政年間(一八五四―一八六〇)に生まれた爺さんの代に造った舟」という記憶とも合致する。一〇〇年以上たっているが、舟小屋での保存状態がよかったのであろう、浦人の大切ぶりが表われた傷みの少ない舟であった。

大きさは長さ一二メートル、幅一・四メートル、深さ六〇センチメートルほどで、船底のシキ板は厚さ六センチメートル、舷側のタナ板が五・五センチメートルとコチブネとほぼ同程度の厚みをもつ。船材はスギである。

刳りぬき材コマキは、丸太を半分にし、芯のある内側を刳って、船体の内側とし、左右板目に木取られている。根曲がりの根元を船尾にあてており、船尾がそりあがる。チキリと縫釘などの舟釘、漆による接合で、梁は四本、胴部は全体として寸胴だが、船尾側がやや細く、やはりコチブネと同様の特徴をもっている。動力を設置するための改造もなく、櫓櫂時代の姿をよくとどめたもので、櫓はコチブネや

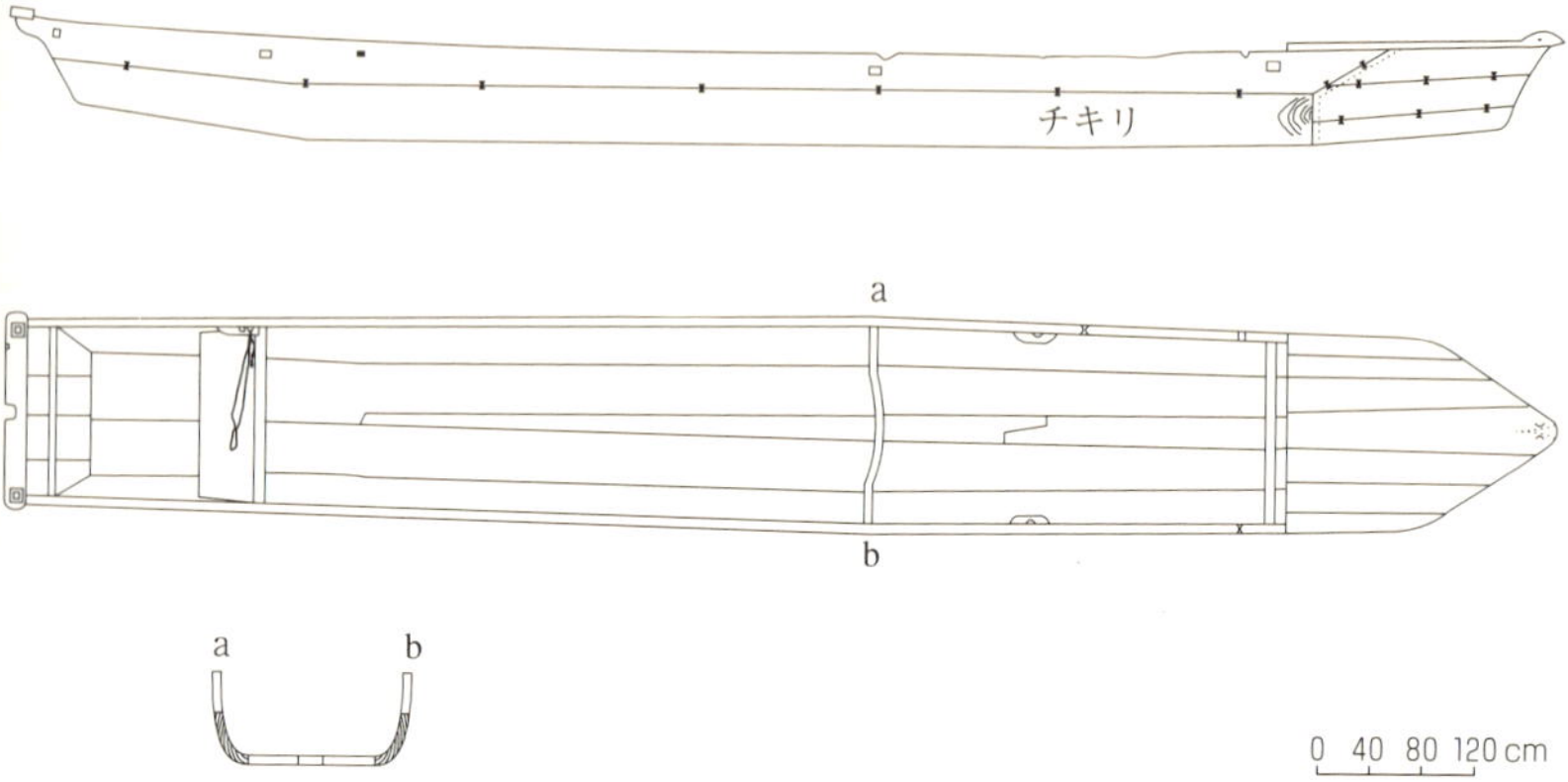

敦賀市縄間のマルキブネ
現在，国立民族学博物館に収蔵されている．1986年春．

トモブトと同様、ツクのない鵜の首櫓が使われてきた。櫂はT字の柄をもつオール式の櫂で、舷側に縄でゆわえてこいだ。

浜近くへの魚群の到来は、まず、裏の魚見山の松の木に登った見張り役が知らせる。すると、櫂四挺と艫櫓一挺、脇櫓二挺、指示役をくわえ、総勢八人が急ぎ、網を積んだマルキブネで出動する。一気に網を巻いて魚群を囲み、浜からは家族たちが一斉に網を引く。鮪、鰯、ボラからチリメンジャコまで網目をかえ、大小いろいろな魚群をとった。戦後は、七〇〇〇尾のボラがかかり、家族総出で網を引いた記憶が残されているものの、定置網に一時的に利用された程度で、ほとんど使われることなく舟小屋に眠っていた。地引網マルキブネの活躍は、戦前で終わっていたのである。現在、この舟は国立民族学博物館に収蔵されている。

丸木漁船　『敦賀郡誌』の大正三年（一九一四）調べによれば、敦賀湾西浦の舟には、「サンパ」、「キンパ船」にくわえて「丸木漁船」があったと記されている。「丸木漁船」は、製造代価は三〇円から五〇円、長さ八・八メートル、保存期間三〇年、底板一五センチメートル、側板七・五センチメートルといずれも相当厚く、櫓櫂とともに茣蓙《ござ》製の帆を装備していた。もっとも使用年度は「百年以前より明治初年前後まで」とあり、近代初頭までの舟であったようだ。

板厚が相当に厚いというこの舟の特徴は、さきに述べた縄間のマルキブネとは異なる特徴だが、今日能登半島でみられる定置網ドブネに共通する特徴である。「丸木漁船」の名の通り、漁船として利用されていたとすれば、その用途はおそらく定置網などの網運搬や網おこしに使われていた可能性が高い。

他方、同様の舟は、一九六四年の民俗調査報告書にもみられて、西浦北部の浦底には明治中ころまで丸木舟があったという。急病人や特別な輸送用の舟としてムラに備えられており、用材となるスギは、南条郡河野村から購入した。長さ約一〇メートル、底板は厚さ一五センチメートルの一枚板で、調査当時残っていた舷側部の写真をみれば、三カ所ほどの刳り残しのある刳りぬき材の上にタナ板一枚がついた構造である。この板厚や衰退年代からみて、浦底の例と先の「丸木漁船」は、おそらく同じタイプの舟であったと判断する。

また浦底では、この大型の丸木舟とは別に、個人で使う「小型の丸木舟や一本木のクリ舟」もあったという。すなわち明治期の敦賀湾ではなお、大きさや用途、構造の異なる数タイプの丸木舟が、日常の暮らしに生きていたのである。

若狭湾一帯にみるドブネ

以上、若狭湾一帯には、船尾が箱形、胴部からなだらかに船首が細く尖っていくトモブトのタイプと、同じく船尾は箱形、寸胴で、船首が三角にとがるコチブネやマルキブネのタイプがあり、その構造は、いずれも刳りぬき部材を舷側下方に配置した造り（オモキ造り）、平底でバンをもつ技術という一致をみた。

このような一致した技術をもつ舟を総称してドブネ型と名づけたのは、それがもっとも広範囲に広がる名称であるからだが、注意深く拾っていくと、若狭湾においてもかつてこの名称をもつ舟があったことがわかる。

たとえば、舞鶴市白杉には石切り用のドブネと呼ばれる舟があった。聞き取りによれば、底は平たく、厚く、舷側に丸く刳った材を使っており、母屋の移動をするヒキ屋などが材料運搬にも使っていたという。それは、コチブネに類する船体ではなかったかと想像する。

先にあげた文化一一年（一八一四）の舞鶴市に残る船体課税文書には、「てんと、胴船、金頭、艫太」の順で胴船の名があり、金頭や艫太より大型のものであったとみえる。このように従来、能登や新潟地方の船名とみられてきたドブネ（ドウブネ）は、以前には若狭湾にも存在していたのである。

中世のドブネ型

福井県立若狭歴史民俗資料館に保管されている舟形模型に興味深いものがある。トモブト型マルキを専門としてきた高浜町の舟大工、胡間家に伝わってきたもので、寸胴で平底、箱形の船尾、三角の角張った船首などは、まさに先のコチブネなどと同様の特徴をもっている。

この模型は、残念ながら年代を特定できないが、同じような舟形模型は、九頭竜川の支流足羽川沿いの福井市一乗谷朝倉氏遺跡から出土した一五世紀後半から一六世紀後半の室町時代のものにも見いだせる。全体の形状とともに、帆柱をたてる船底中央のほりこみ、帆柱の前後部に梁が各一本ずつ入るなど、両者は類似の特徴をもっている。しかもこの舟形は、全国で出土した模型と比較すると普遍的な形とはいえず、むしろ当地方独特のローカルな形であったと推察できる。

他方、丹後半島、伊根町にある宇良神社に伝わる室町時代、一五世紀の絵巻とされる『浦島明神縁起』に描かれた舟には、バンをもつ船首、コマキとタナ板につながる独特の船首接合が明瞭に描かれており、オモキ造りの船体であることを示す。しかも胴は寸胴である。民俗事例では数少なくなっていた寸胴の船体は、中世の室町時代ではむしろ若狭湾に普通にみられたものではなかったろうか。

また、図には腕にツクをもたない一材櫓も描かれており、鵜の首櫓の形式は、船体構造とともに長く継承された技術であったとみられる。もっとも今日使われる櫓は、腕と櫓下が別材による二材櫓である

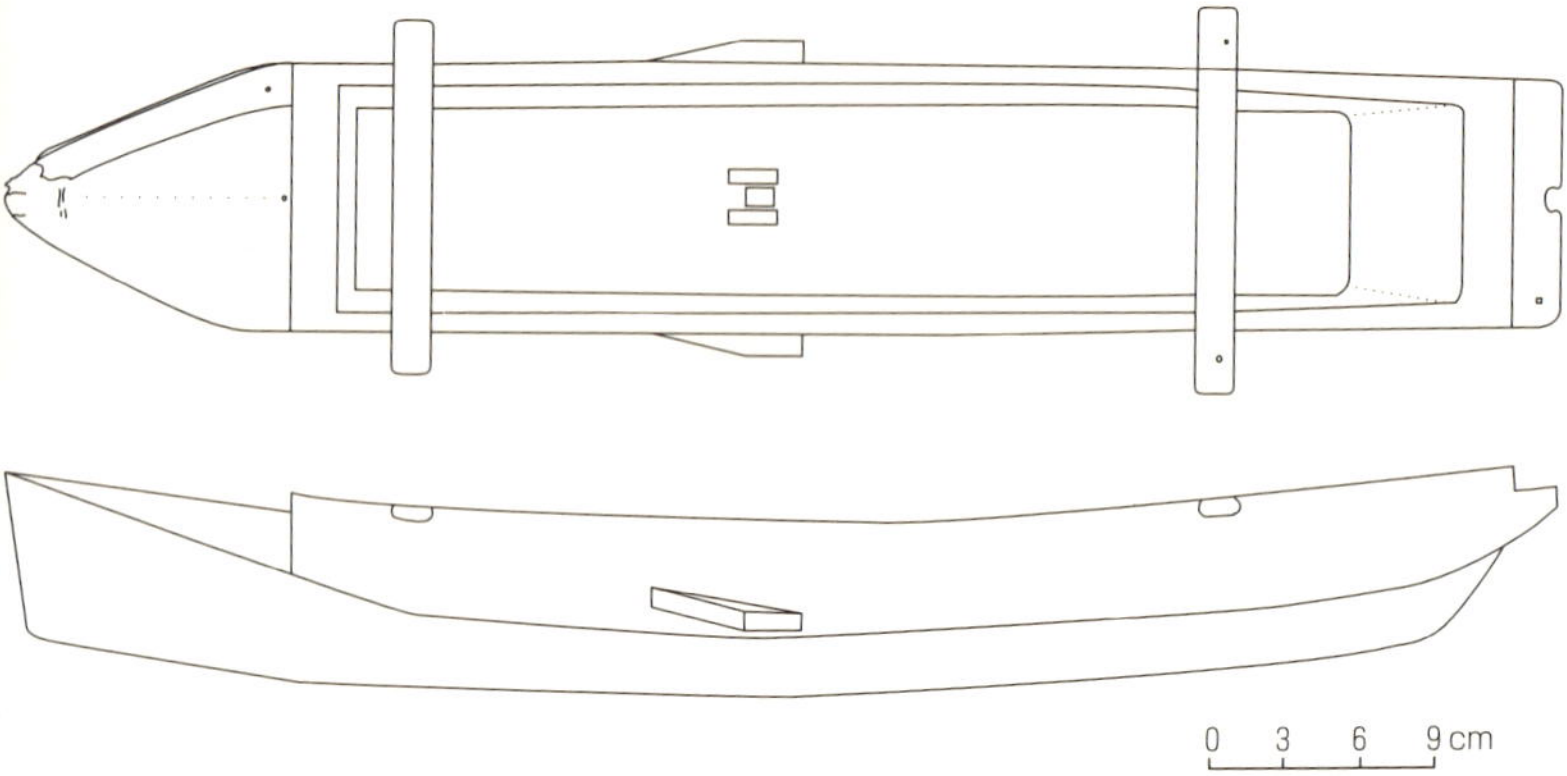

高浜の胡間家所蔵の舟形模型
中央の帆柱をたてる位置の左右の張り出しは，帆柱を支える梁とみられるが，波切りをよくするため，斜めに切断されている．この特徴は，1766年に描かれた新潟県能生町白山神社の船絵馬のハガセ舟にも表われている．

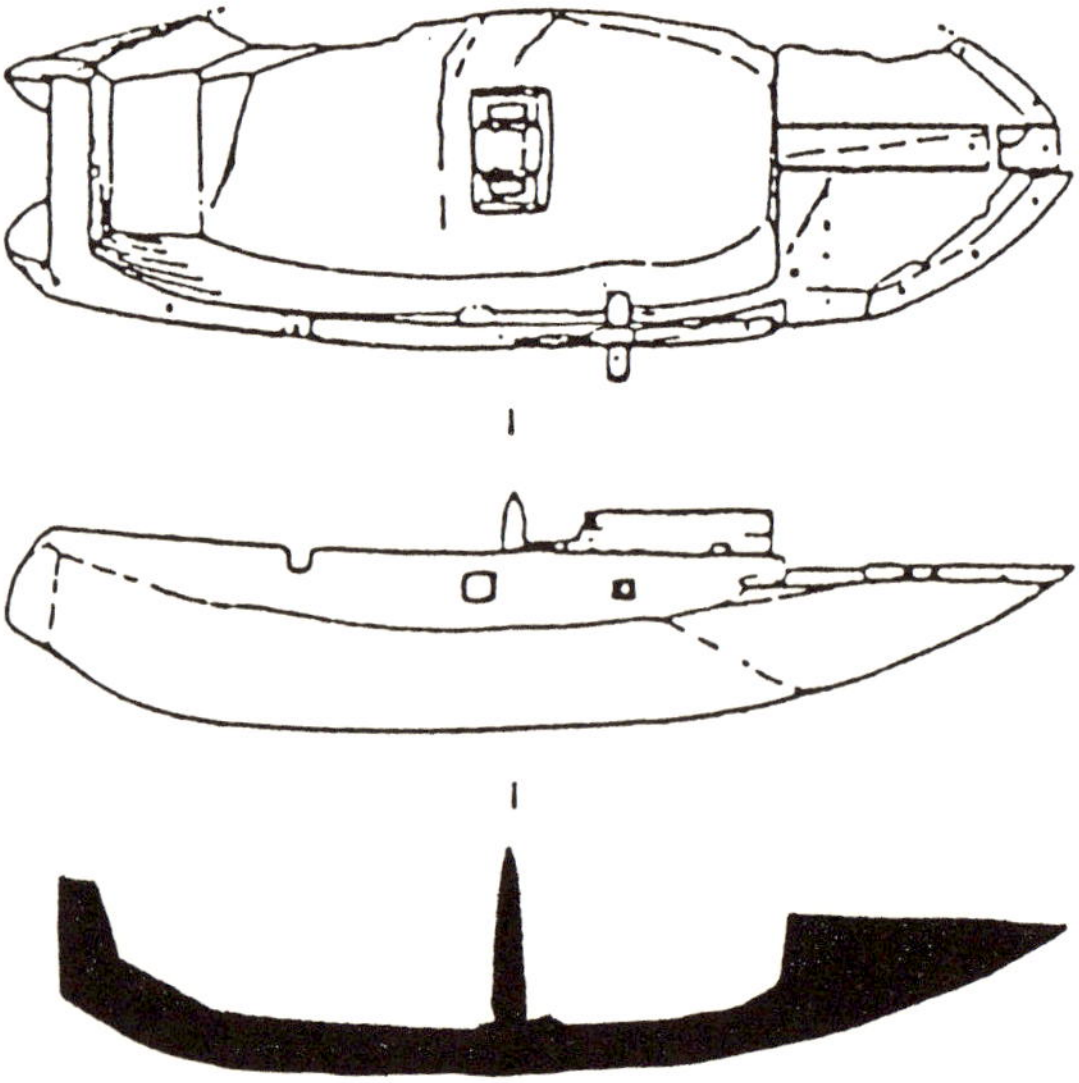

福井県朝倉氏遺跡出土の舟形模型（福井県教育委員会ほか 1982）

ことから、その後材を継いで、曲率をあげる技術進化がくわわったことが考えられる。

いずれにせよ、模型や絵図からも寸胴のドブネ型が若狭湾に存在していたことが裏づけられ、それが船体の大小を問わず、基本的な型であったと思われる。とすれば、今日のトモブトにみる固有のプロポーションは、若狭湾の在地の造り手と使い手の相互交渉のなかでさらに開発され、次第に完成されていったものであったろう。

能登半島一帯のドブネ・マルキブネ

加賀・羽咋の地引網舟

若狭湾でみられた胴の太いドブネ型は、さらに東へいくと、ベカ、ドブネ（ドウブネ、あるいはドゥブネ）、マルキといった名称で呼ばれながら、越後方面へと連なっていく。

まず、加賀から内灘、羽咋《はくい》にかけての砂浜地帯で使われていたのが、ベカ、ドブネなどと呼ばれる地引網舟である。

たとえば小松市安宅《あたか》の浜のベカは、一九九〇年の聞き取りでは、オオアミと呼ぶムラ共同の地引網に使われた大舟であったという。昭和三〇年ころにはまだ残存していたらしく、刳りぬき材オモキには、足をふんばるための刳り残しがあり、トモ櫓と櫂数挺で推進した。シキとオモキ、タナなどの接合は、チキリと舟釘、漆によっており、オモキにつながる船首部はウワネジとシタネジという二材構成であったという。

また、高網と呼ばれる地引網に使われた内灘のドブネは、全長一三メートル、中央幅二・二メートル、深さ八〇センチメートルほどで、船首に波よけのバンがあり、船首が大きくそりあがっていた。高綱とは、二艘のドブネの上に櫓《やぐら》を組み、櫓にとりつけた車に綱網を巻きとりながら、一〇キロメートル沖合の鯛などを沿岸に引き寄せて漁獲する大規模な網漁である。このほか浜近く寄った鰯や鯖などをとる地引網（オオアミ）にドブネは使われた。

内灘に近い河北潟でも大正期には一〇〇年の耐用年数がある堅牢なドブネがなお二、三隻残っていた。根ぼえ漁というタモ網を使った大がかりな共同漁に用いられ、長さ一〇メートルを越える舟だった。他方、高松浦には内灘と同様、船首がくびれるようにそりあがったオモキ造りのドブネがあった。ドブネの舳の高さは、二・四メートルくらいあったともいわれ、波の峰からへさきが下がる時に波を切ってよけるため、転覆しにくく、この種のドブネは昭和三〇年代、高松に一隻、金沢市大野町に一隻まだ残っていたという。

羽咋《はくい》のドブネも、内灘方面で造られたり、そちらから譲渡をうけていたというから、同様の特徴を有していたとみられる。

羽咋では、寛文十年（一六七〇）の網役として引網役がみられる。元禄年間（一六八八―一七〇四）には台網（定置網）の導入がはかられたが、資金繰りや隣村の反対により定着をみなかった。現代にみる地引網漁の衰退は、定置網にくらべると著しいが、漁法自体は、定置網とくらべてけっして新しいものではなかった。

加賀から羽咋にかけての外海に面した砂浜地帯では、高波に対処するための波切りのよさが求められ、船首の大きなそりあがりが特徴をなしていた。

このくびれるようなそりあがりは、板を焼き曲げる焼きダメによるそりではえられないはずである。

のちに述べる能登のドブネやマルキにみられるような、船底材を前後に継ぎたす継ぎ曲げの技法がとられていたものと判断する。

一九八〇年代後半から九〇年にかけてこの地域の砂浜一帯をまわったさいにはその残骸を目にすることもなく、戦前の記憶はいよいよ退縮していた。あるいは砂のなかに埋もれたものなどがあるかもしれないが、伝わるものといえば、このような記録の断片だけである。

能登半島内浦のマルキブネ

能登半島には、漁にも農用にも使う小型のマルキブネ(以下マルキ)とカキ養殖用のやや大型のマルキ、定置網用のさらに大型のドブネがある。このうちマルキの利用は、内浦の能登島と七尾西湾・南湾岸一帯に集中し、中島町瀬嵐《せらし》で製作されたものである。

マルキは、中島町大在所ではマルキチと呼ばれたりもしているが、トモブトほどさまざまな呼び名が使われてはいない。

田地通いのほか、ナマコやトリガイ、モズクとりなどに使われてきた万能船で、若狭湾のトモブトと同様、もともと一家に一艘保有されるほど普及していた。夫婦舟のみならず、女性が一人櫓をおして畑仕事に出かけたり、モズクやナマコとりに出ることも当地では珍しくはない。戦前には、鰯の地引網漁がさかんであり、地引網にも大型のマルキが使われた。

生活に欠かせない道具であったマルキも、今日七尾湾一帯を見て歩けば、ここ二―三年で燃やされたり、解体されたものがあまりに多いのに気づく。橋がかかったり、道路の発達で日常の足ではなくなったこと、FRP船が普及し、マルキを所望する人が減ったことによる急激な衰退である。

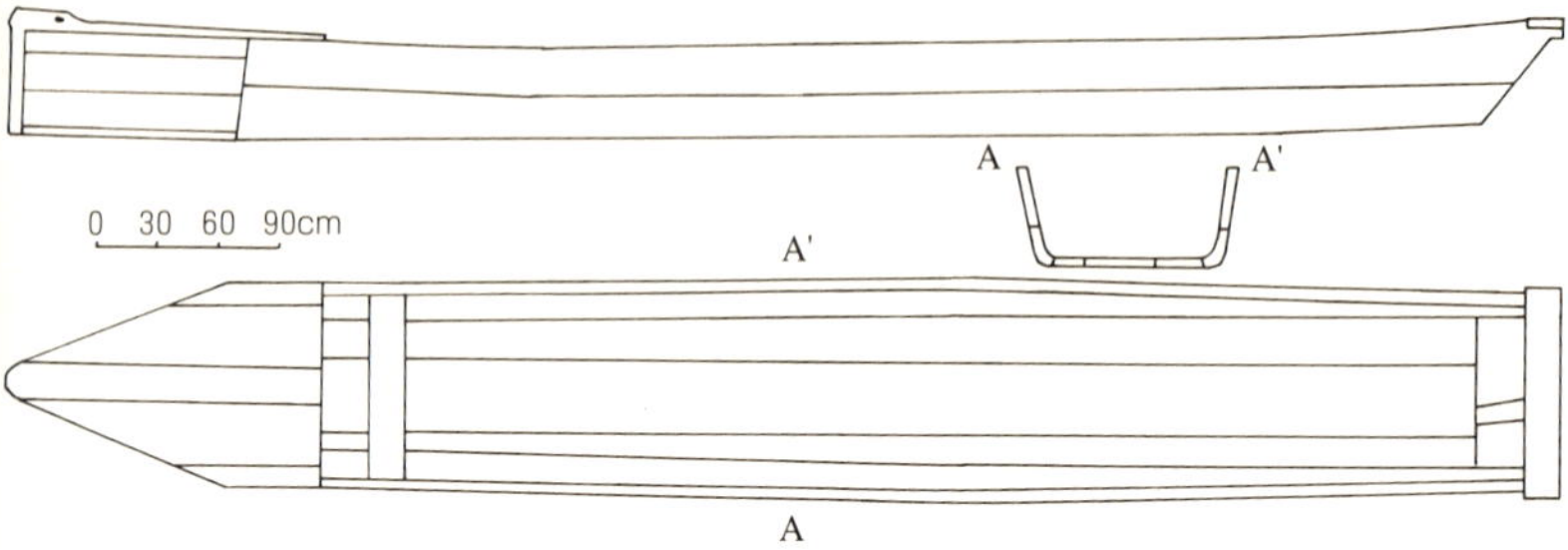

能登島・田尻のマルキブネ
若狭湾と同様，櫓は腕にツクをもたない形式で，腕の曲がりをカラスクビと呼ぶ．能登島のマルキ漁師によれば，腕の上方を重くしてバランスをとるためだという．ナマコやモクズとりに使う．1989年秋．

つまり、この地の場合は、舟大工職人がいなくなって造られなくなったわけではない。マルキの製作を一手にひきうけてきた鹿島郡中島町瀬嵐の舟大工は、昭和四七年（一九七二）、町の無形文化財に指定されており、さらに、一九九八年度から国の伝統文化保存伝承事業の採択をうけて、五名の技術保有者と後継者によって実物の復元製作がなされており、一九九九年八月にその完成をみている。

鹿島郡中島町外《そで》、小牧、鳳至郡穴水町曽《そ》福《ぼく》など近在の山から調達された杉を使って造られる船体は、刳りぬき材とシキ板、タナ板からなるオモキ造りである。なお、瀬嵐の舟大工は刳りぬき部材の呼称について、部材全体をオモキ、オモキの曲がり部分をコマキと呼び分けている。接合はチキリ、タタラ、舟釘によっており、漆は接合面の接着剤として、鉄の舟釘は、オモキとシキとの接合に使われるほかは、シキどうし、タナどうしの平張りには舟釘を使わず、木栓タタラとチキリが使われている。すなわち舟釘の利用が少ないのは、能登マルキの特徴であろう。

シキは、三枚の通し板だが、船首先端にザネリコ、船尾にヒナガタと呼ぶ別材がタタラ合わせでとりつけられる。これによって船底は前後方向のそりをもつが、ザネリコやヒナガタをつけずに通し板によるものもある。その場合船底のそり曲げには、曲がったように木挽きするツクリアゲと板の内外に場所をずらして筋目を入れ、必要な曲率をえたのち、外側にクサビ状の長い埋め木を入れ、漆どめをして固定する折り継ぎの技法がある。

大きさは、全長七・七メートル、幅一メートル、深さ四三センチメートル、板厚六センチメートルほどで、船首部はロクマイと呼ばれる厚材を刳りだし、積み上げたものを先端で合わせた上に、バンドと呼ばれる覆いがつく。

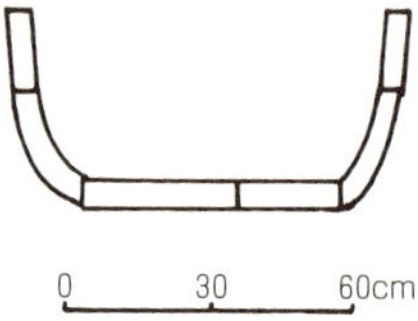

石川県・邑知潟のササブネ
瀬嵐で造る．七尾湾のものより小型で，水際の草刈りをしているところ．1987年秋．

櫓は鵜の首櫓が使われるが、当地では腕の形を称して鵜の首ならぬ、カラスクビという名も聞かれる。櫓下はカシ、腕はネズ（杜松）を使う。能登島の漁師によれば、腕の上方を丸く刳り、重くすることによって、バランスをとるという。

ところで、能登半島付け根の邑知《おうち》潟では、マルキとほぼ同じ造りだが、全長約六・八メートル、幅七六センチメートル、深さ三四センチメートル、つまり長さで三尺（九〇センチメートル）、幅で八寸（二四センチメートル）、深さで三寸（九センチメートル）ほどの小さな潟舟がある。邑知潟では、これをマルキとは呼ばず、たんにフネ、もしくはチヂブネ、ササブネと呼んでおり、やはり瀬嵐の舟大工が手がけてきた。瀬嵐で造り、白浜まで双胴にして櫓こぎで運び、あとは馬車か大八車に積み陸路を運んだ。一時邑知潟の千路にもよそからきた舟大工がおり、材料をもっていけばフネを造ってくれたが、おもに修理が専門であったといい、邑知潟は、瀬嵐の得意先であった。

しかもこのような舟の受注関係は、近代にはじまったものではない。たとえば、邑知潟沿岸の大町村には、文化一三年（一八一六）瀬嵐で造った新造船の届出文書が残っており、ローカルな舟造りにおける地域間ネットワークがおそくとも近世後期には形成されていた。

干拓の進んだ邑知潟では、わずかに残った水面で投網を使い、鯉、鮒、ライギョなどをとるのに使われる程度になっているが、以前は農用運搬にも利用されていた。八〇年代に入ってから造ったものがもっとも新しいもので、二〇万円ほどであったという。

九九年一〇月、護岸が新しくなって舟小屋はなくなり、五艘ばかりのササブネは露天でつながれている。もっとも小屋がけするようになったのは、七〇年代終わりころからで、昔は係留だけだったため、一〇年ほどしかもたなかったという。舟が入手しにくくなったころ、だいじに乗ろうとする働きかけが生まれたのだろうが、いま残るなにがしかも、新しい護岸の階段で朽ちていくのを待つばかりのようである。

能登半島の定置網ドブネ

石川県・能登半島一帯の定置網である台網用のドブネは、網を設置するさいの網運搬や網を固定する石の運搬、漁撈時の身網をおこす作業や漁獲物の運搬用に使われてきたものである。網は魚をとらえるための袋状の身網（中網）と身網に誘導するために張り出された垣網からなり、台網では身網を口から奥にむけてたぐり、網の最奥部で魚をとる。

一艘におよそ八人、大きい舟では一三―一四人ずつ乗り組み、四艘ほどが一列にならび、身網をたぐりあげては落とし、最奥部の織網にまでかかった魚を追いつめていく。集まった魚の運搬には、舟足の速いテント船がドブネにかわって後年には使われたが、網おこしにドブネは欠かせなかった。

北陸地方の台網は、身網の形が台形であるところから命名されており、もともと藁縄製であったことから藁台網とも呼ばれ、おもに春は鰯、夏は鮪、秋冬はブリをとる。ときには鯨がかかることもある。

ブリ網では、漁期中ドブネは沖につないだままにし、船上に小屋がけして寝泊まりした。船首の覆いバンの下は唯一海水のかかりにくい場所であり、衣類などの保管場所にもなっていたという。

現在は、ほぼ朝網一回の網おこしであるが、昭和のはじめころは夜網もおこした。一網に多ければ、二〇〇―三〇〇尾、少なくても一五〇尾はかかっていたという。


波並のドブネ　一九八八年現在、能登半島でドブネをもつ浦は、鳳至郡能都町波並に二艘、鵜川に二艘、灘浦側の七尾市庵《いおり》に一艘、外浦の輪島市曽々木に一艘といった程度であった。

このうち外浦の輪島市曽々木のドブネは、一九七〇年代まで使われていたものである。長さ一二・六メートル、幅一・六メートルとやや小型なのは、敷設する定置網が小型であること、砂浜での舟のあげおろしが大変なためで、当地ではこの程度の大きさのものが一般的だった。

波並のドブネは現役で、しかももっとも程度のよい舟であり、年に一度網の敷設時に網を漁場へ運ぶさいに活躍していた。ところが、当の漁師たちは、ドブネを使い続けているのはたんに経済的理由からだと表現する。

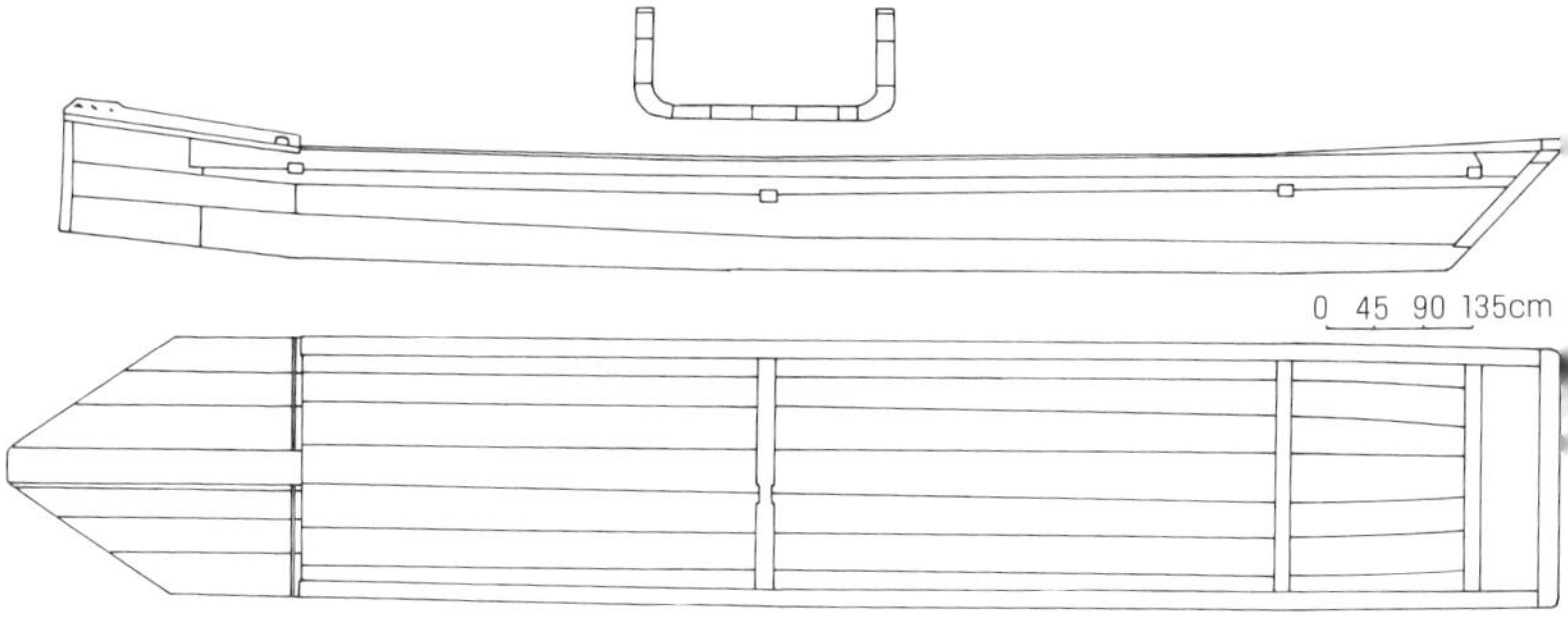

能登・波並のドブネ

ドブネを使った網入れの作業

1988年9月9日早朝．2艘のドブネは船尾合わせの縦つなぎ，続いて横つなぎの双胴にして網を積み運ぶ．総勢23人が「よいしょ，よこしょ，よっしょ，よいとしょ」とかけ声をかけながら，作業を進める．1963年ころ宇出津で新造されたもので，手入れをすれば，30年以上の耐用年数がある．

新しいダルマ船を買う計画もあるが、たとえ大型船を購入しても採算が合わず、当時すでに五〇代、六〇代が中心の網仲間にとって負担が大きい。つまり「最後のドブネ」であることは、当事者たちにとってそう積極的に望んだ結果ではなく、過大投資によるリスク回避の選択の結果にほかならない。ゆえにそのことを語る口調には、誇らしさよりもみずから「時代遅れ」と自嘲する向きにもなるのだが、そのような暮らしの判断があればこそ、生活のなかでドブネが生き残る道もまた残されていたのである。

ドブネ漁　一九三〇年ころの波並には、一〇―一二人乗りのドブネが八艘ほどあり、一九六五年ころでも従事者は六〇人、八―一〇人乗りのドブネが六艘あったという。

一九八八年現在、戸数約一二〇戸のうち定置網従事者は二三人に減っているとはいえ、共同の作業風景はそれなりに活気を呈する。

九月になると、夏場ひきあげられていた網は、再び漁場に設置されるため、ドブネは年に一度の出番となり、小屋から出されて港に浮かべられる。

まず二艘のドブネを船尾合わせで縦につないだあと、魚が集まる箱網（中網）部分の左右に浮きをつけ、かけ声をかけあいながら、船上に均等に積みこんでいく。そして、三キロメートル離れた漁場で組み立てる。

続いて浮きのない魚の運動場になる部分の網積み作業は、波並の港では狭いので、二つ隣の宇出津《うしつ》にまわって作業が進められる。この場合、ドブネは左右合わせの双胴にして網積みする。つまり寸胴で、船尾が箱形のドブネの構造は、左右にも縦にもつなぐことが容易であり、このような舫《もや》いの技術によって船体に見合わない大仕事も達成されていた。

ドブネを漁場に運ぶには動力船で曳航し、順次網をおろして張っていく。網の設置が終了すれば、翌日から操業が開始され、ドブネの出番は次の夏までなくなった。

網は毎朝五時ころおこし、かかった魚は七時ころ宇出津に出荷する。能登半島の外浦とは異なり、内側の波並は冬、雪が積もっても海はしけないため、冬期操業が可能な地の利がある。そのため、ドブネもかつては年中港につないで作業に使われたものだった。

ドブネの構造

波並のドブネは一九六三年ころ宇出津で造られたもので、手入れをすれば三〇年以上の耐用年数があるといわれる通り、現存船もまだ美しい。長さ一四・三メートル、幅二・一メートル、深さ約九〇センチメートルで、舷側の板厚は一七―一八センチメートルもある。

ちなみに、鵜川のドブネは、長さ一四メートル足らず、幅二〇六センチメートル、深さ八〇センチメートル、舷側板厚一六センチメートルである。能都町一帯のドブネは、同程度の厚みと大きさをもっており、いずれも宇出津で造られた。

シキは五枚の通し板で、その両側に刳りぬきのコマキ（オモキともいう）がつき、二枚のタナとコべりがつく。シキの先にはザネリコと呼ばれる船底板を角度をつけて継ぎたす。これによって船首は約三〇センチメートルほどのそりがつく。

接合は、チキリとタタラ、鉄の舟釘、漆によっており、とくにザネリコとシキ、シキ板どうしの接合などにはタタラ合わせがみられる。これらは能登のマルキにも共通する技法である。

船首舷側は刳りだした上下三材のロクマイによって曲面をつけ、先端で合わせたのち上に覆いのバンがつく。船底は平底、内には横梁が四本入るのみで、厚い板と刳りぬき材による船殻の丈夫さに特長がある。したがって、二〇人が船体の片側で網おこしの作業をしてもかしがず、網おこしの作業船としては適していたが、その安定性や強度とひきかえに舟足はいたって遅く、汎用がききにくいものであった。

櫓二挺に櫂六―八挺で、櫓櫂時代は「亀がはうようなのろさ」であったという。櫓櫂は一九七〇年ころまで使われていたが、その後は動力船での曳航にきりかわった。

ドブネに使う櫓は、鵜の首櫓で、マルキに用いるものと同様、独特の腕の曲がりがある。二材からなる櫓下はカシ、櫓腕はサクラなどの曲がり木を利用する。腕と下の比は三対七であるが、それでは腕が軽くなりすぎ、重心をとるには鵜の首状の刳りだしによって、重みをつけていると波並の漁師はいう。済州島の筏船に使われる櫓も腕に垂直のツクがないが、重い船体を推進させるには、腕自体をもって操作する方法でなければ、推進力がえにくいことが考えられよう。

ところで、現役だった二艘の波並のドブネは一九九八年、能都町郷土館のドブネとともに国の重要有形民俗文化財の指定をうけた。新しく開館した能都町立真脇遺跡縄文館に収められ、いよいよ生活の舟ではなくなった。

富山湾のドブネ

能登地方のドブネがおおむね宇出津で建造されていたのにたいし、富山湾では氷見《ひみ》や新湊がドブネの建造地であった。

灘浦宇波沖の漁場では、慶長一九年（一六一四）に鮪の夏網がおろされているように、氷見における台網の歴史も古い。

明治後期に入り、大敷網にかわったが、ドブネの利用は氷見市中波の場合、砂浜を築港する以前の一九七〇年ころまで続いていたという。六艘で一統の定置網を運営しており、櫓三挺、櫂一〇挺の比較的大型のドブネが使われていた。

富山県側で継承されてきたドブネの基本構造と大きさは、能登地方のものとほぼ同じだが、細部では異なる特徴ももっている。ただし、現在使われているものは一艘もなく、最後に残っていた七尾市庵のものも一九九九年一〇月に訪ねたときには舟小屋もろとも消失しており、真新しい道路が拡張されていた。

氷見地方では、ドフネともいい、刳りぬき部材はコマキとはいわず、オモキという。氷見の舟大工・番匠光昭氏（昭和二一年生まれ）によれば、昭和三〇年代は、新造はほとんどなく船体をばらしてシキ幅を広くするなどの改造と修理が中心だった。

氷見の舟大工が手がけた庵のドブネを観察すると、船首舷側のロクマイと呼ばれる厚板の数は、その名の通り六枚あって、能登半島のものより多く、刳りぬきのオモキが大きい。船首先端やオモキとロクマイ、タナ板どうしの継ぎ目には銅板がはられ、水の浸入と腐食を防ぐなどの特徴もみられる。接合にはチキリと鉄の舟釘、鉄製カスガイと漆が使われていることが観察できる一方、なかにはタタラが使われていたものと推測する。

シキ板の船首のそりは、材を前後に継いでえられている。他方、船尾側のそりは、曲がった形に木挽きされている。船首船底の継ぎは、合わせ目中央に角材の貫（木栓）を通すやり方で、これによってそりのずれをなくし、上からは鉄カスガイをうって接合するという。左右のオモキ材は、このシキの継ぎ部分よりも先までのびており、継ぎ位置が異なるので、横方向の強度は十分オモキによってもたせることができる。舟大工によれば、貫は、その後角材から丸材に変化したようであるが、同じ技法は板舟のサンパやテント、弁才船にも使われていた。

貫通する木栓で左右部材を接合する方法は、朝鮮半島における構造船のシキや筏舟にみられるものである。先の例は、前後左右部材をつなぐ箇所での類似の応用的技法と考えることができる。

ドブネの船材はスギ、もとは目の詰まった地のスギを使ったというが、おもにボカスギが使われた。ボカスギとは成長が早く、加工しやすく腐りにくい立山スギのことで、船材には向いていた。

他方、魚津では、ドブネが地引網に使われた。オモキ造りだが、舢材のついたもので、氷見とは少し型も異なっていたという。

ドブネの推進具は、櫓と櫂で、櫓はやはり鵜の首櫓である。そして氷見ではやはり能登マルキと同様カラスクビと呼んでいる。テントなど他の板舟には使わず、ドブネのみに用いられた櫓である。

すでに述べてきたように、この櫓の形式は、全国的に一般的なものではなく、若狭湾から富山湾にかけての沿岸に集中する。しかもドブネ型と組み合わさった推進具であることから、両者は分かちがたい技術群として伝達受容され、しかも他には融通しにくい関係をなしていたようである。

越後のドブネ

加賀から羽咋の砂浜地帯と同様、新潟県西頸城《くびき》郡青海《おうみ》町から西蒲原郡巻町にかけて続く砂浜地帯には、地引網ドブネがかつて使われていた。

浜辺を歩けば、その残骸を見つけることができて、浜が大漁に喜び、労働の活気に満ちていたときの

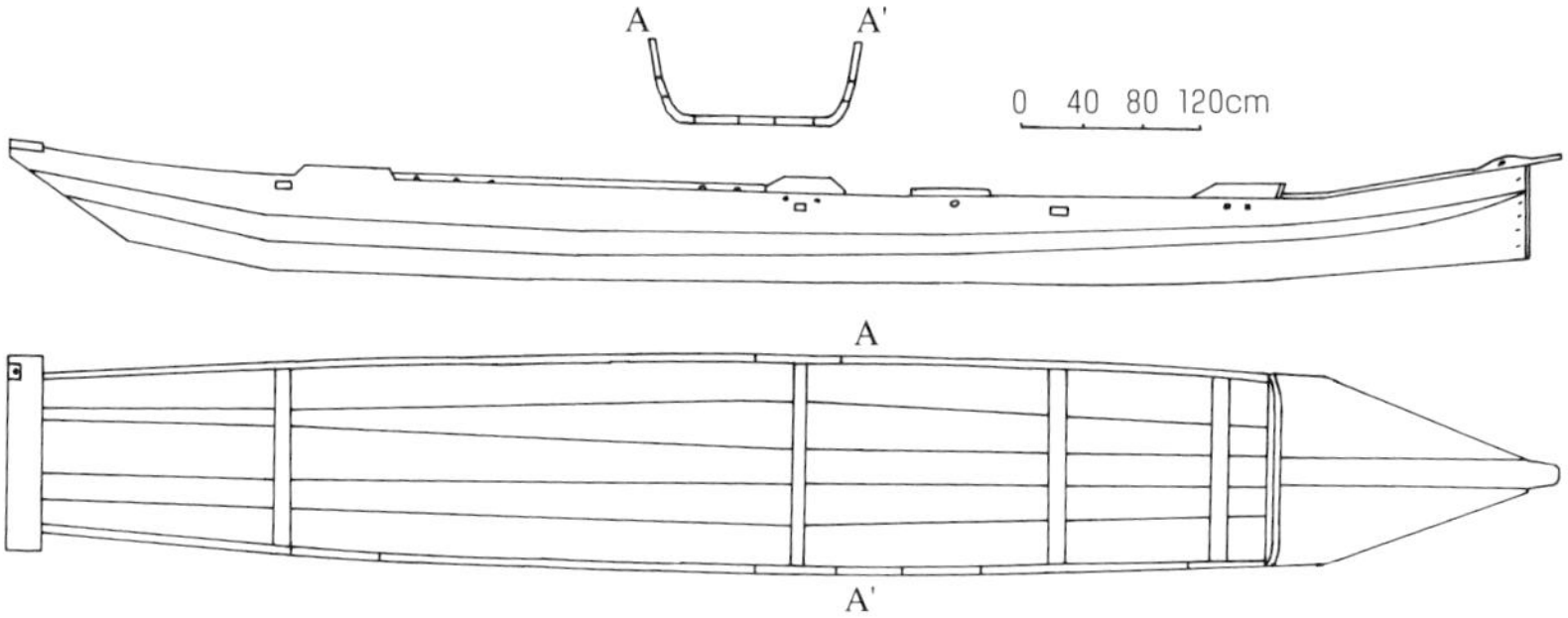

新潟県の地引網ドブネ（上越市立水族博物館蔵）

ことを多少なりともしのぶことはできるが、やはりドブネを見ようと思えば、新潟市立郷土資料館や大潟町役場、新潟水族館、上越市立水族博物館などに出向くよりほかはない。それでも間近に観察できるのはありがたい。

上越市立水族博物館が所蔵するドブネは、長さ約一一メートル、幅一・三メートル、深さ五〇センチメートルほどで、板厚は四―五センチメートル、能登の定置網ドブネにくらべるとはるかに薄く軽い舟である。

ドブネ系統のなかでも新潟ドブネに特徴的なのは、舷側下方の刳りぬき材オモキが、船尾から船首まで継がずに通るところである。すなわち、船首に根曲がりの根元をあて、左右のオモキどうしを先端で拝み合わせる方法で、全長を満たすだけの長さと太さをもつ大きな材が選ばれた。もっとも、足りない場合は補足材をつけて補うこともあったが、能登や若狭地方ほどに船首で別材を組み上げる方法が様式化していたわけではない。

刳りぬき材の内側には福井県敦賀市浦底の報告にみられたように、両側に二カ所ずつ足をかけるための刳り残しがある。船底のシキは三枚合わせの通し板、焼きダメをほどこして前後のそりをつける。そして、舷側上部に一―二枚の板がとりつけられ、船首には覆いのバンと波切り板がつく。船内には四カ所ほど横方向の強度材である横梁が入る。接合方法は、チキリ・タタラ・漆によっており、木栓タタラにかわって舟釘を使用するものと舟釘を一本も使用しないものとがあった。

ところで、巻町の角海浜《かくみはま》の明治一五年（一八八二）の記録によれば、天渡船と丸木舟とともに、

洞船（方言地引船）長サ六間一尺貌チハガイソフ舟ニ似タリ　付属品櫓三丁、櫂四丁、木碇一

とあり、長さ約一一メートル、その姿は近世期に活躍した荷舟であるハガイソウすなわちハガセ舟に似ると解説されている。また、刳りぬき材オモキを用いたドブネはこのほか、越前浜や角田浜などにもあった。

また、明治六年（一八七三）の角田浜《かくだはま》（巻町）の漁船書き上げ資料では「土船」の字があてられ、同年長さ一一メートル、幅約一・八メートル、一八石積みの土船が二艘、長さ一二メートル、幅二・一メートルの二〇石積みのテント（天渡）船が五艘新造されており、浜には都合一四艘のドブネと二〇艘のテントがあった。明治一一年（一八七八）にはやや減少したものの、地引網ドブネは一二艘、刺網や手繰網用のテントは一九艘を数えている。地引網の網数は一二統、乗組員は二六〇人にのぼっており、地引網はなお角田浜の主要な漁法をなしていたのである。

ところで、能生町白山神社には、明治一三年（一八八〇）に奉納されたドブネによる地引網漁の様を描いた絵馬がある。総勢一一人、網を積んで海に乗りだしたドブネでは、中ほどに立って魚群の魚見をする人、そのうしろで網入れのタイミングをはかる人、船首側に陣取るのは左右四人ずつのこぎ手である。それぞれ一本の櫂をもち、呼吸をそろえて船首を背に力一杯オールこぎをする。さらに、船尾右舷ではトモドリ役が大櫂をさして舵とりをする。当時はこんな作業光景が繰り広げられていたのであろう。

鯛、鰯、ブリの幼魚であるフクラギなどをとった。

このように地引網漁では櫂こぎが主体であったが、櫓も使われた。ただし今日残る櫓は腕にツクをもつ加賀櫓の系統であるから、当地では鵜の首櫓が使われていたわけではなかったようである。

なお、地引網ドブネは、スケソウダラの流し刺網や荷物運搬に使われることもあった。

また、筆者の聞き取りによれば、第二次世界大戦前、この地引網ドブネは新潟からの出稼ぎ漁民たちによって北海道でのニシン場やサケ漁場でも使われたことがあった。出稼ぎは毎年なされたため、もっていったドブネはそのまま現地においてきたといい、一時的にせよ北海道に進出した経緯があった。

他方、近世期佐渡では、海運に用いられたドブネ（土船）があり、ドブネ衆と呼ばれるタビの衆がいたという。もっとも、これが新潟の地引網ドブネと同じものであったのか、即断できないが、たとえば定置網ドブネの建造地であった石川県の宇出津では、一九二〇年代に佐渡からの注文をうけており、定置網ドブネが佐渡へ渡っている。宇出津の舟大工は、北海道にも修業にいっていたというように、越後と佐渡という手近な交渉だけではなく、もっと動きのある別の展開が案外あったようにも思われる。

秋田県のドブネ

秋田県にも地引網や定置網のドブネはあった。

秋田経済大学の雪国民俗博物館には江川海岸の地引網ドブネが保存されている。長さ約一四メートル、中央幅一・六五メートル、深さ七六センチメートルほどで、観察するとヘサキが大きくそりあがっており、その特徴は新潟の地引網ドブネより加賀・羽咋の地引網ドブネに近い。ドブネは、カワサキブネやテントのようにどの浦にもあるという舟ではなかったが、ハタハタ漁と結びつき、秋田市新屋地域では地引網に、船越・江川では定置網に用いられていた。鎌田幸男の研究によれば、江川ではドンブネ、ガメブネと呼ばれ、新屋地域ではドギャブネ、ハコブネと呼ばれ、ドブネという民俗呼称は聞かれなかったという。

一方、近世文書には男鹿半島の諸浜にドブネの名は登場する。

文化九年（一八一二）、男鹿半島の南磯側一〇カ村では、一四七艘のうち二艘、北磯側一四カ村では三一〇余艘のうち八艘、計一〇艘のドブネ（胴舟）が報告されている。これらのドブネははたして地引網・定置網いずれの網舟として使われたのであろうか。

嘉永年間（一八四八―一八五四）に書かれた鈴木重孝の『絹篩』には、男鹿半島の「舟川郷村中所持古書写」のなかに慶長七年（一六〇二）の南磯村々の肝煎りと屋形（守護級の藩主）との問答中、江戸への献上品として鮭の塩引きがよいこと、その鮭をとるには胴舟、中梁舟、天間舟、丸木舟などが必要であること、鮭台網を敷設すれば、より多くの鮭がとれることなどが述べられている。

早速願いが聞き入れられた小浜村から台島村までの間には四カ統の台網が設置され、舟や網が損傷すればスギ丸太や拝借銀を渡して台網の継続を保護している。その結果、当初は鮭が多くとれ、生鮭二〇尺、塩引鮭一五〇尺献上しえたが、その後不漁となり、嘉永当時は二尺の上納というありさまだった。近世期においても台網にみる好不漁の波は相当の開きがあった。

ところで、山口和雄は、越中灘浦の台網漁の発達とその伝播拡散を論じた『近世越中灘浦台網漁業史』のなかで、さきの文書を富山湾の台網漁法が男鹿半島へ慶長年代に伝播したことを裏づける資料として用いている。

写しではあるが、本史料に依拠すれば、男鹿半島でのドブネ利用も台網利用も近世初頭にさかのぼり、山口の指摘によるように、富山・能登方面との連関が想定できる。

ただし、このドブネがもっぱら台網に使われたものか、また富山湾でみられるような大型のものであったのか、資料の文面だけではうかがいにくい。たとえば春鱒とりに使われる台網漁では、一一―二人乗り程度の小舟が利用されており、台網は大がかりなものばかりではなかったとみられる。

また、『絹篩』によれば、男鹿半島のハタハタ漁は主として地引網によっており、引網の株は南磯で三三艘、北磯で四八艘あり、その残りを刺網でとるやり方であった。天保元年（一八三〇）以降、手繰《てくり》網《あみ》が徐々に許可されるまでは引網を主とし刺網を従としていたのである。

とすれば、文化九年（一八一二）の統計に現われる男鹿半島のドブネは、地引網舟である可能性もなりたつ。明治末ころからハタハタのとれなくなった新屋地区では、地引網ドブネを定置網用に船越、江川に売り渡している。つまり、それは地引網利用地から定置網利用地にドブネが伝播していたことを示す。

東北地方におけるドブネの進出には、定置網のみならず、地引網というもう一つの網漁が深く関与していたものと筆者は推測する。

ドブネの技術伝播

本州日本海沿岸のなかで、富山湾南西部の灘浦地方は、北陸系定置網・台網の発祥地とみられ、日本の定置網の四系統のうちの一つとみなされてきた。

山口和雄が、あくまで文献上たどりうる年代からの仮定であると注記したうえで提示した系統は、灘浦から丹後、越前・若狭、男鹿半島、伊豆への伝播である。この仮説をもとに、ドブネの発生を台網と結びつけ、ドブネは、灘浦から奥能登、さらには河北地方へ、すなわち定置網地帯から地引網地帯へと伝播したとみる見方もある。

他方、台網の発祥については、異論も出されている。能登・越中の台網と構造の類似する大網が若狭湾でも近世初頭にはさかんに使われていたし、大規模な定置性立網で、惣浦経営、鮪などの回遊魚を対象としていた若狭湾の大網は、中世にさかのぼることによっている。

もっとも大網の名は、定置網にも地引網にも使われるため、現代同様、異なる漁法を意味する場合があることを留意しておく必要があろう。

山口和雄の提示後、定説化したかにみえる富山湾を台網発祥地とする立場にたてば、台網ドブネから地引網ドブネへの転用は受け入れやすい道筋であるが、本書で論じてきたドブネ型の拡散に注目すれば、台網ドブネを先行させる根拠は乏しく、むしろ地引網舟がより広域に分布していることに気づく。

しかも、ドブネの技術は、大小さまざまな用途をもった舟に汎用されている点に着目すれば、若狭湾以東の日本海沿岸では幹をなす主要技術であったとみてよいだろう。

なかでも多様な展開とその技術の中世期にさかのぼる歴史から判断すると、若狭湾がこの種の技術の中核をなし、大筋において東進する方向をたどっていったのではなかったろうか。

ドブネ型は分布域から見れば限られた範囲を越えることのなかった特殊な事例であるが、ボウチョウ型よりはるかに濃密に分布し、現代まで長く通用した舟である。ドブネ型は、ある時期に海・潟・川に汎用可能な技術として開発をみ、圧倒的な力で受容されていった革新的技術であったといえよう。

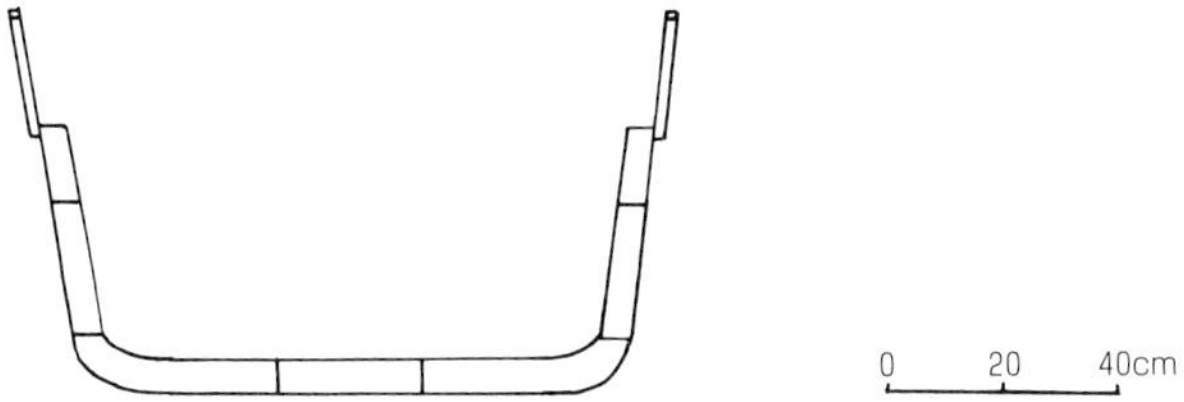

飛島のマブネ（国立民族学博物館蔵）
このほかに山形県鶴岡市の致道博物館には，昭和51年（1976）に民俗文化財の指定をうけた庄内浜および飛島の漁撈用具群のなかに3艘のマブネがある．

刳舟三様

以上のような高度に様式化されたドブネ型と前章で述べた出雲の舟は、遠い過去において共通の祖先をえていたにせよ、すでに相当異なる特徴を呈することは納得できるであろう。ただし、たんに日本海南部の出雲と若狭以東のドブネとを区別しておくだけでは不十分である。

共通の技法を有しながらも、固定した技術群の統一がなく、ドブネ型という分類にはおさまりきれない主張をもった刳舟がシキ発達の刳舟の北の境界付近には現われるためである。

山形県・飛島のマブネ

山形県・酒田港から北西三九キロメートル沖に位置する飛島《とびしま》では、かつてマブネ、もしくはシマブネとも呼ばれる独特の舟が、イカ釣りや磯見、手繰網漁など地先の漁に使われた。長さ約八メートル、幅一・一メートル、深さ五八センチメートル、底厚七・五センチメートルほどで、スギ製、平底のオモキ造りの舟である。独特といったのは、これまで述べてきた様式化の度合いの強いドブネ群とは少し離れた特徴をもっていることと、このような技術が比較的新しい時代に島固有に展開したことをさしての意味である。

しかし、独特といいながら、このマブネは直線的な船首の造りといい、ドブネのような船首の覆いバンをもたない特徴といい、のちに述べる秋田県八郎潟のカタブネとよく似てもいる。

オモキをふくむ底板はもとは九センチメートルほどとされ、岩場の多い磯場使用に耐える厚みのある船殻を特徴としていた。

船材は、秋田県本庄から船主がとりよせ、島の舟大工が作事をうけおうやり方で造られてきたもので、接合には漆やチキリに舟釘のほか、タナとオモキの接合面などには鉄製のカスガイが多用されている。

森本孝の研究によれば、防潮堤をもった漁港ができる以前、勝浦や法木《ほうき》の集落前には干潮になると露出する磯が広がっており、その岩の割れ目であるニマを通って、家の前まで舟をつけたという。すなわち漁港完成以前には、頑丈な船体であることが軽くて乗り回しのきくものよりも重宝されたのだが、飛島でマブネが使われるのは、明治の後期ころと新しく、ある舟大工が丸木舟にヒントをえて造りはじめたものという。

そのような説明を聞けば、なるほど舟大工独自の発明品と納得するか、舟大工の誇張話と切ってしまうかの、どちらかに分かれかねないのだが、おそらく、発明でもあり模倣でもある、両者の拮抗から生まれたのがマブネではなかったろうかと考える。

トモブトやドブネにみる開発され尽くした結果の趣とは異にしていて、いいかえれば成長の余地を残した、どこかトカラのマルキブネにも共通した味わいがマブネにはあるのである。それは、開発者の名が語られるほどに新しい技がなせる共通の特徴といえるのかもしれない。

ドブネと同様の技術を共有しながらも、マブネはやはり、ドブネとはやや距離をおいた歩みをしたよ

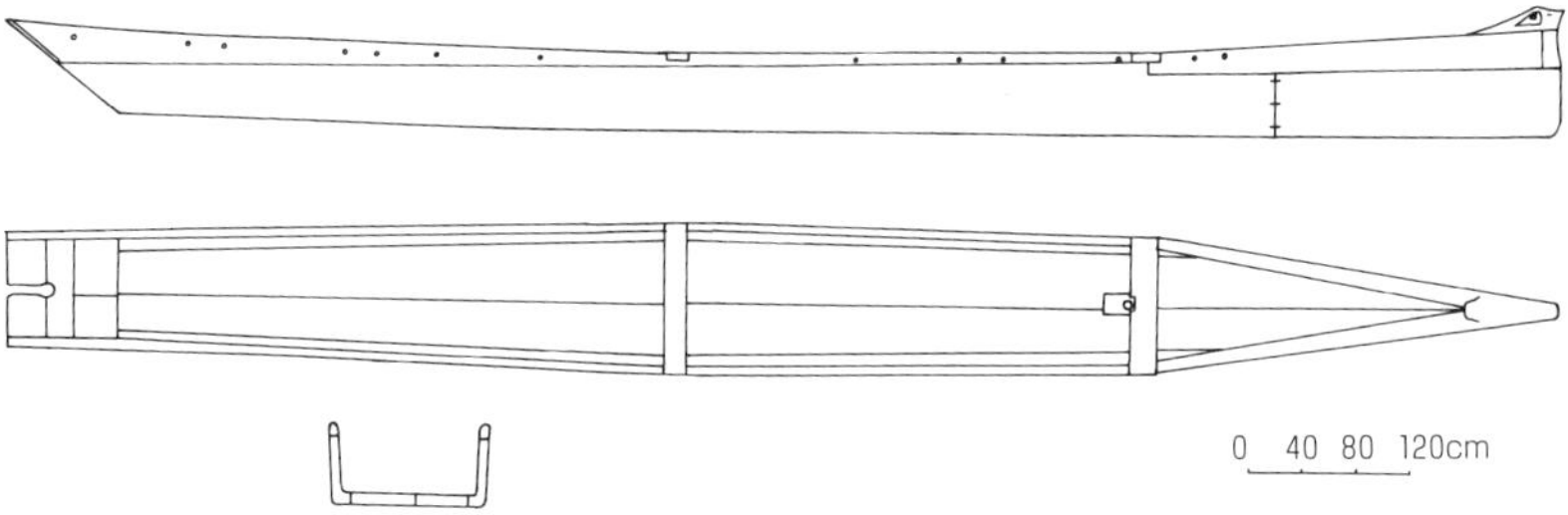

八郎潟のカタブネ
上図は帆走用で八郎潟漁撈用具収蔵庫蔵．写真は動力船．1985年冬．

うである。

いまとなっては遅すぎるが、飛島の舟大工は、丸木舟のどこからどんなヒントをえて、どんな社会学習とどういう独創をくわえ、あの舟を生みだすにいたったのか、じつはそこがもっとも知りたいところである。

八郎潟のカタブネ

秋田の八郎潟は、昭和三〇年代にはじまった干拓工事によってその大半は陸地化したが、それまでは日本のなかで琵琶湖に次ぐ規模をもつ内水面であり、汽水ゆえ種々の魚に恵まれたところであった。

八郎潟のカタブネは、漁のほか稲や肥え草運搬などの輸送用に用いられてきたもので、やはりスギ丸太を割って刳りぬいたオモキが基本部材となる。オモキ材をとりだすには、一本の木から両材をとることを原則とし、それによってねじれで傾くのを防いだ。

長さ約一二メートル、幅一メートル、深さ五〇センチメートルほどの大きさで、内には二本の梁をもつ。平たくそりのない船底で、刳りぬき材を使うとはいえ、丸みのない角張った船体が特徴で、舷側に板を継ぎたす構造は、ドブネとかわらないが、船首にバンをもたず、船首もいたって直線的な形状をしている。

底厚は八センチメートル余りと厚い。

接合には、かつてはチキリとタタラ、漆によっていたようだが、タタラはなくなって、舟釘とチキリ、漆で接合するようになり、さらにはチキリを使用しないものもみられるようになったという。オモキと船首材ソコムジリとの接合には鉄カスガイが使われた。

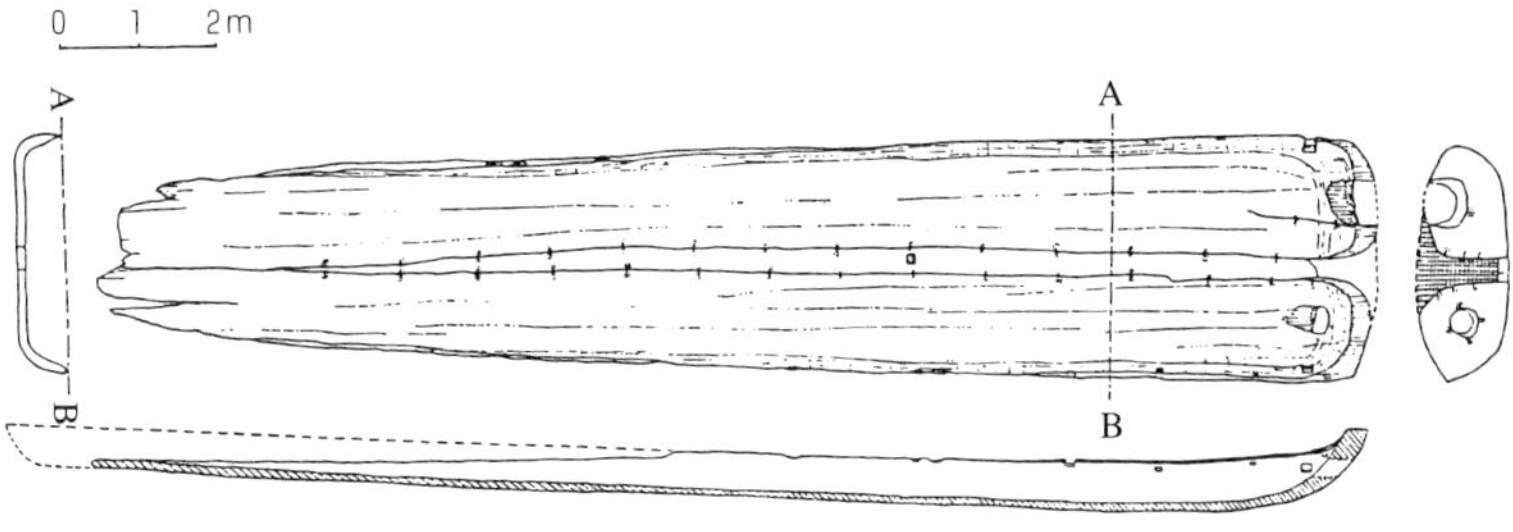

八郎潟出土のオモキ造りの刳舟（富樫 1970）

また潟では櫓は使わず、帆と櫂が動力以前の推進具であった。

このカタブネに使うスギ材は、男鹿半島真山のほか、出羽山地からももとめられていた。近世初頭の「梅津政景日記」には、寛永八年（一六三一）八月七日の記録に「一、舟越村りう舟・川舟切手之裏書致越申候」覚とし、丸木舟四艘・おも木一艘、舟板二枚、太閤板三枚を岩川村（現在の山本町）から出したと記している。つまり、一七世紀前期の段階で、単材の丸木舟やオモキ造りの舟が八郎潟南岸の漁船もしくは川舟に使われていたことになり、しかも丸木舟の完成品やオモキという半加工品が山の産品として流通していた。

このようにカタブネの基本をなすオモキ構造は、すでに近世初頭にみられたことは明らかである。それどころか、八郎潟干拓のおり、水底から発見された大型の複材刳舟は、さらに時代がさかのぼる可能性を示す考古遺物である。

それは、一本のスギの大木から左右の刳りぬき材をとりだし、船底に板を入れ、形を調整したオモキ造りの原型といえるものである。正確な年代は定かではないが、平安から鎌倉時代との推定がなされており、昭和町の八郎潟漁撈用具収蔵庫の床下にある現物を見ると、いかにも大きい。

残存する長さで一五・六メートル（推定全長は約一七メートル）、幅が艫で二・八メートル、深さ四〇センチメートル、船底の厚みは一一センチメートルほどになる。帆をたてる軸穴や櫂をくくる穴があり、船梁があったことも確認されている。

なお接合には鉄製カスガイが使われ、漆とヒワダの使用が認められるという。

つまり、鉄カスガイをうつ下に漆を塗り、鉄カスガイをうったあとその上から漆で塗り固める方法がとられており、他方接合面にはヒノキの皮を縄状にしたヒワダを詰めている。漆は、今日みられるような木と木の合わせ目全体の接着用ではなく、鉄カスガイの腐食防止のコーティングと固着強化をはかるものだった。

民俗事例のカタブネの場合にも「合わせ目のすべてにヒワダを用い、接着剤として漆もしくは松脂を用いる」（『八郎潟の漁撈習俗』）とあるように、八郎潟ではヒワダと漆双方の合わせ技が現代まで継承されてきた。

通例、新造時に漆を接着剤とする場合、充填材ヒワダと漆を同一場所に同時使用することはほとんどない。

つまり新造時には、まず接合する板と板の間にスリノコでノコ目を入れて、隙間のないようにしたのち、木殺しをして圧縮し、接面に漆を塗り、続いて釘うち、最後にチキリで固着する工程となるので、この場合技術的にヒワダの入りこむ余地はない。

漆の使われ方は、技術革新とともにかわったはずである。ことに板合わせの接合面全体の漆の塗布とその効力は、スリノコによる接着面の狂いのないスリアワセ技法の念入りな開発があってこそ発揮される技法であったと考えられるのである。接合面全体に漆を塗布するというような造船にみる漆利用は、縄文期の櫛にみられるような漆利用の古さとは別にして意外に新しく、本州日本海沿岸を中心とする比

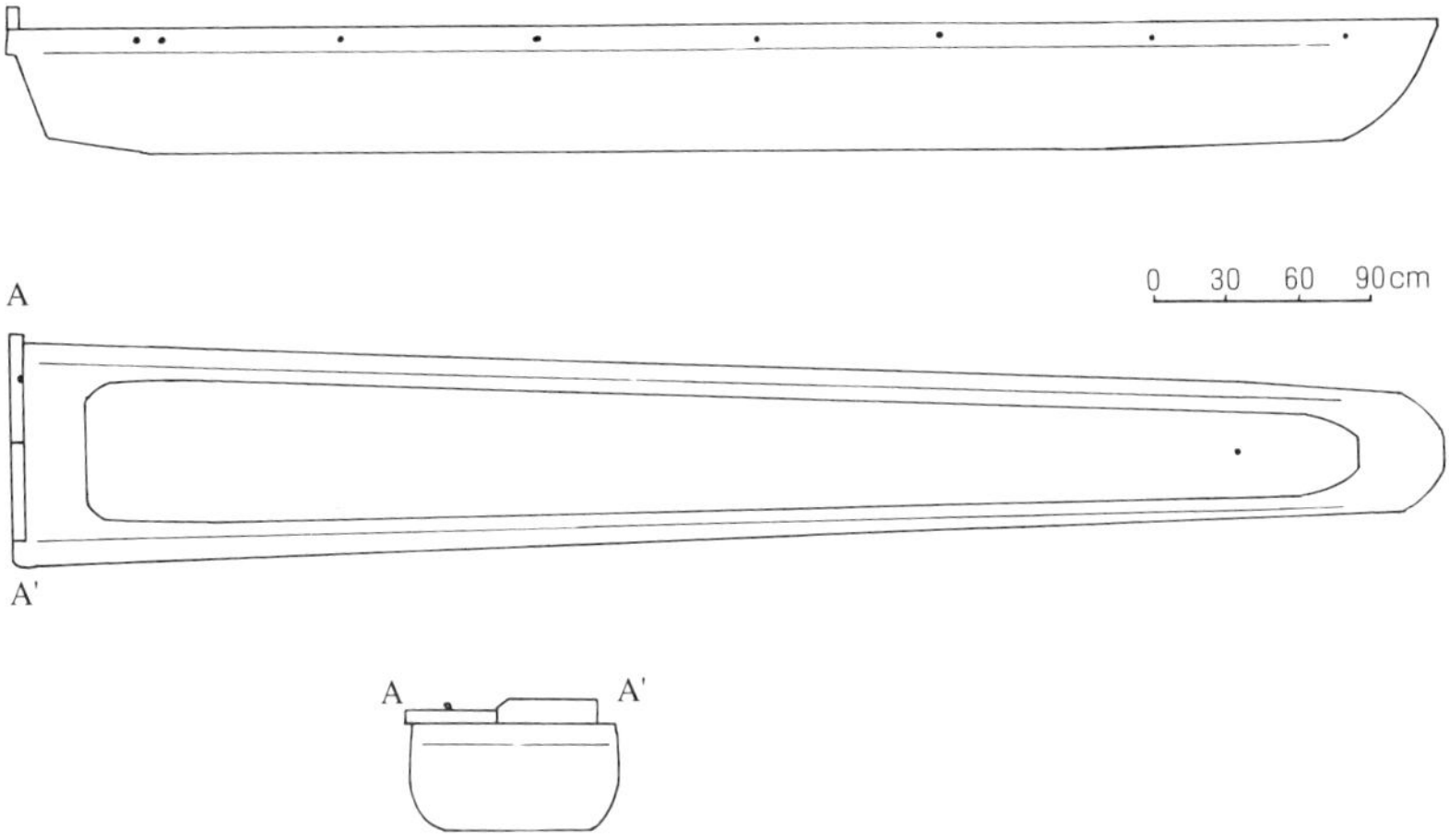

男鹿半島・戸賀湾のエグリブネ

較的ローカルな地域で展開をみたのではなかったろうか。その意味において、水が入らないようにするための水密材としては、マキハダ（ヒワダ）が先行していたと考えてよいだろう。

男鹿半島にみるエグリブネ

日本海につきでた男鹿半島は、最後の単材刳舟利用・製作地である。

磯漁になくてはならない舟とされ、半島北部、標高五六七メートルの真山山頂付近で育った地のスギからエグリブネは造られる。

樹齢三〇〇年を優に越える、目が詰み、赤身の多いスギのエグリブネは、一〇〇年以上の耐用年数があるといわれ、二―三代にわたって使われることもまれではない。また、転売に次ぐ転売によって、持ち主自身、その正確な製作年代がわからない場合もある。

一九八六、九〇、九一年と男鹿半島を踏査した当時、もっとも新しい舟は、昭和三〇年代に営林署が管轄する官木が何本か払い下げられたさい、一斉に造られた

男鹿半島・戸賀湾の三材合わせのエグリブネ
1985年冬.

ものであった。いずれも長さ六メートルあまり、中央より船尾の幅が広い折衷形の刳舟で、推進は櫓である。

櫓は暖かな土地に育つ照葉樹のカシが材料となる。男鹿半島では自生しない樹種であるため、わざわざ富山県新湊から材木をとりよせて造られたという。かつては幅二メートル、長さ四メートルあまりの横帆をはり、戸賀湾を出て、南の加茂付近までエグリブネで出かけることもあった。

現在、磯場までの移動は船外機が使われる。船体の重さゆえ、速力は板舟などの三分の一ほどしか出ないが、磯場の作業ではその鈍重さが長所となり、ワカメ、タコ、ナマコとりと年中使われていた。

昭和三〇年代、エグリブネの製作に従事した舟大工・畠山廣松氏によれば、まず山中で粗木取りをしてから馬で港に運びだし、仕上げた。オノとチョウナで一艘しあげるのに一人で約一カ月、すなわち三〇人手間の仕事であった。

同規模の舟で、簡単な板舟ならば約七人手間、荒川の「くりむき造り」の川舟で組み立てだけなら七人手間、全体で一五人手間とされることから考えると、単材刳舟製作は簡単な道具で造られる一方、結構手間がかかる舟でもある。

なお、船体の幅は拡幅しない。削りやすくするために出土船にみられるような焼く技法をとることもない。船殻を厚くし、丈夫さがその持ち味であった。

製作にあっては、生木の状態で刳り、完成するとすぐ使いはじめる。とくに新造後約二カ月ほどの間、乗らない場合には船内に水をはり、急激な乾燥によるひび割れを防ぐ。

エグリブネは舟大工のほか、器用な人なら自分でも造った。もっとも昭和三〇年代には親方からその製作方法を伝授されるほど、持続的な仕事としてなりたちえていたわけではなく、製作にあたった舟大工は、残された現物から技術を読みとる方法をとっている。

巨木を使うエグリブネは相当高価なものとなり、誰もが所有できるものではなく、修理仕事はあっても、新造仕事を継続的にこなせるほどの需要はなかった。すなわち、人間の寿命よりはるかに長く使い続けられるモノの製作にあっては、人から人への技術伝承ではなく、残されたモノから人へ技術を引き継ぐことも往々にしておこりえたのである。

エグリブネは、単材が基本であるが、湾を歩くと、左右に二材もしくは三材合わせにしたものを目にすることができた。補完的な方法ながら、小さい材しかとれない場合、このような方法がとられることもあった。

ところで、エグリブネは、マルキブネとも呼ばれるほか、近世期ころには「トモプト」という名称をもち、「艫太」の字があてられていた。文化年間（一八〇四―一八一八）の船数調べなどには、艫太の名称があがる。また年代が不詳ながら『秋田沿革史大成』には、

一、丸木舟木（トモプト舟トモ云フ）一本ノ木ヲイグリ舟トナシタルモノ。此舟ノ命数ヲ十ケ年トシ、男鹿各村、南北磯何村何ノ誰ト其数ヲ限リ藩ヨリ払下ゲニナルヲ例トス。故ニ他村ノモノ願フ共、決シテ払下ゲザルナリ。所謂株持ナリ。

とする記事もある。

ここでエグリブネの耐用年数を一〇年としているのは、実際のそれよりはるかに短い算定によると判断せざるをえない。たとえば、明治期の『水産事項特別調査』によれば、男鹿地方西北端で使用する丸木舟は二〇年修繕の必要がなく、四〇余年もつとある。エグリブネの使用頻度が高かった時代には、今日一〇〇年以上と語られるほどには長い寿命を数えるわけにはいかなかったにせよ、板舟の数倍の寿命は保証されていた。

このエグリブネ製作にかんして、材木払い下げの数を藩で統制し、舟株をもたない村や個人にたいしては払い下げを認めない方策がとられるようになったのは、文化年間のことである。

文化九年（一八一二）の「宇野勇蔵男鹿漁船調形申出候事」によれば、もとは本山、真山などの舟木は、需要者によって伐採されるにまかせていたが、森がやせ、艫太に必要な大木がえにくくなると、磯漁稼ぎにも支障をきたすため、その不利益を回避するため、舟木の入手統制が整備されていく。すなわち舟木をえるには、所持する古船を他に譲渡したのちでなければ、舟株がえられず、また一軒に二—三艘所持するところには舟株を一艘分しか渡さないことによって、みだりに舟木が切られることを防いだ。

新造船には焼き印をほどこし、その舟が破損腐朽した場合には、調査のうえで舟木を払いうけ、新造することができる。そして新たに焼き印をもらう一方、古船の焼き印は抹消し、重複して所有している分にはその補充を認めない方策がとられた。

同年の漁船調べでは、男鹿半島南磯一〇カ村、北磯一四カ村の総漁船四六三艘のうち、三七九艘が艫太すなわちエグリブネであって、舸舟や川崎舟をしのぐ主力船であり、当地は磯漁主体の生業が営まれていたことがわかる。

すなわち、磯漁の持続は当地方の暮らしにとって必須であり、その道具として不可欠なエグリブネを生みだす森林資源の保全をはかるには、森林資源利用の統制が制度としても必要な段階にきていた。つまり利用の恩恵をうけられるのは、南磯と北磯の計二四カ村に限るという対象地域の限定と保有できる隻数を一軒一艘とする秩序化がその主たる内容であった。

明治前期にいたるまで、四〇〇艘近くのエグリブネがあり、ほぼ同程度の隻数が維持されてきた背景には、たんに恵まれた森林を背後にもつという自然条件のみではなく、その特権的利用権を在地に保証しつつ、人欲をも制限する秩序化のもとで制度的に守る方向をつくりあげてきた。同じく単材の丸木舟の最後の利用地である南の種子島が、中の腐りかけた古木を使うよう奨励し、勝手次第の伐採を厳禁する秩序化がはかられていたことを思いおこせば、偶然残ったのではなく、エグリブネはそのように処遇されて生き残ったといえる。

そして、男鹿半島のエグリブネは、近世期「ともぷと」と呼ばれていたこと、その船体の船尾は箱形、船首が尖るという折衷形をなす櫓こぎの小型船であること、この二つに照らせば、トモブトの名称は、若狭湾の場合もオモキ造り（ドブネ型）のトモブトにたいしてあたえられたものとは限らず、櫓こぎの導入などを契機として、船首・船尾の形状を違えるようになった単材刳舟が頂戴していた名前であった可能性も見いだされてくる。

ただし、エグリブネは、積極的にオモキ造りの道を選択することはなかったようである。

ドブネ型の北辺には、こうした舟が併存していた。

第六章　川と丸木舟

これまで述べてきた丸木舟は、沿岸や湖、潟などの事例がほとんどで、川舟の民俗事例が少ないことに気づく。

まとまりをもってとらえられるのは、北海道アイヌの人々が川漁や渡しなどに用いた単材刳舟チプくらいであって、川では早くから板舟への転換が進み、海辺以上に丸木舟の生き残る機会は乏しかったように思われる。

ところが、海舟ドブネの展開する日本海沿岸域では、海に注ぎこむ諸河川でも同様のオモキ造りの川舟が広がっており、他に類をみない技術をもった川の丸木舟が定着していた。それは、刳りぬき材コマキ（オモキ・ムキ）と船底板シキ、舷側板タナ（ハタイタ）で構成する船殻でもたせた造りの舟であり、本州日本海沿岸の、なかんずく若狭湾から秋田県米代川にかけての地域である。

ドブネ技術は、海・潟・川にまたがる若狭湾以東の固有の舟の文化といえる。

それは、列島を見渡してきて一層鮮明になる。

若狭・越前の川舟

一般に川舟と海舟の活動域というものは、舟継ぎなどの政策的な制約を設けない限り、それほど明確に分けられるものではなかったはずである。

それは、たとえば川漁師が語る「小さな川舟で海まで出かけた」といった腕自慢の話のたぐいだけではない。

慶安期、一七世紀中期の史料によれば、福知山の川舟が由良川沿いに若狭湾へ出て、はるばる伊根浦までブリを買いにいっており、藩領を越えた川から海への往来があった。また、真下八雄の研究によると、正徳期の一八世紀はじめには二〇〇―三〇〇石積み程度の海舟であれば、河口から約二〇キロメートル奥の二箇《にか》の積み替え地点まで遡っており、海から川内へあがることが認められていたという。

京都府由良川下流では、若狭湾で用いるトモウチがカワフネと称され、砂利採取に使われていたし、近代には板舟である高瀬舟にまじって、トモウチがかなり上流まで遡上していたことは聞き取りによってもえられるところである。

川・海両生の舟としてトモウチは使われ、川と海の合流する水帯は、本来海舟と川舟の交錯しあう場所であった。つまり、河口の湊のみが両者の出会う場所ではなく、双方が比較的自由にゆきかう入会《いりあい》の水帯が存在したのである。

他方、越前の九頭竜《くずりゅう》川水系でも、近世期オモキ造りの川舟が稼働していた。

元禄年間から宝永年間（一六八八―一七一一）、ハガセ舟による廻船業を九頭竜川河口の三国《みくに》湊で営んでいた相木嘉左衛門は、たびかさなる難船のため海運業を断念し、かわりに牧谷川（日野川）での内陸水運を企て、宝永七年（一七一〇）に川舟を新造している。

文書には、「新面木一艘分　一貫二六〇匁」とあり、刳りぬき部材となる新しいオモキは、材木代の約八割を占めていた。すなわちこの川舟は、当地のハガセなどの海舟同様、刳りぬき材オモキを主要部材としていた。接合に使う釘鉄は、「かすがい四百丁、ぬい釘三五〇本」とあるように、鉄カスガイと縫釘中心で、ゆえに鎧張りではなく、平張り技法であったことが明らかである。木製カスガイのチキリやタタラは、通常舟大工が造るため、それらが使用されていたかどうか判断がつきにくいが、この技法と組み合わされる漆は「一、漆・ひわだ・松木共。但かいばた用。三匁七分」とあって、わずかに計上されているだけであるため、むしろ鉄カスガイと縫釘中心の接合であったろう。

興味深いのは、材料をいったん九頭竜川河口の三国湊に集積したのち、越前海岸沿いの小樟《ここのぎ》（越前町）にまで運んで製作している点である。つまり、この場合海舟大工が川舟を製作しており、川舟大工と海舟大工の職掌区分はかならずしも確立していなかったように思われる。

もっとも嘉左衛門は、その後内陸水運をわずか七年で見切りをつけ、再び海の廻船業に乗りだすべく、享保二年（一七一七）に同じ小樟浦で弁才船を新造している。この時期当地の廻船は、オモキ造りのハガセから大板構造の弁才船へ転換するただなかにあった。それは、いったんは退いたはずの海の廻船業への再投機にかきたてられる変革であったのだろう。

このように海・川にまたがるオモキ造りの技術交渉は、弁才船への転換期以前に進んでいたとみられるが、九頭竜川の場合、民俗事例としてオモキ造りの舟は残っておらず、その後どの程度定着していったのかは、ゆくえ知れずである。

越中・神通川のササブネ

北へさかのぼった越中（富山県）の神通川《じんづう》には、ササブネと呼ばれるオモキ造りの川舟がある。これは、大きさによってオオブネ・コブネとも呼ばれていた。

オオブネは幅一間（一・八二メートル）、長さ四間半（八・二メートル）ほど、川砂利や米、水田の稲刈り時の藁運搬などに使われた。他方コブネは、長さ七・八メートル、幅一メートル、深さ二八センチメートルほどで、春のマス投網や夏のアユ投網、秋のサケとりなど漁主体の舟である。サケやマス漁は投網以外、ノリカワといってササブネ一艘に二人ずつ乗り、二艘一組になって川を下り、両側にわたした網にのぼってきたサケマスをからめとる流し網漁も実施される。これは三面川や荒川では、イクリ網と呼ばれている漁法である。

現在、荷物運搬にササブネを用いることはなく、使われるのはもっぱら漁目的のコブネである。しかも、川で見かけるのはササブネの形を踏襲したＦＲＰ船で、守《もり》のたいへんな木船は、篤志家がなくなるのをみこして自宅の蔵などに保管している以外、実用ではなくなっている。

先代がこのササブネの舟大工であった田島良明氏によれば、ササブネが多く造られたのは先代の時代までである。新造船を出造りしていた記憶はないが、修繕に出向くことはあり、当時は庄川からも注文があった。

とくに戦後しばらくは他の地域と同様、舟大工はめっぽう忙しかったが、一通りいきわたると、暇になった。

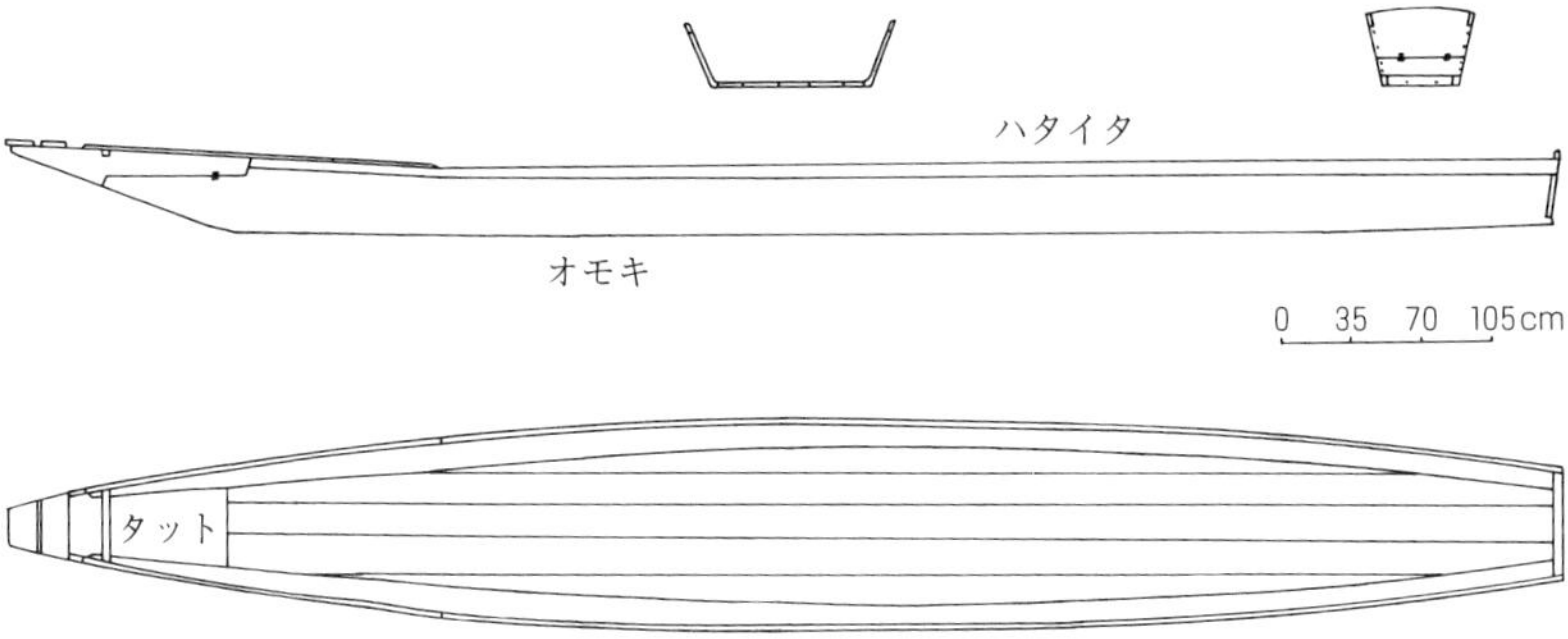

神通川のササブネ

明治・大正期には神通川筋に七軒あったという舟大工は、現在田島保三氏のみとなり、八〇年代からは木船を新造する者もいないという状態である。

ササブネの特徴

ササブネは、末口一尺（三〇センチメートル）から一尺一寸（三三センチメートル）のスギ丸太のシンをはずし、内側をチョウナで刳ってオモキをとる。この刳りぬき材をさして、当地ではオモキといい、コマキの名は聞かれない。スギ丸太のなかでも目の詰まったアカミの部分を使い、外側のシラタは燃料用の薪にした。

シキ板はオモキと同様スギ材で、五枚板である。接合は、舟釘とチキリが主だが、シキ合わせには鉄カスガイも使った。接ぎ目はスリノコを入れ、木殺しをして、漆と麦粉を混ぜたものを塗って接着したのち、釘やチキリで固着する。

木製カスガイのチキリは、シキ板どうしの合わせや、船首舷側板とオモキ合わせ、船尾の戸立《とだて》合わせに使われており、オモキと舷側上部のハタイタ合わせは釘だけである。またオモキなどのとりつけには湯をかけて柔らかくする湯ダメの方法を使うが、焼きダメはしない。なお、漆間元三の研究によると、以前には舟釘を使用せず、

宮川の渡し（富田 1873）

チキリとタタラによる建造方法があったという。

船底は平底に近いが、水切りがよいよう、中高のモリ、そして前後のそりをつける。オモキの上にのる舷側のハタイタは丈夫で重いアテを使う。ササブネは、舷側のオモキ部材の高さがあるのが特徴である。

船尾は二枚の横板からなる戸立造りだが、船首はタットと呼ばれる一枚ものの刳板が斜めにつく。図のササブネは、船首に綱くくり用の梁がある以外、船内には梁はないが、通例は中央部に一本の梁をもつものが多かった。

材は、一年分以上を乾燥させておき、不意の注文にも応じられるよう準備しておく。オモキを刳ったあとの工程では一〇日仕事、往時は通常月二艘の割合で造っていた。舟は完成時に現金ひきわたしとなるが、頼母子講を組んで購入する例もあり、大事に使えば二〇年はもたせることができた。

推進は、立ちこぎのコイスキと呼ばれる大櫂や手櫂、棹を用いる。この櫂造りは古くは荷車を造る車屋がうけおっており、舟大工の領分ではなかったという。

上流の丸太舟

神通川水系の下流域では、このようなオモキ造りのササブネが使われていたのにたいして、最上流の岐阜県宮川では明治のはじめころ、スギの大木を刳りぬいただけの丸太舟が川の渡しにあった。

明治六年（一八七三）完成の『斐太後《ひだご》風土記』によれば、吉城郡小島郷林村の場合、三人の乗客を乗せて、二人の水夫が前後にたち、雪おろしに使うコスキを棹のかわりにして推進しており、近世期にはさらに多くの村々で同様の舟が用いられたという。

神通川下流にみるオモキ造りの川舟がいつごろから使われはじめたかは定かでないが、近世期にはおそらく川の上下流域で単材刳舟と複材刳舟が混じり合わずに併存する技術の二層化を生んでいたものと推察する。

越後・荒川のカワフネ

近世期の川小舟

下越地方に荒川という川がある。今日、ここで単材の丸木舟が使われたとする記憶や伝承を、川人や舟大工の口から聞くことはない。

それでも近世期には荒川上流の山の産品として丸木舟が出されていた。

たとえば、運上税を支払うので、川での丸木舟通行を認めるよう嘆願した延享四年（一七四七）の「荒川通り肥料等川船運送運上願書」では、

上関村川上山方より伐り出候材木並び丸木船之儀者……

とあり、材木や丸木舟は、役銭届け出のうえ河川輸送されていた。また丸木舟は、下流の湊から材木や肥料用の鰯や塩、茶などを輸送する自家用運搬船として、田畑の肥やしを運ぶ舟として古くから自由に往来することで生活がなりたっていた。ところが、元文四年（一七三九）六月以降、上関・下関両村から約六キロメートル下流にできた通行差し止めのおかげで、積み荷をいったん馬などに積み替えなければならない不自由をきたし、困窮している旨が訴えられている。

近世期の荒川流域の村々明細帳にみる「農間稼ぎ」として登場する渡世の数々にも、サケ漁、炭焼き、箕作り、鍛冶、大工、薪、萱草、茶売りなどと並んで、建築・舟材木、川小舟があげられる。これら多彩な渡世のうち、上流の村々では、山へ入り、薪のほか川舟を造って出すことが重要な稼ぎ仕事となっていた。

たとえば、文化二年（一八〇五）荒川上流左岸の金丸村では、

一、農業之外男ハ山稼抱分山ニ而川小船作立申候材木薪伐出渡世仕候又は米沢御領分山故木伐出家作仕候儀も御座候

とある。

また貞享三年（一六八六）の小見組大庄屋にあてた「舟作り手形」には、荒川上流右岸・湯沢村の庄屋、組頭をふくめ舟作り八名の連名のもとに、自分たちの乗舟は大庄屋への断りなく近くの山にて造り、乗りまわしてきたもので、新造船で商売することはしておらず、古舟になれば売る場合もあるが、たいていは傷みがひどく乗ることができないので捨てるとしている。

このように一七世紀後半から一九世紀にかけての史料によると、荒川上流の村々では、船材だけでなく、山でフナウチされた丸木舟そのものが、みずからの乗りまわし用としてあるいは山の産品として流

通していた。

これら丸木舟（川小舟）は、上流の山出しである点で、技術的には単材の刳舟に相当するものであったと考える。

近世期のくりむき造り

では、近世期荒川で使われた川舟がすべからく山で造られた単材の丸木舟だけであったかというと、そうではない。

今日の川舟と同様の構造のものがすでに活躍していた。

近世中期以降の文書に、くりむき造り、栗剝造、板合クリモキ造船などとして登場する人馬渡船がそれである。中流の貝附、下流の海老江に残る渡船造替史料のうち、明和九年（一七七二）の貝附村の人馬を運ぶ馬舟の造替仕立帳には、その仕様があり、延享三年（一七四六）の「土木工事目論見書絵図」所収のものと同じ図が添付されている。

長さ一一・二メートル、幅一・七メートル、深さ四五センチメートルの大舟で、三枚合わせの船底板シキ、両側に刳りぬき材「くりむき」がたちあがり、その上に舷側板が一枚ずつつけられる。後部の艫は、三枚合わせの追立板で戸立とし、方形をなすのにたいして、前方の表は三角に尖らせた形状をなす。すなわち、船首は、上下二材からなる舷側材を先端で拝み合わせにし、下面は三枚合わせの追立板でシキとつないでふさぐ。つまり、これは能登のマルキにみられる船首構造、シキの先端にザネリコをたちあげ、左右は上下三材のロクマイを拝み合わせにする技法と共通する。

板厚は三寸とかなりの厚板が使われており、三本の梁と船尾に押さえ木が一本入る頑丈な造りをなし

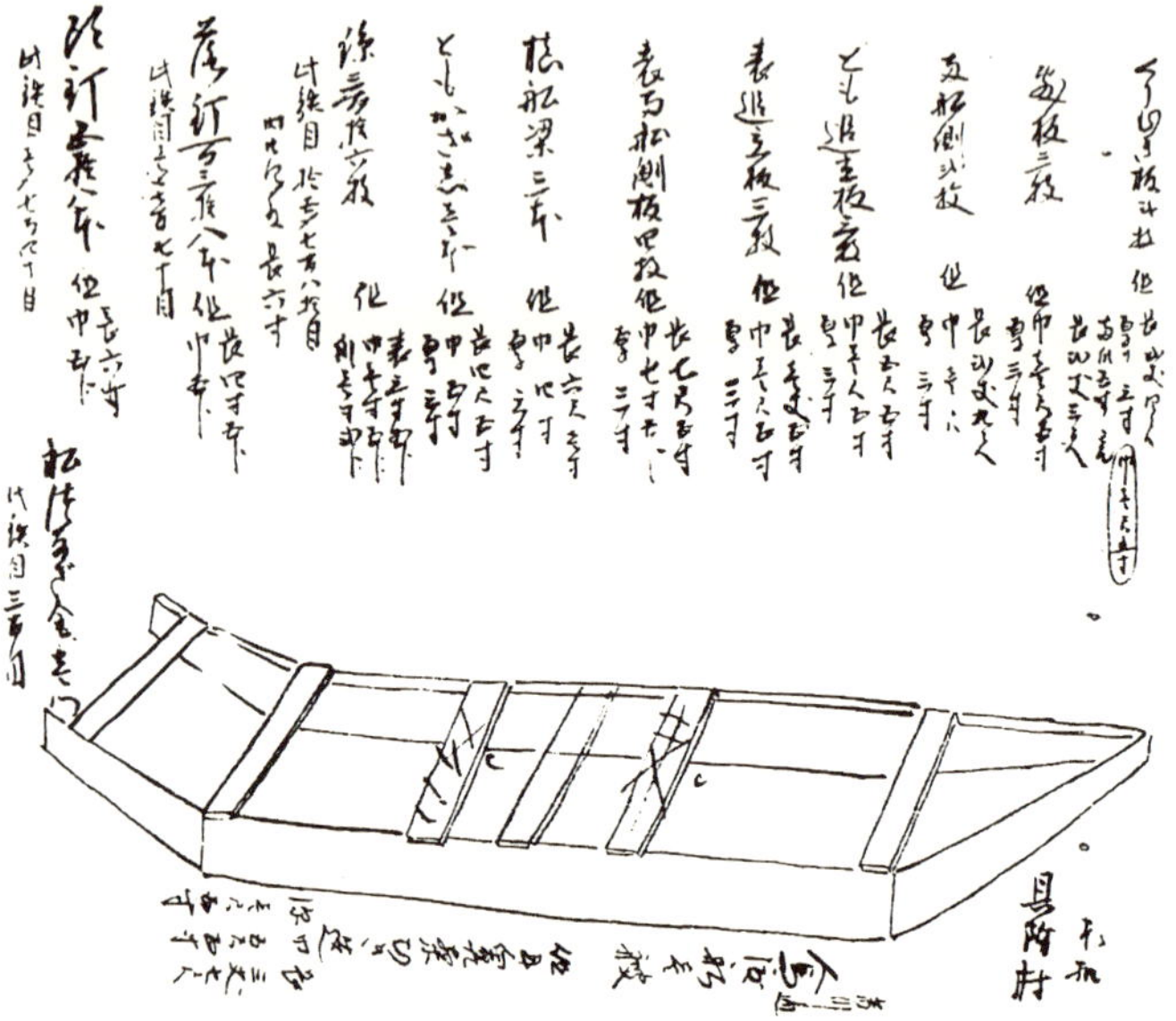

近世荒川のくりむき造りの馬舟（荒川町史編纂委員会 1990）
延享3年（1746）「土木工事目論見書絵図」所収．明和9年（1772）荒川中流の貝附村の馬舟の造替仕立帳にもその仕様があり，同じ図が添えられる．接合具の本数は文書記載と若干相違がある．

ている。船首をおおうバン板はないが、これらの特徴は、海のドブネ型の船形特徴に一歩接近したものとなっている。

なお、ここでいう「くりむき」部材は、今日荒川で呼ばれるところの「ムキ」である。他地方では聞かない「ムキ」という呼称は、おそらくこの「くりむき」からくるのであろう。

また、これには梁がクサマキである以外、船材の説明がないが、一八―一九世紀の造替仕立帳にはいずれも今日と同じ、スギと記載されている。

ところで、この渡船仕立で接合具としてあげられているのは鉄製カスガイと落とし釘、頭釘である。鉄カスガイ・落とし釘（縫釘）は、板を段重ねせずに平張りにする場合の接合具であり、頭釘はシキとタナといった垂直に材を接合するさいに用いる頭の大きな釘である。

ここではカスガイが三二八枚、落とし釘は一一八本、頭釘が五八本にのぼっており、寛政六年（一七九四）の海老江の同規模の舟では、さらに多くの鉄製接合具が使われている。

他方、近世期の仕立帳には、その他の材料について、現代の川舟に不可欠とされる漆や木製チキリ（リョウゴ）を用いたとする記述は登場しない。リョウゴはクサマキもしくはヒノキで舟大工が自作するため、計上されないのは理にかなうとしても、多数の鉄製カスガイが計上されている以上、同様の機能をもった木製カスガイであるリョウゴがさらに使われたとは考えにくい。

しかも材料費に占める割合の大きい高価な漆が計上されていない点からみても、文書中に表われる渡船仕立では、九頭竜川の川舟などと同様、チキリ・タタラ・漆接合の組み合わせは、とりいれられていなかったとみるべきである。

むろん、渡船は図のような大舟ばかりではなかった。明治一七年（一八八四）の資料によれば、最大積載で「荷物を積んだ牛馬一頭とその口取人夫」のみとするような、長さ約七メートル、幅八八センチメートルほどのくりむき造りの中舟も稼働していた。

このように近世中期の荒川には、山でフナウチされる小型の丸木舟とは系統の異なるくりむき造りの技術が併存していた。

このくりむき造りの根拠地になったのは、近世中・後期にさかのぼって河口近くに位置する海老江村である。

安永二年（一七七三）の「越後国岩船郡海老江村明細差出帳」には「一、銀四匁六厘　船大工役定納

仕候」とあり、文化六年（一八〇九）の記録にも同様の記載がある。これらによって海老江には当時、専門的舟大工が居職していたことが裏づけられる一方、このような舟大工役の存在を示す記事は、当時の荒川流域の他の村々の明細帳には見いだすことができない。

上流の山村では、村人男性のだれもが平等にかかわりうる丸木舟造りが持続する一方、同じころ、同じ水系の河口部では山人とは異なる技術をもった舟大工職が定着していた。河口海老江の舟大工たちは、その後海老江を拠点としつつ、出職《でしょく》を重ね、荒川筋の上流にも踏みこんで、くりむき造りの川舟製作を一手にひきうけていくことになるが、その素地は遅くとも一八世紀後期には整っていたとみられる。

近世荒川のくりむき造りには、海舟ドブネの特徴が現存事例以上に表われており、オモキ造り（くりむき造り）の川舟とは、大筋において海から川へという流れで移入展開した技術であったと考えている。河口は、山の文化のおりたつ場所であると同時に、海の文化の入りきたる場所だったのである。

現代のくりむき造り

荒川のくりむき造りの拠点は、近現代になっても他へ移ることなく、河口の海老江にあった。

上流に舟大工職が定着した形跡はなく、明治以前から続く海老江の川舟大工の親方筋で修業をした職人たちは、年期奉公のあと、腕があれば、海老江や桃崎といった河口部に住まいし、独立した。そして、それぞれの造船場で舟造りをする一方、道具をもち、泊まりがけで舟造りに出向く方法もとる。荒川筋のほか、三面川、南の胎内川、加治川といった下越地方の諸河川、さらには荒川上流部で接近する最上川上流の飯豊《いいで》あたりまでが得意先の範囲であった。

近世文書に登場した「くりむき造り」という技法名称は現代では用いないものの、舟大工はムキをも

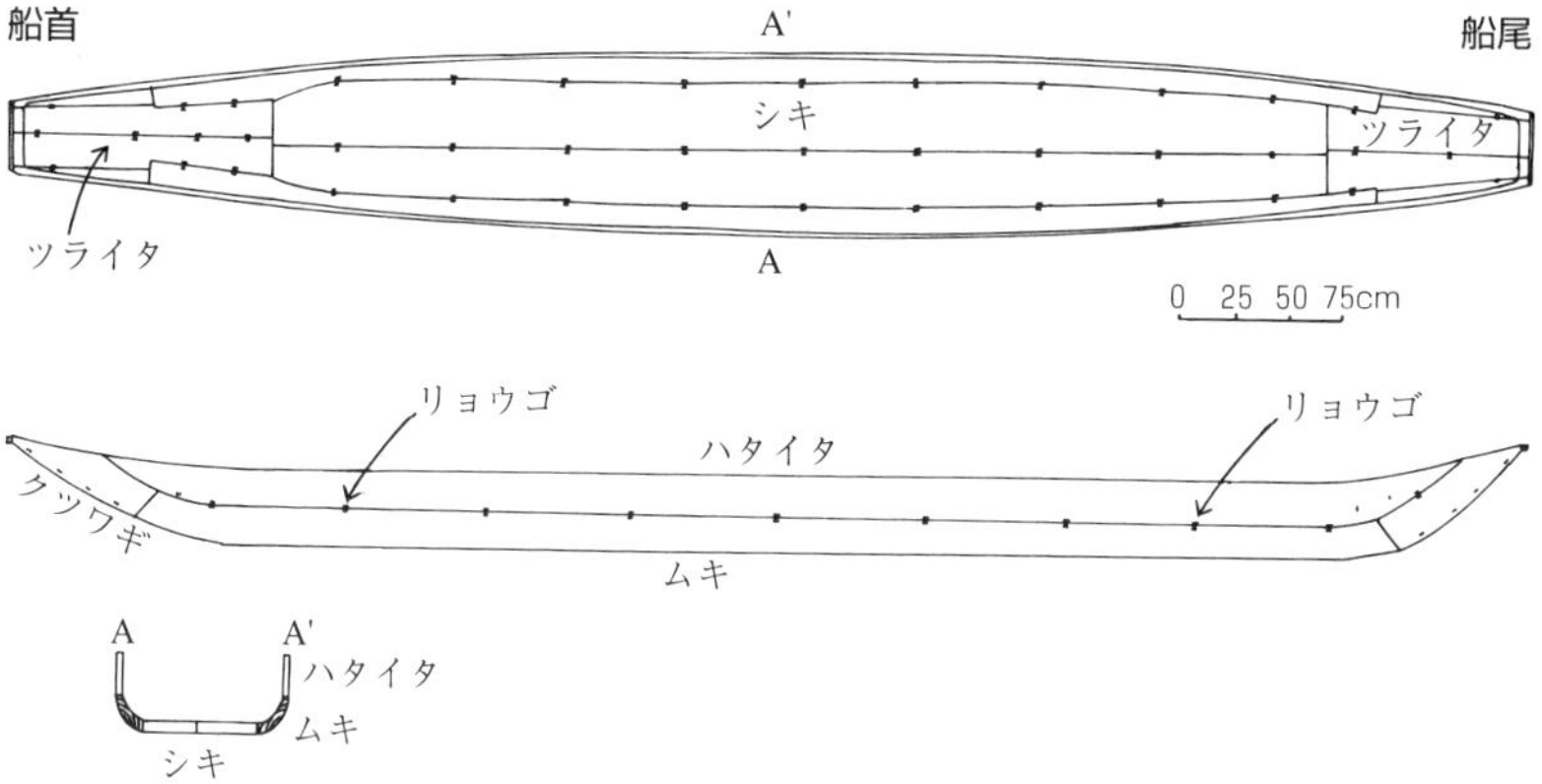

新潟県・荒川のカワフネとムキ造り
ムキの荒刳りの作業．1992年春．

荒川のカワフネとアユ漁　1990年秋

たない板だけの舟を「板合わせの舟」と表現し、みずから造る舟と明確に区別している。

しかも、荒川ではこの板だけを合わせた舟は使われておらず、荒川の舟大工はもっぱらくりむき造りの川舟だけを造り続け、川から川へ販路をえてなりわいとしてきた。

現在荒川で使用されているカワフネは、いずれも川漁主体の小舟である。

建造工程は、左右の舷側下方にあてるムキ一対をスギ丸太からはつりだす作業からはじまる。丸太を半分に挽き、芯側（キウラ）がL字の外側にくるよう、背中合わせではつりだす。荒剗りしたあと、約半年稲架につるして乾燥させておく。

組み立ては、まずシキ板を二枚合わせにする。片側のムキをこれにたちあげると、続いてシキの前後にツライタをつける。ツライタは火であぶって熱をくわえて曲がりをえる焼きダメではなく、曲がったように挽いた材で、シキとの接面は凸、シキ先端は凹にして舟釘を使わず継ぐ方法をとる。

続いてもう一方のムキをつける。

いよいよダイノセとなり、まず水平をえたのち、シキを中高に内へ四―五分へこませる。これをモリといい、神通川と同様の工夫がなされている。

四隅のクツワギは、厚板を刳りだして整形し、さきのツライタと同様、クツワギ側の先端を凸にし、凹の溝をほったムキの先につける。

舷側のハタイタは軽く焼きダメし、ムキからクツワギの上につけたのち、カンナで整えて完成させた。おもな接合は、舟釘と木製カスガイのリョウゴであり、接合面はすべてスリノコでていねいにすり合わせ、木殺しをして密着度を高め、漆が塗布される。鉄カスガイは使われておらず、内には梁が一本も入らない船殻の接合だけでもたせた船体が特徴である。

長さ六・九メートル、幅七八センチメートル、深さ三三―三四センチメートルほどで、組み立てだけであれば七日手間、荒刳りや曲がったように挽いて乾燥させておくツライタの準備などをふくめると一五人工程が標準であった。

推進に用いる棹や櫂は、川人みずから造ったが、櫂・アカクミなどは舟大工に依頼することもあった。

三面川のカワフネ

荒川の北に位置する新潟県三面川《みおもて》では、朝日村の最上流部で一九五〇年代はじめころまでトチ、ヤチダモ（ハルニレ）、セン（ハリギリ）などの落葉樹を用いた単材刳舟の川舟が使われていた。田畑通いや山仕事にいくための舟で、村人の手で造られる。フナウチと呼ばれる丸木舟ほりは、山に入っての作業となり、二人ずつの輪番で荒ほりするのが慣わしであった。

よって、舟木の調達は、運搬に難渋するような遠くの山ではなく、出しのよい場所の大木が選ばれた。

奥三面の江戸中期から末期にいたるムラの諸事をしたためた「萬留控帳」によると、天保四年（一八三三）八月、舟木や舟は山から出される交易の産品となっており、近代になってもこれらは下流の人々との米などと交換する重要な交換財になっていた。

この奥三面の単材刳舟は、一九八二年、地元の人々の手によって復元製作されている。長さ約五・六メートル、幅六五センチメートル、高さ四五センチメートル、舟底の厚みは七センチメートル、舷側の厚みが三・五センチメートルというトチノキ製の舟である。これは、今日三面川で使われている舟よりかなり小型である。単材刳舟は、なによりも舟木の大きさや素性によって船体が左右されるため、定まった寸法はえにくいが、川使用に適した平底であること、また船首尾とも方形の形状は、現在のカワフネに共通しており、単材刳舟とオモキ造りのカワフネの間には基本形状の相違を生んでいたわけではなかったようである。

おそらく単材刳舟が下流との交易の産品である以上、利用者の希望はむしろ山人の側でも配慮され、上下で同じ基本形状が共有されていたのであろう。

現在三面川で使われているカワフネは、刳りぬき材のコマキ（ムキ）が二一尺（約六・四メートル）、荒川では一七尺五寸（五・三メートル）を基準とするので、両者では三尺五寸（一〇六センチメートル）の長さの相違がある。

三面舟は、全長で八メートル、幅七五センチメートル、深さ三六センチメートルほどになり、長さで一メートル以上荒川のものより長く、相対的に長さが長く、幅は狭く、深さがやや深い船体である。

新潟県・三面川のサケ漁
採卵のためのサケ親魚の採捕は，大半が川止めによるドウでなされるが，2艘対になり，下流へ流しながら，サケをとる伝統的なイクリ網漁も従事者の楽しみとして続けられており，観光用の見せ場となっている．1990年秋．

また、荒川では刳りぬき材をムキと呼ぶのにたいして、三面では、若狭や能登の海舟同様、コマキと呼ぶ。また荒川におけるツライタは三面ではノリアゲというなど、異なる呼称が定着してもいる。

このようなプロポーションの相違や名称の相違を指摘できるとはいえ、両者は同じ造りの舟であり、ゆえに両者間に技術交渉があったことを考えないわけにはいかない。

たとえば、第二次世界大戦前、三面川にも舟大工はいたが、荒川の舟大工のもとに注文が殺到し、出職によって数多く建造された時期があったという。昭和一六年（一九四一）ころ海老江の舟大工であった白崎乙次郎氏は年に三〇艘、三面の舟を造ったことを記憶している。当時、荒川舟大工の目に三面の舟は「ぬらっとして、のろっとした」しまりのない、

「ナマズのような形」に映っており、ヘサキをふくらませない形にしたのは、荒川からの出職によってもたらされたともいう。

基本構造を同じくしつつ、その形状においても一層似るようになるのは、使い手側の要求以外に、このような技術者の移入によって直接的にもたらされていくこともあったのである。

現存する三面川のカワフネ建造は、戦後になって三面川に移り住んだ舟大工の手によって担われており、もともと荒川河口の桃崎に住まいし、海老江で修業をした舟大工を父にもつ、荒川の川舟技術を身につけた職人である。

他方、荒川では、近年までこのカワフネ造りが一人残った舟大工・瀬賀惇次氏によって手がけられていた。

一九八〇年代の終わりから九〇年代初頭、楽しみ半分の川漁に従事する人たちがふえ、戦後まもなくの建造ブームに次ぐカワフネ建造のブームがおこっていたが、九一年の舟大工の死によって、川人たちはすでに確保しておいた木船をだいじに乗り続けるか、中古船の譲渡をうけるか、FRP船に移行するかの選択を余儀なくされた。

晩年、まだ元気だった海老江の舟大工のもとには、三面からの注文も多くあり、さばききれないほどであった。すなわち、担い手の不足からくる事態解決の方策として、荒川と三面川との相互交流は、近年にあっても生じていたのである。

三面川下流では、三面舟は全体に丸みがあり、ころころするが、荒川舟は幅が少し広めで安定があり、型は小さくて、扱いやすいという評価もあり、三年かけてようやく手に入れた者もいた。

海老江の現役舟大工の死後、しばらくはすでに引退していた舟大工経験者によってそのあとが引き継がれたが、高齢により新造はやめて、いまや修繕だけとなっている。
そして時は移ろい、一九九九年春には、荒川の川人たちが三面舟大工にカワフネを発注するという事態も生じていた。このようにして手仕事の技術は生きのびてきたといえる。
続く伝統技術とて、安泰であり続けて今日・明日を迎えられたわけではなかったのである。

米代川の継舟とオモキ造り

近世期の継舟

寛政年間（一七八九―一八〇一）の成立とみられる「船大工業方」の「繰船幷継舟之部」によれば、秋田県米代川《よねしろ》中流の荷上場《にあげば》、小繋《こがけ》、切石などの渡しや田地通いには、一八世紀前期、ツキ・カツラ製の単材刳舟が使われていた。ところが、大木の伐り尽くしによって、明和年中（一七六四―一七七二）になると前後継ぎの刳舟（継舟）が使われだしたという。

当時すでに、丸木舟が田地通いや渡しとして利用されるのは珍しいと認識される傾向にあり、諸国からきた役人たちの道中記には賞嘆をもって記録されたこと、さらに舟造りにかんする注意事項などが詳しく述べられている。

これによると、この荷上場、小繋の渡しは、津軽様お通りのさい籠入れするための大舟で、表（舳）と艫のそりあがりの部分をのぞく長さが一七・三メートル、内のり幅八八センチメートル、深さ三六センチメートルほどの大きさで、ハタ板の厚みは六センチメートル、シキ厚一二センチメートルという厚みのある船体であった。

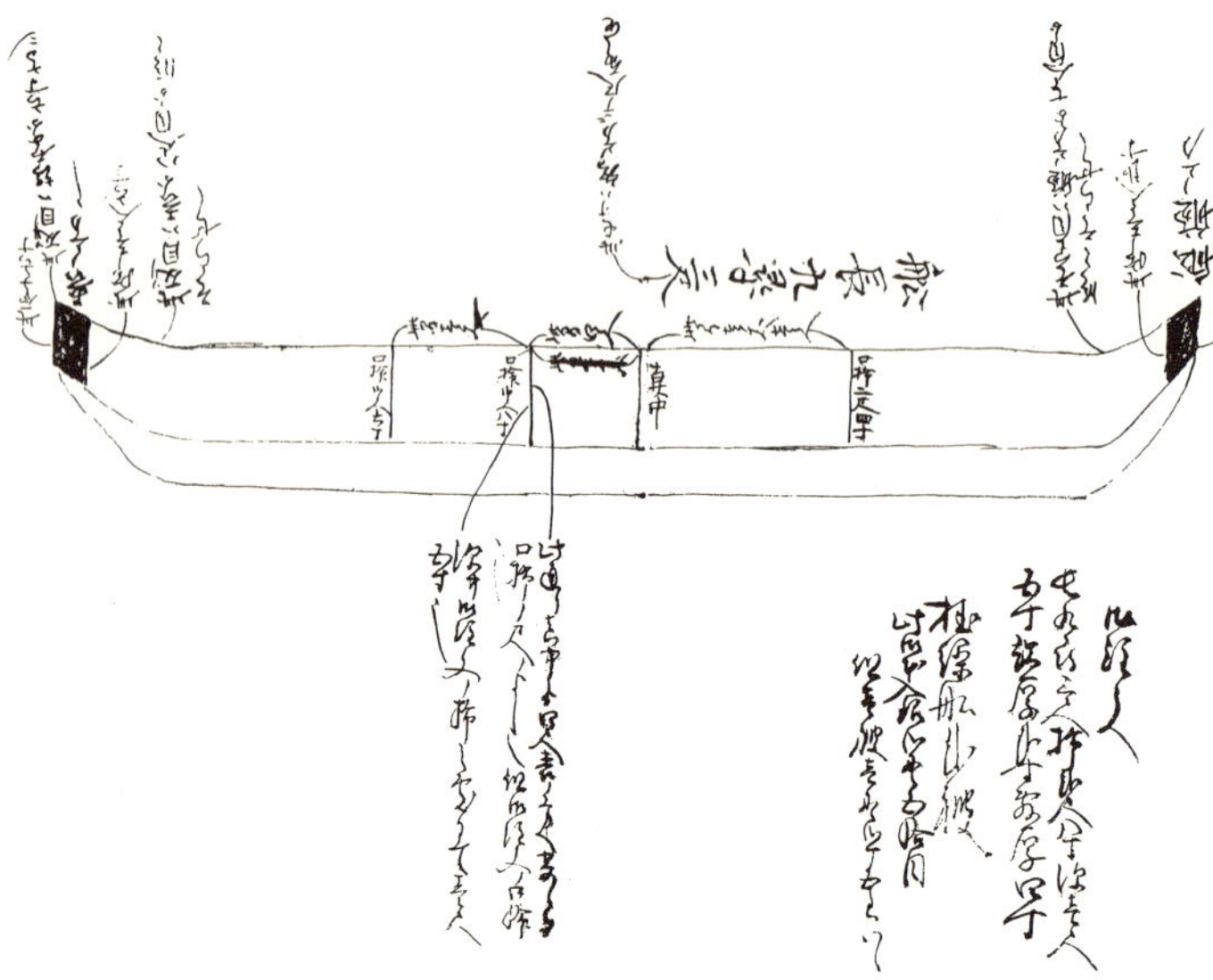

近世・米代川の前後継ぎの刳舟

荷上場，小懸の渡しに用いた津軽様の籠をのせる大舟．山出しから製作の心得にかかる記述が詳しい．「船大工業方」（能代市史編さん委員会 1977）

舟木を選ぶには、まず船首尾の疵を第一に吟味し、末下がり、根上がりの部分に疵があるような木は、使いものにならない。船首尾は水にむかい、棹を操って足をふんばるため、もっとも傷みやすいことから、そこに疵がないのが第一条件で、シキ（船底板）の疵はその次、ハタ（舷側板）の疵、節腐れなどは埋め木などで用立てればよく、それはあってもかまわない。

船体は、山で粗方の形に木取りしたのち山出しする。山中で完成してしまっては、山出しもしくは川流しのさいに傷んで、かえって不都合を生じるので、荒刳りしたものを麓のムラに運んだのち、小造りと称する本仕上げをする。

元来ご入付注文の舟は、ハタ・シキともに寸太である。通常ハタは四センチメートル、シキは八センチメートル弱ほどでよいが、お上から頂戴した注文の舟はとにかく丈夫にし、のちに傷んで造り替えるさい、朽舟を自分の用に申し請けたり、お上より払い下げを請ける場合にも繕いやすい。

ただし、ご入付注文の通船は丈夫な反面、乗りまわしが手軽でなく、そのためムラへ引き渡した場合にも村方舟乗りなどはあまりに乗りまわしが重ければ、自分に乗りやすいよう少しは手を入れ、手軽にした。

荷上場、小懸、切石の三カ所の渡し以外は小舟で、どの雑木も用いる。ツキ、カツラは上等で、そのほかセン、クヌギの木などが用いられる。田地通いの舟などは、曲がりや幅などは同じでなくてもかまわず、大小いろいろである。

すべて川舟なので、船底の下方にあまり丸みをつけると座りが悪く、波にゆられて転覆するので、底下は丸面なく、平らなほうが水面の座りがよく、波返りすることがない。

山出しがすめば、検使付き添って、引きおかれる。荒ほりを請け負った村へいったん預けおき、その後小造りの村で仕上げをしたうえで、その舟を注文の村へ渡すため、乗り下り、能代に申し立て、検査をうけ、焼き印などを入れて、いよいよ引き渡しとなった。

以上のように、小型の単材刳舟のみならず、前後継ぎの刳舟もその製作は山中の荒ほりと山麓の村での小造りからなり、もっぱら刳る作業による丸木舟造りは、単材・継舟を問わず、船材を調達する河川上流の村々が協力して請け負う仕事であった。しかも、操縦性より船殻の丈夫さをもとめる一次利用は、安全確保という大義のみならず、払い下げ後の二次利用を当初からみこんだしたたかな知恵によるものでもあった。残念ながら、継ぎの技法については書かれていないが、継舟は、上部構造物をもたず、前後にただ刳りぬき部材を継いだだけの船体だったようだ。

米代川のオモキ造り

当時の米代川の川舟は、以上のような単材刳舟や前後継ぎの刳舟だけではなかったはずである。天明八年（一七八八）、備中・新本村（岡山県総社市）、岡田藩の古川古松軒が江戸幕府の巡検使に随行して東北・北海道を旅したおり、書き綴られた紀行文『東遊雑記』には米代川の川舟二種について次のようにある。

中国・上方筋にて見なれざる船あり。土人長船と称す。長さ九間半、横は広き所にて六尺二、三寸、樫の木にて作る。岩あたりの所至って丈夫なり。操船という。長さ七間、横一尺五寸、尻頭もなく、竹をわりし如くの船なり。楫もなく櫓もなし。棹にて船をつかうなり

天明八年という成立年代と照らせば、先の「船大工業方」において道中記に登場すると指摘しているのは、おそらくこの『東遊雑記』のことであろう。

これらほぼ同時期の史料を比較すれば、古川のいう長さ一二・七メートル、幅四五センチメートルという割竹のような「操船」は、単材あるいは前後継ぎの刳舟であったと思われる。

では、一方の長船は、どのようなものであったろうか。まず、船材をカシとするのは、中国・上方ではなじみの深いカシも当地では生育しにくく、またたとえ中国・上方であっても船材にはほとんど利用しないため、誤りとみうけられる。

その大きさは、長さ一七・三メートル、幅一・九メートルという幅も長さもある大舟である。この寸法は、先の単材刳舟や前後継ぎの刳舟の特徴とはかなり隔たりがある。しかも中国・上方筋には見慣れない造りの舟であること、「岩あたりの所至って丈夫なり」という記述に照らせば、たんなる板舟でもなく、刳りぬき部材を用いて船殻を丈夫にしたオモキ造りであったと判断できる。

『東遊雑記』にみる近世・米代川の長船

オモキ造りの川舟（ズアイ）は、民俗事例としても阿仁川が米代川に合流する二ツ井町下田平で使われていたものが残っている。現在秋田県立博物館に収蔵されているそれは、長さ一三・八メートル、幅八四センチメートルの大きさであるので、古川の記述にくらべれば、幅も長さも狭く小型であるが、オモキ造りであれば、先の大きさのものを造ることは容易であったろう。

また、民俗事例では、接合はチキリやタタラといった木製接合具ではなく、鉄製の板カスガイ、釘、漆で接合されている。刳りぬき材オモキは先端でさらに継ぎたされ、左右の刳りぬき材が先端のたちあがりをおおっていく。つながるシキは船底からなだらかに上に向けて湾曲することになり、一般にみられるようなシキと船首戸立を別材にせずに、シキ板がそのまま湾曲して船首部材を構成する特徴をもっている。

この特徴は、先の古川の長船図に明瞭に描かれており、米代川の現代の板舟のほか、雄物川のオモキ造りの川舟にもみられる特徴である。

これまで述べてきたオモキ造りの川舟でも船首部の接ぎ合わせは、もっともバリエーションがあり、もっとも工夫の強いられる場所であったようで、それだけに船体の個性がよく表われる場所でもある。

以上の点から、長船は、オモキ造りであったとみる。

なお、近現代のオモキ造りの川舟は、米代川支流阿仁《あに》川の阿仁から二ツ井までの川筋で、近世期に開発された阿仁銅山の銅運搬に荷舟として使われた。ゆえに合川町付近は多数の舟大工を輩出したところであり、当地域のオモキ造りの舟大工のなかには、八郎潟のカタブネを手がけていた者もいたという。

一七世紀前期、オモキが米代川水系沿いの出羽山中から八郎潟に出されていたことは前章でふれた。遅くとも一八世紀の米代川は、オモキ造りをふくむ多様な刳舟技術が並存しあう状態にあったはずである。

九頭竜川といい、荒川といい、米代川といい、一八世紀にはオモキ造りの川舟は存在していた。ドブネ技術の川・海の交渉は、時間的隔たりをおかず、一気に進んだのかもしれない。ドブネ型は、日本海若狭湾以東の地にとって、画期的ともいえる様式化された新技術であったに違いない。その急速な浸透には、技をもつ職人たちの移動と定着の慣習が関与していたのである。

第七章　日本の丸木舟

領域が語る歴史

丸木舟の領域

近現代に引き継がれてきた日本列島の多様な丸木舟について、本書では出土船や歴史資料の分析をまじえながら、その技術の歴史的・地域的展開をあきらかにしてきた。

珍しい、消えゆく民俗という希少性を越えて、はからずも丸木舟は、列島の舟の技術文化をよく物語っている。

列島の丸木舟の技術的多様性は、まず丸木舟の複材化にあった。部材接合にみる上下、左右、前後という三次元の展開が多様な丸木舟を生みだし、しかもそれらが、ある地域の、一時代を築くほどに試されたという点で、特色あるものとなっている。

さらにその多様性を空間的にみれば、列島内部に境界を形成し、列島にみる歴史的経験がけっして一つではなかったことが指摘できるのである。

他方、これらの複材化した丸木舟の多くは、周辺アジアの同緯度地域と共通する技術でもあり、海を介した交流・交渉のもとに開かれた領域を形成していた。

共有される領域性

興味深いことに、近現代の丸木舟から描きだした列島の領域は、丸木舟の民俗技術のみを語っているわけではなさそうである。つまり、時代を違えた異なる対象においても、同様の境界の存在が指摘されていることはここであらためてとりあげておいてよいだろう。

たとえば、旧石器から奈良・平安時代にかけての秋田県の遺跡や遺物を検証した考古学者・冨樫泰時は、土器様式の南北差、あるいは古墳や城柵の北限などによって、秋田県には明瞭に北の文化と南の文化の地域差があること、その境は、秋田市と田沢湖町を結ぶ線上にあると述べている。

他方、考古学者・藤本強は、列島には「北の文化」「中の文化」「南の文化」の三つの文化が存在し、一般に日本文化として語られるものは、「中の文化」に相当し、それぞれの間にはボカシの漸移帯をふくみながら、北と南に独自の文化があったとする。そして、北と中の漸移帯を東北北部から渡島半島にかけての地域に、南と中の文化の漸移帯を九州地方南部から薩南諸島にかけての地域にあるととらえている。

また、民俗学者・下野敏見は、南西諸島の諸民俗の比較を通して、トカラ列島と奄美諸島の間に重層的な文化の相違がみられることをくりかえし説いた。

民族学者・大林太良は、文化領域の性質にふれ、文化領域はいったん形成されると継続し、それぞれに中心をもって固定化することを指摘している。時間を隔てた文化どうし、しかも互いに直接連関を見いだせない文化にあっても共通の領域性が生まれる可能性が高いのは、領域のこのような性質が関係していると考えられる。

文化の移動拡散に水上交通が主要な役割をはたしていた近代以前には、船が内陸文化の領域固定化に関与していた可能性は高い。つまり、丸木舟からとらえた領域と時代を異にする内陸文化にみるそれらとの一致は、あながち無関係な偶然と論じさるわけにはいかないものなのである。

残った丸木舟

構造船前史からの脱却

では、近現代に存在した丸木舟とはいったいなにを意味していたのであろうか。

遅れた技術、劣った技術、積極的に語られるにせよ、語られないにせよ、丸木舟にはこのような言説とイメージがしばしばつきまとう。そこに理由がないわけではない。

たとえば、船の技術史には、ある地域、あるいはある国の船の技術が初源からどのように発達展開してきたかという問題意識が基本に存在する。つまり、ある技術の初出や全盛をふまえ、時代ごとの移りかわりをもって通史とする見方である。その場合、船は、簡単なものから複雑なものへ、日本ならば、単材刳舟から複材刳舟、そして構造船へ移行したという歴史観にささえられている場合が少なくない。

このような構造船を頂点とする技術史研究の場合、本書でとりあげた内容の多くは、構造船が開花するまでの構造船発達前史として位置づけられることになる。丸木舟イコール遅れた技術と結びつけられやすいゆえんである。

技術通史の理解は、おおまかな見取り図をえるために重要な視点をあたえるものの、たとえば、構造船が現われてもなお、丸木舟が生き続ける現実、ときには構造船ではなく丸木舟が選びとられるという事実の理解にたいし、なにほども答えてはくれないという点で問題がないわけではない。

構造船の出現によって丸木舟が滅んだという認識は、それなりに正しいとしても、構造船出現後も生き続けていく丸木舟の存在を語らない点において、十全ではない。

たねあかしをすれば、本書で論じてきた多くの諸事例は、構造船によって滅びゆく宿命にあった構造船前史としての丸木舟ではなく、構造船の出現によってむしろ生き延びられた丸木舟にほかならなかったのである。

民俗事例からのアプローチ

徹底的にものを見ること、それは物質文化の研究にとっては必須の手続きであろう。ものを扱うのに、ものしか知らないのは、問題であるとしても、ものを論じるにあたって、もの知らずは致命的であろう。

ものの広がりを知る場合、分布という地理的手法もやはり有効である。

見方によれば、それは一九世紀の「死んだ方法」と映ろうが、そのような批判は覚悟のうえで、ものを集めたり、並べたりして見える世界があることも主張しておかねばならない。

だが、やはり落とし穴もある。たとえばそれは、縄文と同じ単材刳舟が現代にもあるという歴史性を発見するときである。

長い歳月を隔てた歴史の営みの共感は、同じであるというだけで不変の神話を生みだしやすく、それはまた人びとを魅了し、容易に納得させてしまうだけの力をもっているからだ。長い歳月の間に存在したであろう幾多の営みの蓄積に分け入る力をそぎかねないという点において、われわれは用心しなければばならないのである。そして、現代の民俗事例が、もしもこのような古代との直結連動においてのみ援用されるとするならば、それはあまり実り豊かな知の貢献とはいえないはずである。

すなわち、無限に広がる過去に分け入る方法として現代の民俗事例をみすえたとき、「いま、ここにある」というゆるぎない一点の、その担われ方を丹念に検証し、そこには幾通りもの道筋があったこと、それぞれに個別の道筋が、またある場合には共通の道筋が発見できるところに、民俗の固有の知は成立すると考えられる。

しかも日本の丸木舟の「いま、ここ」は、ほぼ終焉《しゅうえん》期という現実に直面してもいる。その現実が、一方で研究の終息をもたらすことであったとしても、見方をかえれば、それはまた無限大に開かれていた過去について、より深い理解をえるための好機にもなっているのである。

考えるに、学者の出番とはこんなところではなかろうか。

それぞれの丸木舟を観察すれば、土地土地で成長し続けてきた技術のゆきつく姿をまのあたりにできるし、去りゆく歩みも一様ではなく、その足跡を読むことが、いまなればこそ可能である。

ゆえにそのためには、構造船前史からも、不変の神話からも解放されることがまずは肝要であろう。

生活から文化財の舟へ

現代を切りとった丸木舟の分布域は、少なくとも一〇〇年前のそれとかわることがなかった。つまり、近代から現代にかけての丸木舟の分布域は大きくかわってはいない。

ただし、注意深くみれば、分布域が同じであれ、数は減少している。ことに生活のなかでの比重は明らかに減少した。

舟造りの職人がなりわいをたて、できあがった舟で漁師や百姓、船頭がなりわいをたてるという当たり前の暮らしが当たり前ではなくなっていった昭和三〇―四〇年代ころ、暮らしの終焉が強く察知されるなかで、台頭してきたのが民俗文化財という新しい価値観である。

それによって民俗文化財としての舟は保存され、たとえ現物が消失したところでも多少の伝承記録が残された。

このような行為は、確かに分布を固定化するだけの力をもっていた。だが、そこには大きな価値転換があったことを確認しておく必要はあるだろう。つまるところ、文化財という価値観は、死を許さない永遠の終焉の持続をめざすものともいえるのである。

丸木舟は今後も限定的ながら造られ続けるはずである。むろん、それは、生活としての舟ではなく、郷土文化のシンボルや文化復興運動のシンボルとしてである。アイヌの丸木舟をはじめ、博物館の展示物として舟の復元製作が各地でなされている状況をみれば、それはすでに現実のものとなっている。これらは、過去に経験してこなかった新しい価値意識にもとづくいささか現代的な動きである。

いまのところ、文化財としての「もの」は、伝承の固定化に寄与したものの、生活としての「もの」の生産にむかう有効な手だてにはなっていないようである。つまり、生活としての舟と文化財としての舟は、時間的な連続性をもってしかも姿形をそのままにして存在しえたが、その意味するところは両者の間に越えがたい質的相違を生んでおり、一〇〇年前と分布域が同じという連続性は、この価値の断絶によってこそ可能になったととらえられるのである。

いまや職人として食べていけるだけの仕事をもつ舟大工職人は、数えるほどである。漁業や交通に実働している丸木舟も、数えれば本州日本海側や東北・北海道などの一部に限定される。

文化財として残るものと、なくなる人間の暮らし。ものは人間の暮らしの死を越えて生き続けようとし、別の意味をあたえられて、生き続けるのである。要はこの別格化したものから、暮らしの営みをどれほど嗅ぎ分け、暮らしの創造に近づけられるかであろう。

沿岸小型漁船

現存民俗事例にみる丸木舟は、いずれも沿岸漁船を中心とする比較的小型の舟であった。

もっともそれは、丸木舟に限らず、木造船全般においてあてはまる傾向とみてよく、水運を担う木船は漁船とくらべてもごくわずかしか残っていない。

つまり、漁は、資源の枯渇などが指摘されながらも他に代替しにくい生業として、長く生き残る素地があるのにたいして、水運は、陸上交通に代替可能なものとみなされ、一部は陸上輸送にとってかわられ、一部は技術革新により大型タンカーなどの輸送船に刷新されていき、過去の木造船系譜とはまったく異なる技術展開を形成するにいたっている。

他方、小型漁船は、和船史のなかでつねに主役になることはなかったにもかかわらず、大型運搬船では衰退して久しい技術が、小型漁船ではなお生存領域をみたす技術とみなされて生き続けることができた。

これらの事実は、ときとして技術転換が大型運搬船から進み、小型漁船に移行したとする解釈に使われがちである。

大型船ほど技術革新がより先取的に進み、それが小型船にもおよぶという傾向は、一般論として十分理解できるとしても、ここで導きだせる技術継承の一般化はそのことを直接ささえるものではない。

すなわち、本書の内容は、大型運搬船を上位とし、小型漁船を下位として技術革新は上位から下位に伝わるという進化の方向性についてではなく、獲得された丸木舟技術は、小型漁船ほど長く持続するという継承性ともっぱら関係しているのである。

では、なぜ長く持続可能であったのか。そこには暮らしにみあう経済性の尺度、いいかえると手ごろさの尺度が関与していたと考えられる。

手ごろな大木の減少

単材刳舟の減少について、あるいは単材刳舟から複材刳舟への技の転換について、その説明は、しばしば大木を切り尽くしたためと結ばれやすい。

確かに単材刳舟は、大木の存在なくしては成立しない技術である。そのため、この言説は、矛盾なく使われて、しかも説得的で、さしたる疑問をさしはさむことが困難なほどである。

だが、この説明は単材刳舟の衰退を、あるいは単材刳舟の技術転換を必要にして十分に説明しているとはとうてい思われない。もし、この説明を使うとしても、「手ごろな木材がなくなった」とつけくわえる必要があるだろう。

ここでいう「手ごろさ」とは、舟の大きさにみあうという意味と暮らしむきにみあうという二つの意味をふくんでいる。

舟の大きさにみあう手ごろさをみたすための手だては、大木のむやみな伐採を阻止して、山々の森林保全をはかることで実践可能である。

現代まで単材刳舟を製作利用してきた男鹿半島と種子島では、近世期すでに森林伐採の人間圧を抑制し、舟造りを持続可能にするための制度がそれぞれ違った形で整備されており、単材刳舟造りを長きにわたって可能にした森林環境とは、人間と自然双方への相応の働きかけを重ねてこそ発揮されるものであった。

他方、舟の大きさにみあう手ごろな大きさの材木がたとえ調達できたとしても、それが土地の暮らしの経済にみあわないものであるならば、人々は身上《しんしょう》をかけて入手したりはしない。

単材刳舟は、森の豊かさの象徴である一方、まことに贅沢な舟であり、材の歩どまりからみれば、いささか無駄の多い、資源消費の激しい技術といえる。オノとチョウナという簡単な道具だてで製作でき、専門の舟大工によらなくても製作可能である簡便性は確かに単材刳舟の利点である。また薄くも厚くもいかようにも造られる自在性があり、なおかつ丈夫さは板舟の比ではない。小型船にみる丸木舟は、これらの点で板舟に優る長所をもっている。

だが、使う材木の量が多いため、木材の資源価値が高まれば、たとえ舟造りにみあう巨木があってもとうてい手が出ないほどの高価な材料になる。また手間の面でも複材刳舟と比べてはるかに多くの日数を要することになる。これらは舟の値段へとはねかえり、近代になると、もはや単材刳舟は「板舟より数倍高い舟」という評価が定着していた。すなわち、単材刳舟は、市場経済の機構のなかで暮らしの手にあまる贅沢品となり、生活道具としての手ごろさを失っていったといえる。

森林保全とは別の道、複材化という技術革新は、この手ごろさの幅、自由度を拡大していくもう一つの道であった。

大木の減少は、複材化の技術開発の要因の一部ではあったかもしれないが、むろんそれが丸木舟の技術展開の主要因であり続けたわけではなかった。

第三の舟・複材丸木舟

近現代に残った丸木舟は、それしかなかった時代を生きたのではなく、多くの場合、他に代替可能なものを知ったうえで、なお継承され、選びとられたものである。むろんそこには、よいから残るという積極的な理由と、別のものに替える余裕がないといった消極的な理由の双方がある。

ただし、舟という水界移動の道具は、本来いたって合目的的な道具で、なんとはなしに存在しうるものではない。いいかえると、「この浜」の「この地引網漁」に使用する、「この漁場」での「この貝引き」に便利である、「あの岬」につけて、「これだけの稲藁を運搬する」のにちょうどよいといった、みずからの生活域における、具体的な生活目的に通用するかどうかが重要なのである。つまり、ここから生活の目的が技術を育てるという論理がなりたつ。ゆえにいったん目的が失われると、その舟は見向きもされず、急速に技術退縮が生じることにもなる。

他方、技術の成長は目的を広げる。たとえば、日本海のドブネ型の基本技術は定置網にも、地引網にも農用にも、また海や潟、川にも通用するだけの可塑性をもっており、高度に様式化された技術が幅広い目的への対応を可能にしていた。

ここにいう技術の成長とは、刳舟のよさを残しつつ、刳舟にはない自由度が構造船技術の受容によって拡大されたことをさす。

つまり、近現代に生き残った複材刳舟のうち、その多くは構造船の技術によって完成した技術とみることができる。たとえば、ドブネ型はもはや刳りぬき材をとりいれた構造船といったほうがふさわしいものとなっている。その接合部は、スリノコによってスリアワセを密にすることで、漆接着が生かされたのであり、板だけを合わせた構造船と明瞭に区別されながらも、積極的に板舟接合の技法をとりいれているところに特色がある。板舟製作を容易にしたノコの発達や平張りを容易にした縫釘やカスガイなどによって一層補完されていった技術といえるのである。

丸木舟にみる丈夫さや耐久性は、構造船にはえがたい長所である。他方、構造船は、木材の大きさの制約を克服・緩和して、どのような大きさの舟でも造ることができるという自由度があり、それは単材の丸木舟にはえがたい長所である。

この両者の長所を引きだした複材刳舟の建造工程は、刳りぬき部材のとりだし方においても大幅な手間の短縮をもたらした。

一本の丸太から二本の刳りぬき部材をはつる技法は、単材刳舟を刳りだす技法よりはるかに簡単である。材をまわしながら、よどみなくオノで割りだし、チョウナで調整する。たとえば、長さ六・三メートルの種子島の単材刳舟が、荒刳りと仕上げだけでも延べ一カ月以上の工程を要し、伐採から完成までに早くて四六人工程はかかる。それにたいして、長さ一〇メートルのオモキ造りのドブネでは、四〇人工が標準、長さ五・八メートルのトモドでは荒木どりから一五・六人工程と短くなっている。

構造船の接合技術は、ボウチョウ型の刳舟にみる二材合わせを容易にし、一材のものより手早く、しかも丈夫さの点では申し分のない船体を生みだせたのである。

ここに構造船とともに積極的に残りうる複材刳舟の併存化現象をもたらすことになった。つまり、複材刳舟の多くは、構造船へ移行するために準備された、過渡的技術ではなく、構造船技術との接触によって新たに開発され、あるいは生かされ続けた第三の舟であったといえる。

したがって、列島の丸木舟が、構造船の出現よりはるか以前から使われた舟であることは事実としても、近現代に継承された多様な構造をもつ丸木舟のすべてが構造船より長い命脈を有していたとはいえないのである。

そして、複材刳舟は、鉄、プラスチックといったまったく異質な材質に代替されるまで構造船とともに残り続けた。

構造船の前段階としてではなく、構造船との出会いによって保証された複材刳舟が列島には見いだせるのである。

文献

日本の人名はローマ字表記（日本式）による。

中国・韓国などの人名は、原則として原語音のローマ字表記による。


【A】


阿部寿一編、一九八四年、『貝附村資料』。

安達裕之、一九九八年、『日本の船——和船編』船の科学館。

愛知県教育委員会編、一九六九年、『三河湾・伊勢湾漁撈習俗緊急調査報告　二』。

アイヌ文化保存対策協議会編、一九七〇年、『アイヌ民族誌』第一法規出版。

赤羽正春、一九八一年、「新潟県川舟造船技術の系譜」、『民具マンスリー』一四巻九号、九—一四頁。

——、一九八三年、「雄物川の川舟とその技術」、『民具マンスリー』一五巻一二号、一—六頁。

秋田県編、一九六五年、『秋田県史（資料　近世編下）』。

秋田叢書刊行会編、一九二九年、『秋田叢書　二』。

安藤英男校注、一九七四年、『塵壺——河井継之助日記』平凡社。

青森県教育委員会編、一九七〇年、『津軽半島北部山村振興町村民俗資料緊急調査報告書』。

青森県農商課、一九一五年、『青森県漁具誌』青森県水産試験場。

青森県立郷土館編、一九八二年、『小舟渡の民俗』（調査報告集一三）。

——、一九八五年、『青森県の漁撈用和船』（調査報告集一八）。

荒川秀俊編、一九六九年、「上海航記」、『近世漂流記集』法政大学出版局、四三七—四六八頁。

荒川町史編纂委員会編、一九八六年、『荒川町史（資料編Ⅰ）』荒川町。

——、一九九〇年、『荒川町史（資料編Ⅴ）』荒川町。


【B】

バード・I、一九七三年、『日本奥地紀行』高梨健吉訳、平凡社。

文化庁、一九七四年、『日本民俗地図　四（交易・運搬）』財団法人国土地理協会。

文化庁文化財保護部、一九七一年、『八郎潟の漁撈習俗』平凡社。

文化財保護委員会、一九六二年、『蔓橋の製作工程・「どぶね」の製作工程・「ともど」の製作工程』。


【D】

戴開元、一九八五年、「中国古代的独木舟和木船的起源」、『船史研究』一号、四—一七頁。

大日本水産会兵庫支会、一八九七年、『兵庫県漁具図解』。

出口晶子、一九八三年、「諏訪湖の舟——その機能的位置づけ」、『季刊人類学』一四巻一号、五〇—八〇頁。

——、一九八七年、「刳船の発達諸形態の分類と地域類型——日本とその隣接地域を中心として」、『国立民族学博物館研究報告』一二巻二号、四四九—四九七頁。

——、一九九三年、「台湾ヤミ族のタタラとエスニックアイデンティティ——民族文化の継承におけるモノの力」、『海と人間』二一号、八八—一〇八頁。

——、一九九三年、「モースの見た船——九州本島の刳船考」、柚木学編『九州水上交通史』（日本水上交通史論集五）文献出版、四〇五—四三〇頁。

——、一九九三年、「大阪鼬川出土の刳船の彩色絵図について」、『大阪の歴史』三九号、一—一九頁。

——、一九九五年、『日本と周辺アジアの伝統的船舶——その文化地理学的研究』文献出版。

——、一九九六年、『川辺の環境民俗学——鮭遡上河川・越後荒川の人と自然』名古屋大学出版会。

——、一九九六年、「韓国の在来型構造船——隣接アジアとの比較から」、『青丘学術論集』九号、九七—一四二頁。
——、一九九七年、『舟景の民俗——水辺のモノグラフィ・琵琶湖』雄山閣出版。
——、一九九九年、「丸子船復元——再生する人・モノ・技」、用田政晴・牧野久実編『よみがえる丸子船』（琵琶湖博物館研究調査報告一三）一七—五二頁。
——、未刊、「船から見た日本海文化——海船・ドブネの技術展開から」、『日本海学叢書（仮称）』富山県。
土井駒蔵編、一九六五年、『竹屋町史』竹屋区。

【E】

越前町史編纂委員会編、一九七七年、『越前町史　上』越前町役場。

【F】

FERRARS, M. and B. FERRARS, 1900, *Burma*. Sampson Low, Marston and Company.
福建省博物館・連江県文化館、一九七九年、「福建連江発掘西漢独木舟」、『文物』二期、九五—九六頁。

【G】

国立慶州博物館、一九八四年、『国立慶州博物館』通川文化社。

【H】

羽咋市史編纂委員会編、一九七二年、『羽咋市史（現代篇）』羽咋市役所。
——編、一九七四年、『羽咋市史（近世篇）』羽咋市役所。
橋本宗彦編、一九七三年、『秋田沿革史大成』秋田加賀屋書店。
HASSLÖF, O., 1972, "Main Principles in the Technology of Ship-Building," in O. Hasslöf et al. (eds.), *Ships and*

Shipyards, Sailors and Fishermen, Copenhagen University Press, pp. 27-72.

秦檍丸撰「蝦夷生計図説」（高倉新一郎編、一九六九年、『日本庶民生活史料集成四（探検・紀行・地誌　北辺編）』三一書房、五四五―六三八頁）。

氷見市史編集委員会編、一九六三年、『氷見市史』氷見市役所。

氷見百年史編集委員会編、一九七二年、『氷見百年史』氷見市役所。

ヒッチコック・R、一九八五年、『アイヌ人とその文化――明治中期のアイヌの村から』北構保男訳、六興出版。

北海道教育庁社会教育部文化課、一九八三年、『アイヌ民俗文化財調査報告書　二』北海道教育委員会。

北海道教育委員会、一九七〇年、『日本海沿岸ニシン漁撈民俗資料調査報告書』（北海道文化財シリーズ一二）。

本田孫九郎、『大島私考』。

祝宮静、一九七七年、「沢内のまるきぶね」、日本ナショナルトラスト編『全国民俗博物館総覧』柏書房、四六九頁。

――、一九七七年、「大沼の箱型くりぶね（きっつ）」、日本ナショナルトラスト編『全国民俗博物館総覧』柏書房、四七〇頁。

堀江敏夫、一九六七年、『アイヌ丸木舟の研究――北海道アイヌの場合』苫小牧地方史研究会。

――、一九六七年、『アイヌの板綴舟について』苫小牧郷土文化研究会。

徐瀛洲（HSÜ, YING-CHOU）、一九八一年、「ヤミ族の刳底組合せ船について」、『えとのす』一四号、四―一〇、二七―三三頁。

――、1982, *YAMI Fishing Practices—Migratory Fish.*—Taiwan Aborigine Monogragh Series ① Southern Materials Center.

――、一九八三年、「シェアラー論文について」、『えとのす』二〇号、四〇―四七頁。

――、一九八四年、『蘭嶼之美』行政院文化建設委員会。

藤本強、一九八八年、『もう二つの日本文化』東京大学出版会。

深田正韶、一八四三年、『尾張志』（一九六九年『尾張志　下』歴史図書社）。

———編、細野忠陳抄出、『天保会記鈔本』（名古屋市蓬左文庫編、一九八七年、名古屋市教育委員会）。

福井県、一九八四年、『福井県史（資料編一五　民俗）』。

福井県町村議会議長会編、一九八八年、『福井県町村自治名鑑』。

福井県教育委員会、一九六四年、『福井県民俗資料緊急調査報告書』。

———・福井県立朝倉氏遺跡資料館、一九八二年、『特別史跡一乗谷朝倉氏遺跡　XIII』。

福井県立図書館・福井県郷土誌懇談会編、一九五八年、『越前国名蹟考』。

———、一九六三年、『若狭漁村史料』。

福井県立若狭歴史民俗資料館、一九九〇年、『ふねと信仰』。

福井県敦賀郡役所、一九一五年、『敦賀郡誌』。

福島県教育委員会、一九八四年、『福島県浜通りの海事習俗』（福島県立博物館調査報告五）。

福沢諭吉著、富田正文校訂、一九七八年、『新訂福翁自伝』岩波書店。

古川古松軒、『東遊雑記』（大藤時彦編、一九六四年、平凡社）。


【イ】

伊波普猷、一九二一年、「『渡琉日記』を紹介す」（一九七五年、『伊波普猷全集　七』平凡社、二八八—三〇五頁）。

池畑光尚・田草川善助、一九九三年、「櫓漕の推進性能に関する水槽実験」、『日本造船学会論文集』一七二号、二八七—二九七頁。

池野茂、一九九三年、「琉球山原船水運を担った船舶を中心に」、柚木学編『九州水上交通史』（日本水上交通史論集五）文献出版、三一三—三五五頁。

———、一九九四年、『琉球山原船水運の展開』ロマン書房本店。

今西幸蔵、一八一三年、『今西氏家舶縄墨私記坤』（谷川健一・宮本常一・原口虎雄編、一九七〇年、『日本庶民生活史料集成一〇』三一書房、六四九—六五九頁）。

井之本泰、一九九一年、「丹後のトモブト製作について」、『近畿民具』一五号、三五―四五頁。

犬飼哲夫、一九三九年、「アイヌの木皮舟」、『北方文化研究報告』一号、九三―一〇五頁。

石井謙治、一九五七年、『日本の船』創元社。

――、一九八二年、「複材刳船の考察――とくに門式嵌接法に関連して」、稲・舟・祭刊行世話人編『稲・舟・祭（松本信広先生追悼論文集）』六興出版、二四五―二六一頁。

――、一九八三年、『図説和船史話』至誠堂。

――、一九九五年、『和船　I・II』法政大学出版局。

石塚尊俊、一九六〇年、『民俗資料による刳舟の研究――ソリコ・モロタ・トモドを重点として』日本民家集落博物館。

礒貝勇、一九五七年、「マルキ・トモブト――日本海の古形式小漁舟」、『近畿民俗』二二号、一―七頁。

伊藤裕満、一九八六年、「白老アイヌのシリカプ漁」、『アイヌ文化』一一号、二〇―四〇頁。

IVANOV, S. V., A. V. SMOLYAK and M. G. LEVIN, 1964, "The Ul'chi," in M. G. Levin and L. P. Potapov (eds.), *The peoples of Siberia*, S. Dunn, trans., The University of Chicago Press, pp. 721-736.

――、1964, "The Orochi," in M. G. Levin and L. P. Potapov (eds.), *The peoples of Siberia*, S. Dunn, trans., The University of Chicago Press, pp. 750-760.

岩倉市郎、一九四〇年、『喜界島漁業民俗』アチックミューゼアム。


【J】

江蘇造船学会船史編輯辦公室、一九八五年、「宜興西渚最近出土的独木舟」、『船史研究』一号、一〇二―一〇三頁。
JOHNSTONE, P., 1980, *The Sea-Craft of Prehistory*, Harvard University Press.

【K】

貝原益軒編、一七〇三年、『筑前国続風土記』。

鎌田幸男、一九七八年、「男鹿の独木舟」、『雪国民俗』六号、一六―三一頁。

――、一九七九年、「胴舟考」、『社会科教育研究会誌』五号、一九―三二頁。

――、一九七九年、「ゴガチョ舟考」、『雪国民俗』七号、一四―二〇頁。

――、一九八〇年、「岩館・八森地域の複材丸木舟」、『雪国民俗』九号、六二―六四頁。

神奈川県教育委員会、一九七一年、『相模湾漁撈習俗調査報告』。

金沢兼光、一七六六年、『和漢船用集』。

鹿野忠雄、一九二八年、「ヤミ族の船に就きて」、『民族』三巻五号、九九―一一〇頁。

――、一九三〇年、「クヴァラン族の船及び同族とアミ族との関係(1)」、『人類学雑誌』四五巻一一号、四四一―四四四頁。

――、一九三〇年、「クヴァラン族の船及び同族とアミ族との関係(2)」、『人類学雑誌』四五巻一二号、四七六―四八〇頁。

――、一九三一年、「紅頭嶼蕃の使用する船」、『人類学雑誌』四六巻七号、二六二―二七二頁。

――、一九三八年、「紅頭嶼ヤミ族の大船建造と船祭」、『人類学雑誌』五三巻四号、一二五―一四六頁。

――、一九四六年、「西南太平洋の刳板組合せ船」、『東南亜細亜民族学先史学研究――台湾を中心とせる 一』矢島書房、五六―八一頁。

樺太庁、一九三三年、『アイヌ外土人調査』(河野本道選、一九八〇年、『アイヌ史資料集六 樺太編』北海道出版企画センター)。

鳥田智庵輯録、村田峰次郎編、一八九一年、『萩古実未定之覚』(長周叢書)。

萱野茂、一九七八年、『アイヌの民具』すずさわ書店。

川良雄、一九六〇年、『八田の歴史』河北郡森本町八田公民館。

川崎晃稔、一九七六年、『薩南諸島の刳舟製作習俗聞書』南島民俗研究会。

――、一九九一年、『日本丸木舟の研究』法政大学出版局。

企画部市史編集室、一九七七年、『那覇市史　資料篇一—三』那覇市役所。

金在瑾、一九九七年、「韓国の水中発掘古船」、『海事史研究』五四号、四〇—五〇頁。

小林登・渡辺和敏編、一九七七年、『新居町史　資料編七』新居町教育委員会。

小林茂樹、一九五六年、「諏訪湖の丸太舟」、『信濃』八巻三号、一—九頁。

———、一九八〇年、『諏訪湖の漁労』。

児玉作左衛門、一九四一年、「デ・アンジェリスの蝦夷国報告書に就て」、『北方文化研究報告』四号、二〇一—二九六頁。

国分直一、一九八一年、「徐瀛洲氏報告によせて」、『えとのす』一四号、三四—三五頁。

———、一九八二年、「古代東海の航海と船をめぐる問題」、稲・舟・祭刊行世話人編『稲・舟・祭』六興出版、一八五—二一七頁。

国務院実業部臨時調査局、一九三七年、『松花江漁業調査(1)』。

小松茂美編、一九八八年、『日本の絵巻一三　蒙古襲来絵詞』中央公論社。

———、一九八八年、『日本の絵巻二〇　一遍上人絵伝』中央公論社。

———、一九九二年、『続日本の絵巻一八　男衾三郎絵詞　伊勢新名所絵歌合』中央公論社。

昆政明、一九八二年、「青森県における漁撈用和船(1)」、『青森県立郷土館調査研究年報』七号、八七—一〇四頁。

———、一九八三年、「青森県における漁撈用和船(2)」、『青森県立郷土館調査研究年報』八号、七七—八八頁。

Korea Review, 1903, "Boats of Sung = jin," *Korea Review* 3 : 405.

小境卓治、一九九一年、「漁業」、氷見市教育委員会編『氷見の民俗』六一—一二五頁。

拵嘉一郎、一九九〇年、『喜界島風土記』平凡社。

久保寿一郎、一九八三年、「弥生時代における舟形木製品」、大阪府教育委員会・大阪文化財センター編『西岩田』六二—六九頁。

———、一九八七年、「日本古代の船舶資料——舟形模造品資料集成」、『九州考古学』六一号、六〇—九一頁。

———、一九八七年、「舟形模造品の基礎的研究」、岡崎敬先生退官記念事業会編『東アジアの考古と歴史　下』同朋舎出版、二六九―二九〇頁。

――、一九八八年、「日本古代船舶関係遺跡地名表」、福岡市立歴史資料館編『古代の船――いま甦る海へのメッセージ』七三―九六頁。

隈昭志、一九八七年、「菊池川流域の水運と文化」、熊本県教育委員会編『熊本県歴史の道――菊池川水運』九―一五頁。

――、一九八九年、「緑川流域の水運と文化」、熊本県教育委員会編『熊本県歴史の道――緑川水運』八―一四頁。

熊本大学文学部民俗学研究室編、一九八四年、『佐仁の民俗』（笠利町文化財報告八）笠利町教育委員会。

クレイノヴィチ・E・A、一九九三年、『サハリン・アムール民族誌――ニヴフ族の生活と世界観』枡本哲訳、法政大学出版局。

京都府立丹後郷土資料館、一九九〇年、『海・ふね・人』。


【L】

ランドー・A・S、一九八五年、『エゾ地一周ひとり旅』戸田祐子訳、未来社。

黎松盛・林士民、一九八五年、「浙江寧波出土竜舟考略」、『船史研究』一号、一八―二四頁。

凌純聲、一九七〇年、『中国遠古與太平印度両洋的帆筏戈船方舟和樓船的研究』（中央研究院民族学研究所専刊一六）中央研究院民族学研究所。


【M】

前島信次、一九三六年、「日月潭の珠仔嶼」、『民族学研究』二巻二号、一九一―二一三頁。

巻町編、一九八八年、『巻町史（資料編二　古代・中世・近世一）』。

――、一九九〇年、『巻町史（資料編五　近・現代二）』。

――・潟東村教育委員会、一九七五年、『角海浜総合調査報告書　角海浜』。

巻史学会、一九六二年、『巻町双書四　蒲原の民具』巻町役場。

間宮倫宗、『北蝦夷図説』（一九七五年、名著刊行会）。

真下八雄、一九八六年、「丹波・丹後地方諸藩の由良川舟運政策について」、柚木学編『日本海水上交通史』（日本水上交通史論集一）文献出版、四六三―四九八頁。

松田伝十郎、『北夷談』（高倉新一郎編、一九六九年、『日本庶民生活資料集成四（探検・紀行・地誌　北辺篇）』三一書房、七七―一七五頁）。

松前町史編集室編、一九七四年、「松前蝦夷記」、『松前町史・史料編一』第一印刷出版部、三七七―三九三頁。

松本雅明編、一九八三年、『肥後読史総覧　下』鶴屋百貨店。

松本信広、一九七八年、『日本民族文化の起源　二』講談社。

松村小百合、一九八〇年、「じゃり船の移りかわり」、由良川こども風土記編集委員会編『由良川こども風土記』一一〇―一一二頁。

松下石人、一九七〇年、『三州奥郡漁民風俗誌』渥美町教育委員会。

McGRAIL, S., 1987, *Ancient Boats in N. W. Europe*, Longman.

三原市役所、一九七七年、『三原市史一（通史編一）』。

三保喜左衛門、『唐太話』（高倉新一郎編、一九六九年、『日本庶民生活資料集成四（探検・紀行・地誌　北辺篇）』三一書房、二〇一―二二二頁）。

三崎一夫、一九八七年、「三陸沿岸の磯船」、『民具マンスリー』一九巻一〇号、一―九頁。

宮本常一、一九六四年、『海に生きる人びと』未来社。

――――、一九七三年、『海と日本人』八坂書房。

――――、一九七五年、『海の民』（一九八七年『宮本常一集　一九』未来社）。

――――、一九八一年、『日本文化の形成（講義一）』そしえて。

――――、一九八一年、『日本文化の形成（講義二）』そしえて。

――――、一九八一年、『日本文化の形成（遺稿）』そしえて。

――・川添登編、一九七四年、『日本の海洋民』未来社。

三好想山、一八四九年、『想山著聞奇集　二』（森銑三・鈴木棠三編、一九七〇年、『日本庶民生活史料集成一六（奇談・奇聞）』三一書房、三―一二三頁）。

木浦海洋遺物保存処理所編、一九九三年、『珍島　碧波里　丸木船　発掘調査報告書』。

森本孝、一九八六年、「飛島の磯と海」、『あるくみるきく』日本観光文化研究所、二三五号、四―三四頁。

森山町、一九八五年、『森山町郷土誌』。

森山町教育委員会、一九七四年、『くり舟と水晶観音由来記』（パンフレット）。

森山恒雄、一九八七年、「中世の政治・社会と菊池川」、熊本県教育委員会編『熊本県歴史の道――菊池川水運』一六―四三頁。

諸岡村史編集委員会編、一九七七年、『諸岡村史』諸岡村史発刊委員会。

モース・E・S（MORSE, E. S.）、一九七〇年、『日本その日その日　一』石川欣一訳、平凡社。

――、一九七〇年、『日本その日その日　二』石川欣一訳、平凡社。

――、一九七一年、『日本その日その日　三』石川欣一訳、平凡社。

――、1917, *Japan Day by Day 1877 1878-79 1882-83*, Volume II, Houghton Mifflin Company.

文化公報部文化財管理局、一九八五年、『莞島海底遺物』。

村松貞次郎、一九七三年、『大工道具の歴史』岩波書店。

武藤鉄城、一九四〇年、『秋田郡邑魚譚』アチックミューゼアム。


【N】

長根助八、一九二五年、『樺太土人の生活』洪洋社。

長崎県編、一八九六年、『漁業誌』鶴野鱗五郎。

名越左源太著、国分直一・恵良宏校注、一九八四年、『南島雑話　一・二』平凡社。

名古屋市蓬左文庫、一九八七年、『天保会記鈔本　三』名古屋市教育委員会。

内水面漁撈研究会編、一九九九年、『現存漁具記録調査報告』（琵琶湖博物館研究調査報告七）滋賀県立琵琶湖博物館。

中島正国、一九五四年、「美保神社の諸手船と諸手船神事」、『山陰民俗』二号、一八―二二頁。

中山又次郎、一九六三年、『内灘郷土史』内灘町役場。

難波琢雄、一九九一年、「アイヌ丸木舟の地方型」、『アイヌ文化』アイヌ無形文化伝承保存会、一六号、五―二二頁。

名取武光、一九四〇年、「北海道噴火湾アイヌの捕鯨」、『北方文化研究報告』三号、一三七―一六一頁。

NEEDHAM, J., L. WAN and G. D. LU, 1971, *Science and Civilisation in China*, Vol. 4, Part 3-2, Cambridge University Press.

ニーダム・J、一九八一年、『中国の科学と文明　一一（航海技術）』坂本賢三・橋本敬造・安達裕之・松木哲訳、思索社。

新潟県、一九八〇年、『新潟県史　資料編八、近世三（下越編）』。

西村真次（NISIMURA, S.), 1920, *The Kumano-no-Morota-Bune*. The Society of Naval Architects.

――、一九三〇年、「仁科三湖の船舶の土俗学的及び考古学的研究」、田中阿歌麿編『日本北アルプス湖沼の研究』信濃教育会北安曇部会、六六〇―六六八頁。

――、一九三八年、「先史時代及び原史時代の水上運搬具」、長坂金雄編『人類学・先史学講座　六』雄山閣、一―一三八頁。

西鶴定嘉、一九四二年、『樺太アイヌ』（一九七四年、みやま書房）。

野口武徳、一九七五年、「沖縄の伝統的船について」、大林太良編『船』社会思想社、一一七―一三九頁。

能生町教育委員会編、一九八八年、『能生白山神社の船絵馬』。

能代市史資料編纂委員会編、一九七七年、『能代市史資料（船大工業方他）八』能代市教育委員会。

農商務省農務局、一八九四年、『水産事項特別調査』。

能都町史編集専門委員会編、一九八一年、『能都町史　二（漁業編）』能都町役場。

能生町史編さん委員会編、一九八六年、『能生町史　上・下』能生町役場。

【O】

大林太良、一九九〇年、『東と西　海と山――日本の文化領域』小学館。

大潟町、一九八三年、『ふるさと大潟町』。

岡田啓・野口道直、一八四一年、『尾張名所図会』（一九一九年、原田幹校訂『尾張名所図会　中巻』大日本名所図会刊行会）。

岡正雄、一九五八年、「日本文化の基礎構造」（一九七九年、『異人その他』言叢社、一八―三六頁）。

沖縄県教育委員会文化課、一九七四年、『糸満の民俗』那覇出版社。

小村弌編、一九七八年、『近世関川郷史料　一』関川村教育委員会。

――編、一九八一年、『近世関川郷史料　二』関川村教育委員会。

小野清編、一八九九年、『大坂城誌』。

大阪府教育委員会編　一九九一年、『讃良郡条里遺跡発掘調査概要II――寝屋川市出雲町所在』。


【S】

佐賀県教育委員会、一九六二年、『有明海の漁撈習俗』。

桜田勝徳、一九八〇年、『桜田勝徳著作集　三（漁撈技術と船）』名著出版。

産業部大臣官房資料科、一九三七年、『哈爾濱ヲ中心トスル松花江漁業調査報告書(2)』、実業部臨時産業調査局。

佐織町史編さん委員会・佐織町史調査編集委員会編、一九八九年、『佐織町史　通史編』佐織町役場。

篠田健三、一九九四年、「小坪マルキブネの名どころ」、『民具マンスリー』二七巻一号、一二―一九頁。

佐藤三次郎、一九三八年、『北海道幌別漁村生活誌』アチックミューゼアム。

佐藤利夫、一九八〇年、「近世前期における佐渡の廻船商人」、豊田武編『日本海地域史研究　一』文献出版、八一―一二六頁。

瀬森利彰、一九七七年、「瀬嵐の丸木舟」、『加能民俗研究』五号、三一―四三頁。

山東省博物館・平度県文化館、一九七九年、「山東平度隋船清理簡報」、『考古』一六一号、一四五―一四八頁。

柴田恵司編、一九九一年、『東南アジアと日本の漁船』。

茂野幽考、一九二九年、「南島の独木舟研究」、『旅と伝説』二巻二号、七―一一頁。

敷香郷土研究会編、一九三〇年、『樺太奥地見学の栞』半沢中商店(河野本道選、一九八〇年、『アイヌ史資料集六・樺太編』北海道出版企画センター)。

嶋田忠一、一九八〇年、「米代川の舟」、『教育秋田』三七三号。

島崎藤左ェ門、一九六五年、『沖の網漁業史』。

清水潤三、一九六八年、「古代の船――日本の丸木船を中心に」、須藤利一編『船』法政大学出版局、三一―五五頁。

――、一九七五年、「日本古代の船」、大林太良編『船』社会思想社、一一―八三頁。

――、一九八二年、「古代の船――とくに最近の成果について」、稲・舟・祭刊行世話人編『稲・舟・祭』六興出版、二六三―二七四頁。

下野敏見、一九八〇年、『南西諸島の民俗I』法政大学出版局。

――、一九八三年、「南西諸島の海人」、『山民と海人』小学館、四三五―四八九頁。

――編、一九八八年、『屋久町の民俗』屋久町教育委員会。

白老民族文化伝承保存財団・アイヌ民族博物館編、一九八八年、『近代白老アイヌのあゆみ　シラオイコタン(木下清蔵遺作写真集)』。

静岡県、一九八九年、『静岡県史　資料篇二三(民俗一)』。

――、一九九一年、『静岡県史　資料篇二五(民俗三)』。

静岡県漁業組合取締所編、一八九四年、『静岡県水産誌』。

静岡県内務部、一九一三年、『静岡県の産業　二』。

スノー・H・J、一九八〇年、『千島列島黎明記』馬場脩・大久保義昭訳、講談社。

宋林武、一九八六年、『雲南画報』五号、三四頁。

STEERE, J. B., 1875, "Formosa," *Journal of American Geographical Society of New York* 6 : 302-334.
末木文美士・石山禎一・八城圀衛、一九七九年、『シーボルト「日本」図録　三』雄松堂書店。
菅江真澄、一九六七年、『菅江真澄遊覧記　三』内田武志・宮本常一編訳、平凡社。
SUDER, H., 1930, "Vom Einbaum und Floss zum Schiff," *Veröffentlichungen des Instituts für Meereskunde* B-7, 143pp.
末尾至行、一九五五年、「近世若狭大網漁業史」、『地理学評論』二八巻一〇号、五一一―五二三頁。
鈴木牧之編撰、一八四一年、『北越雪譜』(岡田武松校訂、一九三六年、岩波書店)。

【T】

田原久、一九七七年、「大船渡のまるた」、日本ナショナルトラスト編『全国民俗博物館総覧』柏書房、四六九頁。

高木善助著、原口虎雄校訂『薩陽往返記事』(宮本常一・谷川健一・原口虎雄編、一九六九年、『日本庶民生活資料集成二(探検・紀行・地誌　西国篇)』三一書房、六〇九―七〇三頁)。

高橋卓郎、一九九一年、「現代に生きる冠島の古代信仰」、森浩一編『日本海と出雲世界』(海と列島文化二) 小学館、四五九―五〇四頁。

高松町史編纂委員会編、一九七四年、『石川県高松町史』高松町。

田中阿歌麿、一九一八年、『湖沼学上より見たる諏訪湖の研究 (下)』岩波書店。

田中幹夫、一九八二年、「東北地方の漁村資料Ⅰ　手漕ぎ船に見られる刳貫き技法の継承 (その一)」、『東北歴史資料館研究紀要』八号、三三―五六頁。

――――、一九八三年、「東北地方の漁村資料Ⅱ　手漕ぎ船に見られる刳貫き技法の継承 (その二)」、『東北歴史資料館研究紀要』九号、三五―六八頁。

田村勇、一九八八年、「陸奥湾と艪の技術伝承」、国分直一・高松敬吉編『東北の民俗――海と川と人』慶友社、一〇一―一二〇頁。

館岡春波、一九二一年、「独木舟に就て」、『土の鈴』八号、九二―九四頁。

逓信省管船局、一九〇九年、『日本海運図史』。

寺島良安、『和漢三才図会』(島田勇雄・竹島淳夫・樋口元巳訳注、一九八六年、『和漢三才図会 五』平凡社)。

東京大学史料編纂所編、一九六二年、『大日本古記録 (梅津政景日記八)』岩波書店。

東京帝国大学編、一九二六年、『大日本史料 第八巻之一一』史料編算掛。

富樫泰時、一九七〇年、「八郎潟湖底発見のくり船について」、『貝塚』物質文化研究会、四号、六―一三頁。

――、一九八五年、『日本の古代遺跡二四 秋田』保育社。

富木隆蔵・林正崇、一九六一年、「田沢湖のまる木舟について」、『出羽路』一四号、三二―三九頁。

富木友治編、一九五九年、『田沢湖』瑞木の会。

富田礼彦編、一八七三年、『斐太後風土記』(蘆田伊人編、一九七七年『大日本地誌体系 斐太後風土記 上巻』雄山閣)。

鳥越皓之文・樋口健二写真、一九八一年、『最後の丸木舟』御茶の水書房。

富山県編、一九七三年、『富山県史 (民俗編)』。

富山県教育委員会編、一九七三年、『富山県内漁村地域民俗資料緊急調査報告書 その二 (県東部)』。

富山県立氷見高等学校歴史クラブ、一九五九年、『氷見漁業史』。

富山県水産講習所、一九一六年、『富山県水産講習所報告 (大正三年度)』。

豊田君仙子、一九二一年、「独木舟」、『土の鈴』八号、九四―九五頁。

辻井善弥、一九七七年、『磯漁の話――一つの漁撈文化史』北斗書房。

――、一九七七年、「磯漁船」、『民具マンスリー』一〇巻六号、一―一〇頁。

敦賀市史編さん委員会編、一九八五年、『敦賀市史 通史篇上』敦賀市役所。

トゥゴルコフ・B・A、加藤九祚解説、一九八一年、『トナカイに乗った狩人たち 北方ツングース民族誌』斎藤晨二訳、刀水書房。

朝鮮総督府農商工部、一九一一年、『韓国水産誌 四』。

【U】

上江洲均、一九八〇年、『沖縄の民具』慶友社。

UNDERWOOD, H. H., 1934, "Korean Boats and Ships," *Transactions of the Royal Asiatic Society, Korea Branch* 23: 1-99.

魚津市史編纂委員会編、一九七二年、『魚津市史　下』魚津市役所。

内橋潔、一九五五年、「加賀のベカ（船）について」、『加能民俗』二巻一五号、一―三頁。

――、一九五八年、「民具伝播の実例、越後市振の車櫂」、『高志路』一八〇号、一―二頁。

内海延吉、一九六〇年、『海鳥のなげき――漁と魚の風土記』いさな書房。

漆間元三、一九八九年、『日本の川　自然と民俗　四』新公論社。

【V】
Vice-Amiral Paris, 1882, *Souvenirs de Marines* 1.

【W】

王冠倬、一九八三年、「従文物資料看中国古代造船技術的発展」、『中国歴史博物館館刊』五号、一七―三二頁。

――編、一九九一年、『中国古船』海洋出版社。

王正書、一九八三年、「川揚河古船発掘簡報」、『文物』七号、五〇―五三、九五頁。

呉達期・徐永吉、一九八二年、「江蘇武進県出土漢代木船的木材鑑定」、『考古』一八一号、四二〇―四二三頁。

呉幅員原輯、一九八四年、『流求與鶏籠山』成文出版社。

武進県文化館・常州市博物館、一九八二年、「江蘇武進県出土漢代木船」、『考古』一八一号、三七三―三七六頁。

【X】

辛元欧、一九八五年、「中国古代船舶人力推進和操縦机具的発展」、『船史研究』一号、四七―六三頁。

【Y】


藪内芳彦、一九五八年、『漁村の生態』古今書院。

山田開蔵、一九五二年、『郷土研究会レポート(浜の史的考察)』。

山田健、一九七八年、「北海道における和船型木造漁船の調査――三半・保津船のコガタ線図(3)」、『北海道開拓記念館調査報告』一六号、七七―八六頁。

――、一九七九年、「北海道における和船型木造漁船の調査――三半・保津船のコガタ線図(4)」、『北海道開拓記念館調査報告』一八号、四三―五五頁。

山口和雄、一九三九年、『近世越中灘浦台網漁業史』アチックミューゼアム。

――、一九四八年、『日本漁業経済史研究』北隆館。

山口県教育委員会、一九七七年、『山口県文化財要録　三』。

山本祐弘、一九七〇年、『樺太アイヌ・住居と民具』相模書房。

「山に生かされた日々」刊行委員会編、一九八四年、『山に生かされた日々――新潟県朝日村奥三面の生活誌』。

山下恒夫再編、一九九二年、「馬丹島漂流記」、『石井研堂コレクション　江戸漂流記総集一』日本評論社、一七一―一九一頁。

――再編、一九九二年、「神力丸馬丹漂流口書」、『石井研堂コレクション　江戸漂流記総集四』日本評論社、一二三―二〇〇頁。

柳田国男、一九二五年、『海南小記』(一九八九年、『柳田国男全集　一』筑摩書房、二九七―五二三頁)。

――、一九四〇年、「海上文化」(一九八九年、『柳田国男全集　二』筑摩書房、六二二―六五一頁)。

――、一九四一年、『豆の葉と太陽』(一九八九年、『柳田国男全集　二』筑摩書房、三四五―五六三頁)。

――、一九四九年、『海村生活の研究』(一九七五年、国書刊行会)。

――、一九六一年、『海上の道』(一九八九年、『柳田国男全集　一』筑摩書房、七―二九六頁)。

横山彌四郎、一九五四年、「隠岐島前艫戸船断片」、『山陰民俗』二号、三〇―三二頁。

四柳嘉章、一九七七年、「ドウブネの研究」、『加能民俗研究』五号、四四―六〇頁。

――、一九八二年、「近世のドウブネ」、『加能民俗研究』一〇号、三一〇―三一三頁。

四柳嘉孝、一九五一年、『能登半島の生活慣習研究』。

由良勇、一九九五年、『北海道の丸木舟』マルヨシ印刷。


【Z】

(財)北海道埋蔵文化財センター編、一九九七年、『美沢川流域の遺跡群XX』。

湛江地区博物館・化州県文化館、一九七九年、「広東省化州県石寧村発現六艘東漢独木舟」、『文物』一二期、二九―三一頁。

おわりに

本書の骨子は、一九九五年に出版した『日本と周辺アジアの伝統的船舶——その文化地理学的研究』（文献出版）と題する学位論文の成果に負うところが大きい。もっとも前書は、丸木舟のほか、筏舟や樹皮舟などをふくめて比較検討した大部のもので、しかもこれまでの研究集成という本の性格上、専門家以外の目にはふれにくいものであった。

そこで、本書では、シリーズにふさわしく、丸木舟にしぼり、知見を前進させ、かつより多くの方々に読んでいただけるよう、わかりやすく書くことをこころがけた。

私の舟の研究は、もうかれこれ二〇年になる。省みれば長いつきあいである。だが、飽くことなく、尽きることがない。このような研究対象に出会えためぐり合わせをありがたいと思う。

とはいえ、丸木舟の研究を志す者は、今後そう現われることはないだろう。それは、丸木舟がいよいよ終焉をむかえつつあるという現実と、当該分野が既存の学問体系におさまりにくいという現実によっている。

なればこそ、私のえた知見は、極力形にし、今後の思索へつなげていくのがまっとうな処世であろう。

ともあれ、本書は、丸木舟というめだたぬ小窓から世界を眺め、見える世界を描いたまでである。だが、それは案外、丸木舟に限定されない「ものと人間」の関係を語っていると思う。

しかも、その関係の一層の探求は、今後とても新鮮な知の地平を生みだすことと予感する。ただし、それはいささか煩雑で時間のかかるディテールに分け入るところから生まれるということも確信する。

ぜひご通読いただきたい。

ところで、私の研究は、このような丸木舟研究と平行し、ウミとオカが交差する水辺の暮らしの景観研究にもむかいつつある。看板は、すでに表裏区別することがむずかしくなってきたようだ。

また現代を研究対象とする以上、「いまが最後」という共通の自覚のなかで実践されていく同時代の遺産化の動きにも無関心ではいられない。滋賀県立琵琶湖博物館の丸子舟復元や邑智町カヌー博物館の川舟製作、海の博物館の舟の収集など在来船の復元製作や記録保存事業に積極的にかかわるなかでえたことがらも多かった。

願わくば、遺産化を脱して地域生活のすみずみに資すること、生活に資さないまでも遺産化に資すること、遺産化に資さないまでもその末路を見届けること、そういう研究でありたいものである。

よって、旅は続く。

いずれの日にか、もう一度丸木舟の本を書きたい。

一人一人お名前をあげることはできないが、本書をしあげるまでに多くの方々との出会いがあり、お世話になった。たくさんの文献も活用させていただいた。感謝にたえない。

春というお約束から、桜見すぎ、猛暑こらえ、紅葉枯れて、はや翌年の梅の芽ぶきまで、筆の鈍りを耐えに耐え、刊行に尽力くださった法政大学出版局の編集部の皆様にもお礼申し上げたい。

そしてまた、本書を手にとってくださった同時代の皆様、あいまみえることのなかった遠き未来の諸氏へ、読んでいただき、どうもありがとうございます。

二〇〇〇年十月

出口晶子

著者略歴

出口晶子（でぐち　あきこ）

1957年京都府生まれ．関西学院大学大学院文学研究科博士課程後期課程単位取得．文学博士．民俗・文化地理学専攻．関西外国語大学国際言語学部助教授．著書：『日本と周辺アジアの伝統的船舶――その文化地理学的研究』（文献出版），『川辺の環境民俗学――鮭遡上河川・越後荒川の人と自然』（名古屋大学出版会），『舟景の民俗――水辺のモノグラフィ・琵琶湖』（雄山閣出版）．

ものと人間の文化史　98・丸木舟（まるきぶね）

2001年２月１日　初版第１刷発行
2006年７月10日　　　第２刷発行

発行所　財団法人　法政大学出版局
〒102-0073 東京都千代田区九段北3-2-7
電話03(5214)5540／振替00160-6-95814
印刷／平文社　製本／鈴木製本所

Printed in Japan

ISBN4-588-20981-7

ものと人間の文化史

★第9回梓会出版文化賞受賞

文化の基礎をなすと同時に人間のつくり上げたもっとも具体的な「かたち」である個々の「もの」について、その根源から問い直し、「もの」とのかかわりにおいて営々と築かれてきたくらしの具体相を通じて歴史を捉え直す

1 須藤利一編
船
海国日本では古来、漁業・水運・交易はもとより、大陸文化も船によって運ばれた。本書は造船技術、航海の模様の推移を中心に、漂流、船霊信仰、伝説の数々を語る。四六判368頁 '68

2 直良信夫
狩猟
人類の歴史は狩猟から始まった。本書は、わが国の遺跡に出土する獣骨、猟具の実証的考察をおこないながら、狩猟をつうじて発展した人間の知恵と生活の軌跡を辿る。四六判272頁 '68

3 立川昭二
からくり
〈からくり〉は自動機械であり、驚嘆すべき庶民の技術的創意がこめられている。本書は、日本と西洋のからくりを発掘・復元・遍歴し、埋もれた技術の水脈をさぐる。四六判410頁 '69

4 久下司
化粧
美を求める人間の心が生みだした化粧―その手法と道具に語らせた人間の欲望と本性、そして社会関係。歴史を遡り、全国を踏査して書かれた比類ない美と醜の文化史。四六判368頁 '70

5 大河直躬
番匠
番匠はわが国中世の建築工匠。地方・在地を舞台に開花した彼らの造型・装飾・工法等の諸技術、さらに信仰と生活等、職人以前の独自で多彩な工匠的世界を描き出す。四六判288頁 '71

6 額田巌
結び
〈結び〉の発達は人間の叡知の結晶である。本書はその諸形態および技法を作業・装飾・象徴の三つの系譜に辿り、〈結び〉のすべてを民俗学的・人類学的に考察する。四六判264頁 '72

7 平島裕正
塩
人類史に貴重な役割を果たしてきた塩をめぐって、発見から伝承・製造技術の発展過程にいたる総体を歴史的に描き出すとともに、その多彩な効用と味覚の秘密を解く。四六判272頁 '73

8 潮田鉄雄
はきもの
田下駄・かんじき・わらじなど、日本人の生活の礎となってきた伝統的はきものの成り立ちと変遷を、二〇年余の実地調査と細密な観察・描写によって辿る庶民生活史　四六判280頁 '73

9 井上宗和
城
古代城塞・城柵から近世代名の居城として集大成されるまでの日本の城の変遷を辿り、文化の各領野で果たしてきたその役割を再検討。あわせて世界城郭史に位置づける。四六判310頁 '73

10 室井綽
竹
食生活、建築、民芸、造園、信仰等々にわたって、竹と人間との交流史は驚くほど深く永い。その多岐にわたる発展の過程を個々に辿り、竹の特異な性格を浮彫にする。四六判324頁 '73

11 宮下章
海藻
古来日本人にとって生活必需品とされてきた海藻をめぐって、その採取・加工法の変遷、商品としての流通史および神事・祭事での役割に至るまでを歴史的に考証する。四六判330頁 '74

12 岩井宏實
絵馬
古くは祭礼における神への献馬にはじまり、民間信仰と絵画のみごとな結晶として民衆の手で描かれ祀り伝えられてきた各地の絵馬を豊富な写真と史料によってたどる。四六判302頁 '74

13 吉田光邦
機械
畜力・水力・風力などの自然のエネルギーを利用し、幾多の改良を経て形成された初期の機械の歩みを検証し、日本文化の形成における科学・技術の役割を再検討する。四六判242頁 '74

14 千葉徳爾
狩猟伝承
狩猟には古来、感謝と慰霊の祭祀がともない、人獣交渉の豊かで意味深い歴史があった。狩猟用具、巻物、儀式具、またけものたちの生態を通して語る狩猟文化の世界。四六判346頁 '75

15 田淵実夫
石垣
採石から運搬、加工、石積みに至るまで、石垣の造成をめぐって積み重ねられてきた石工たちの苦闘の足跡を掘り起こし、その独自な技術の形成過程と伝承を集成する。四六判224頁 '75

16 高嶋雄三郎
松
日本人の精神史に深く根をおろした松の伝承に光を当て、食用、薬用等の実用の松、祭祀・観賞用の松、さらに文学・芸能・美術に表現された松のシンボリズムを説く。四六判342頁 '75

17 直良信夫
釣針
人と魚との出会いから現在に至るまで、釣針がたどった一万有余年の変遷を、世界各地の遺跡出土物を通して実証しつつ、漁撈によって生きた人々の生活と文化を探る。四六判278頁 '76

18 吉川金次
鋸
鋸鍛冶の家に生まれ、鋸の研究を生涯の課題とする著者が、出土遺品や文献・絵画により各時代の鋸を復元・実験し、庶民の手仕事にみられる驚くべき合理性を実証する。四六判360頁 '76

19 飯沼二郎／堀尾尚志
農具
鍬と犂の交代・進化の歩みとして発達したわが国農耕文化の発展経過を世界史的視野において再検討しつつ、無名の農具たちによる驚くべき創意のかずかずを記録する。四六判220頁 '76

20 額田巌
包み
結びとともに文化の起源にかかわる〈包み〉の系譜を人類史的視野において捉え、衣・食・住をはじめ社会・経済史、信仰、祭事などにおけるその実際と役割とを描く。四六判354頁 '77

21 阪本祐二
蓮
仏教における蓮の象徴的位置の成立と深化、美術・文芸等に見る人間とのかかわりを歴史的に考察。また大賀蓮はじめ多様な品種とその来歴を紹介しつつその美を語る。四六判306頁 '77

22 小泉袈裟勝
ものさし
ものをつくる人間にとって最も基本的な道具であり、数千年にわたって社会生活を律してきたその変遷を実証的に追求し、歴史の中で果たしてきた役割を浮彫りにする。四六判314頁 '77

23-I 増川宏一
将棋I
その起源を古代インドに、我国への伝播の道すじを海のシルクロードに探り、また伝来後一千年におよぶ日本将棋の変化と発展を盤、駒、ルール等にわたって跡づける。四六判280頁 '77

23-II 増川宏一
将棋II
わが国伝来後の普及と変遷を貴族や武家・豪商の日記等に博捜し、遊戯者の歴史をあとづけると共に、中国伝来説の誤りを正し、将棋宗家の位置と役割を明らかにする。四六判346頁 '85

24 金井典美
湿原祭祀 第2版
古代日本の自然環境に着目し、各地の湿原聖地を稲作社会との関連において捉え直して古代国家成立の背景を浮彫にしつつ、水と植物にまつわる日本人の宇宙観を探る。四六判410頁 '77

25 三輪茂雄
臼
臼が人類の生活文化の中で果たしてきた役割を、各地に遺る貴重な民俗資料・伝承と実地調査にもとづいて解明。失われゆく道具のなかに、未来の生活文化の姿を探る。四六判412頁 '78

26 盛田嘉徳
河原巻物
中世末期以来の被差別部落民が生きる権利を守るために偽作し護り伝えてきた河原巻物を全国にわたって踏査し、そこに秘められた最底辺の人びとの叫びに耳を傾ける。四六判226頁 '78

27 山田憲太郎
香料 日本のにおい
焼香供養の香から趣味としての薫物へ、さらに沈香木を焚く香道へと変遷した日本の「匂い」の歴史を豊富な史料に基づいて辿り、我国風俗史の知られざる側面を描く。四六判370頁 '78

28 景山春樹
神像 神々の心と形
神仏習合によって変貌しつつも、常にその原型＝自然を保持してきた日本の神々の造型を図像学的方法によって捉え直し、その多彩な形象に日本人の精神構造をさぐる。四六判342頁 '78

29 増川宏一
盤上遊戯
祭具・占具としての発生を『死者の書』をはじめとする古代の文献にさぐり、形状・遊戯法を分類しつつその〈進化〉の過程を考察。〈遊戯者たちの歴史〉をも跡づける。四六判326頁 '78

30 田淵実夫
筆
筆の里・熊野に筆づくりの現場を訪ねて、筆匠たちの境涯と製筆の由来を克明に記録しつつ、筆の発生と変遷、種類、製筆法、さらには筆塚、筆供養にまで説きおよぶ。四六判204頁 '78

31 橋本鉄男
ろくろ
日本の山野を漂移しつづけ、高度の技術文化と幾多の伝説とをもたらした特異な旅職集団＝木地屋の生態を、その呼称、地名、伝承、文書等をもとに生き生きと描く。四六判460頁 '79

32 吉野裕子
蛇
日本古代信仰の根幹をなす蛇巫をめぐって、祭事におけるさまざまな蛇の「もどき」や各種の蛇の造型・伝承に鋭い考証を加え、忘れられたその呪性を大胆に暴き出す。四六判250頁 '79

33 岡本誠之
鋏（はさみ）
梃子の原理の発見から鋏の誕生に至る過程を推理し、日本鋏の特異な歴史的位置を明らかにするとともに、刀鍛冶等から転進した鋏職人たちの創意と苦闘の跡をたどる。四六判396頁 '79

34 廣瀬鎮
猿
嫌悪と愛玩、軽蔑と畏敬の交錯する日本人とサルとの関わりあいの歴史を、狩猟伝承や祭祀・風習、美術・工芸や芸能のなかに探り、日本人の動物観を浮彫りにする。四六判292頁 '79

35 矢野憲一
鮫
神話の時代から今日まで、津々浦々につたわるサメの伝承とサメをめぐる海の民俗を集成し、神饌、食用、薬用等に活用されてきたサメと人間のかかわりの変遷を描く。四六判292頁 '79

36 小泉袈裟勝
枡
米の経済の枢要をなす器として千年余にわたり日本人の生活の中に生きてきた枡の変遷をたどり、記録・伝承をもとにこの独特な計量器が果たした役割を再検討する。四六判322頁 '80

37 田中信清
経木
食品の包装材料として近年まで身近に存在した経木の起源を、こけら経や塔婆、木簡、屋根板等に遡って明らかにし、その製造・流通に携った人々の労苦の足跡を辿る。四六判288頁 '80

38 前田雨城
色　染と色彩
わが国古代の染色技術の復元と文献解読をもとに日本色彩史を体系づけ、赤・白・青・黒等におけるわが国独自の色彩感覚を探りつつ日本文化における色の構造を解明。四六判320頁 '80

39 吉野裕子
狐
陰陽五行と稲荷信仰

その伝承と文献を渉猟しつつ、中国古代哲学＝陰陽五行の原理の応用という独自の視点から、謎とされてきた稲荷信仰と狐との密接な結びつきを明快に解き明かす。 四六判２３２頁 '80

40-Ⅰ 増川宏一
賭博Ⅰ

時代、地域、階層を超えて連綿と行なわれてきた賭博。――その起源を古代の神判、スポーツ、遊戯等の中に探り、抑圧と許容の歴史を物語る。全Ⅲ分冊の〈総説篇〉。 四六判２９８頁 '80

40-Ⅱ 増川宏一
賭博Ⅱ

古代インド文学の世界からラスベガスまで、賭博の形態・用具・方法の時代的特質を明らかにし、夥しい禁令に賭博の不滅のエネルギーを見る。全Ⅲ分冊の〈外国篇〉。 四六判４５６頁 '82

40-Ⅲ 増川宏一
賭博Ⅲ

聞香、闘茶、笠附等、わが国独特の賭博を中心にその具体例を網羅し、方法の変遷に賭博の時代性を探りつつ禁令の改廃に時代の賭博観を追う。全Ⅲ分冊の〈日本篇〉。 四六判３８８頁 '83

41-Ⅰ むしゃこうじ・みのる
地方仏Ⅰ

古代から中世にかけて全国各地で作られた無銘の仏像を訪ね、素朴で多様なノミの跡に民衆の祈りと地域の願望を探る。宗教の伝播、文化の創造を考える異色の紀行。 四六判２５６頁 '80

41-Ⅱ むしゃこうじ・みのる
地方仏Ⅱ

紀州や飛騨を中心に草の根の仏たちを訪ねて、その相好と像容の魅力を探り、技法を比較考証して仏像彫刻史に位置づけつつ、中世地域社会の形成と信仰の実態に迫る。 四六判２６０頁 '97

42 岡田芳朗
南部絵暦

田山・盛岡地方で「盲暦」として古くから親しまれてきた独得の絵解き暦を詳しく紹介しつつその全体像を復元する。その無類の生活暦は、南部農民の哀歓をつたえる。 四六判２８８頁 '80

43 青葉高
野菜
在来品種の系譜

蕪、大根、茄子等の日本在来野菜をめぐって、その渡来・伝播経路、品種分布と栽培のいきさつを各地の伝承や古記録をもとに辿り、畑作文化の源流とその風土を描く。 四六判３６８頁 '81

44 中沢厚
つぶて

弥生投弾、古代・中世の石戦と印地の様相、投石具の発達を展望しつつ、願かけの小石、正月つぶて、石こづみ等の習俗を辿り、石塊に託した民衆の願いや怒りを探る。 四六判３３８頁 '81

45 山田幸一
壁

弥生時代から明治期に至るわが国の壁の変遷を壁塗＝左官工事の側面から辿り直し、その技術的復元・考証を通じて建築史・文化史における壁の役割を浮き彫りにする。 四六判２９６頁 '81

46 小泉和子
箪笥（たんす）
★第II回江馬賞受賞
近世における箪笥の出現＝箱から抽斗への転換に着目し、以降近現代に至るその変遷を社会・経済・技術の側面からあとづける。著者自身による箪笥製作の記録を付す。四六判３７８頁 '82

47 松山利夫
木の実
山村の重要な食糧資源であった木の実をめぐる各地の記録・伝承を集成し、その採集・加工における幾多の試みを実地に検証しつつ、稲作農耕以前の食生活文化を復元。四六判３８４頁 '82

48 小泉袈裟勝
秤（はかり）
秤の起源を東西に探るとともに、わが国律令制下における中国制度の導入、近世商品経済の発展に伴う秤座の出現、明治期近代化政策による洋式秤受容等の経緯を描く。四六判３２６頁 '82

49 山口健児
鶏（にわとり）
神話・伝説をはじめ遠い歴史の中の鶏を古今東西の伝承・文献に探り、特に我国の信仰・絵画・文学等に遺された鶏の足跡を追って、鶏をめぐる民俗の記憶を蘇らせる。四六判３４６頁 '83

50 深津正
燈用植物
人類が燈火を得るために用いてきた多種多様な植物との出会いと個々の植物の来歴、特性及びはたらきを詳しく検証しつつ「あかり」の原点を問いなおす異色の植物誌。四六判４４２頁 '83

51 吉川金次
斧・鑿・鉋（おの・のみ・かんな）
古墳出土品や文献・絵画をもとに、古代から現代までの斧・鑿・鉋を復元・実験し、労働体験によって生まれた民衆の知恵と道具の変遷を蘇らせる異色の日本木工具史。四六判３０４頁 '84

52 額田巌
垣根
大和・山辺の道に神々と垣との関わりを探り、各地に垣の伝承を訪ねて、寺院の垣、民家の垣、露地の垣など、風土と生活に培われた生垣の独特のはたらきと美を描く。四六判２３４頁 '84

53-I 四手井綱英
森林I
森林生態学の立場から、森林のなりたちとその生活史を辿りつつ、産業の発展と消費社会の拡大により刻々と変貌する森林の現状を語り、未来への再生のみちをさぐる。四六判３０６頁 '85

53-II 四手井綱英
森林II
森林と人間との多様なかかわりを包括的に語り、人と自然が共生するための森や里山をいかにして創出するか、森林再生への具体的な方策を提示する21世紀への提言。四六判３０８頁 '98

53-III 四手井綱英
森林III
地球規模で進行しつつある森林破壊の現状を実地に踏査し、森と人が共存する日本人の伝統的自然観を未来へ伝えるために、いま何が必要なのかを具体的に提言する。四六判３０４頁 '00

54 酒向昇
海老（えび）
人類との出会いからエビの科学、漁法、さらには調理法を語り、めでたい姿態と色彩にまつわる多彩なエビの民俗を、地名や人名、詩歌・文学、絵画や芸能の中に探る。四六判428頁 '85

55-I 宮崎清
藁（わら）I
稲作農耕とともに二千年余の歴史をもち、日本人の全生活領域に生きてきた藁の文化を日本文化の原型として捉え、風土に根ざしたそのゆたかな遺産を詳細に検討する。四六判400頁 '85

55-II 宮崎清
藁（わら）II
床・畳から壁・屋根にいたる住居における藁の製作・使用のメカニズムを明らかにし、日本人の生活空間における藁の役割を見なおすとともに、藁の文化の復権を説く。四六判400頁 '85

56 松井魁
鮎
清楚な姿態と独特な味覚によって、日本人の目と舌を魅了しつづけてきたアユ——その形態と分布、生態、漁法等を詳述し、古今のアユ料理や文芸にみるアユにおよぶ。四六判296頁 '86

57 額田巌
ひも
物と物、人と物とを結びつける不思議な力を秘めた「ひも」の謎を追って、民俗学的視点から多角的なアプローチを試みる。『結び』、『包み』につづく三部作の完結篇。四六判250頁 '86

58 北垣聰一郎
石垣普請
近世石垣の技術者集団「穴太」の足跡を辿り、各地城郭の石垣遺構の実地調査と資料・文献をもとに石垣普請の歴史的系譜を復元しつつ石工たちの技術伝承を集成する。四六判438頁 '87

59 増川宏一
碁
その起源を古代の盤上遊戯に探ると共に、定着以来二千年の歴史を時代の状況や遊び手の社会環境との関わりにおいて跡づける。逸話や伝説を排して綴る初の囲碁全史。四六判366頁 '87

60 南波松太郎
日和山（ひよりやま）
千石船の時代、航海の安全のために観天望気した日和山——多くは忘れられ、あるいは失われた船舶・航海史の貴重な遺跡を追って、全国津々浦々におよんだ調査紀行。四六判382頁 '88

61 三輪茂雄
篩（ふるい）
臼とともに人類の生産活動に不可欠な道具であった篩、箕(み)、笊(ざる)の多彩な変遷を豊富な図解入りでたどり、現代技術の先端に再生するまでの歩みをえがく。四六判334頁 '89

62 矢野憲一
鮑（あわび）
縄文時代以来、貝肉の美味と貝殻の美しさによって日本人を魅了し続けてきたアワビ——その生態と養殖、神饌としての歴史、漁法、螺鈿の技法からアワビ料理に及ぶ。四六判344頁 '89

63 むしゃこうじ・みのる
絵師
日本古代の渡来画工から江戸前期の菱川師宣まで、時代の代表的絵師の列伝で辿る絵画制作の文化史。前近代社会における絵画の意味や芸術創造の社会的条件を考える。四六判230頁 '90

64 碓井益雄
蛙（かえる）
動物学の立場からその特異な生態を描き出すとともに、和漢洋の文献資料を駆使して故事・習俗・神事・民話・文芸・美術工芸にわたる蛙の多彩な活躍ぶりを活写する。四六判382頁 '89

65-I 竹内淳子
藍（あい）I　風土が生んだ色
全国各地の〈藍の里〉を訪ねて、藍栽培から染色・加工のすべてにわたり、藍とともに生きた人々の伝承を克明に描き、風土と人間が生んだ〈日本の色〉の秘密を探る。四六判416頁 '91

65-II 竹内淳子
藍（あい）II　暮らしが育てた色
日本の風土に生まれ、伝統に育てられた藍が、今なお暮らしの中で生き生きと活躍しているさまを、手わざに生きる人々との出会いを通じて描く。藍の里紀行の続篇。四六判406頁 '99

66 小山田了三
橋
丸木橋・舟橋・吊橋から板橋・アーチ型石橋まで、人々に親しまれてきた各地の橋を訪ねて、その来歴と築橋の技術伝承を辿り、土木文化の伝播・交流の足跡をえがく。四六判312頁 '91

67 宮内悊
箱
★平成三年度日本技術史学会賞受賞

日本の伝統的な箱（櫃）と西欧のチェストを比較文化史の視点から考察し、居住・収納・運搬・装飾の各分野における箱の重要な役割とその多彩な文化を浮彫りにする。四六判390頁 '91

68-I 伊藤智夫
絹 I
養蚕の起源を神話や説話に探り、伝来の時期とルートを跡づけ、記紀・万葉の時代から近世に至るまで、それぞれの時代・社会・階層が生み出した絹の文化を描き出す。四六判304頁 '92

68-II 伊藤智夫
絹 II
生糸と絹織物の生産と輸出が、わが国の近代化にはたした役割を描くと共に、養蚕の道具、信仰や庶民生活にわたる養蚕と絹の民俗、さらには蚕の種類と生態におよぶ。四六判294頁 '92

69 鈴木克美
鯛（たい）
古来「魚の王」とされてきた鯛をめぐって、その生態・味覚から漁法、祭り、工芸、文芸にわたる多彩な伝承文化を語りつつ、鯛と日本人とのかかわりの原点をさぐる。四六判418頁 '92

70 増川宏一
さいころ
古代神話の世界から近現代の博徒の動向まで、さいころの役割を各時代・社会に位置づけ、木の実や貝殻のさいころから投げ棒型や立方体のさいころへの変遷をたどる。四六判374頁 '92

71 樋口清之
木炭
炭の起源から炭焼、流通、経済、文化にわたる木炭の歩みを歴史・考古・民俗の知見を総合して描き出し、独自で多彩な文化を育んできた木炭の尽きせぬ魅力を語る。四六判２９６頁 '93

72 朝岡康二
鍋・釜（なべ・かま）
日本をはじめ韓国、中国、インドネシアなど東アジアの各地を歩きながら鍋・釜の製作と使用の現場に立ち会い、調理をめぐる庶民生活の変遷とその交流の足跡を探る。四六判３２６頁 '93

73 田辺悟
海女（あま）
その漁の実際と社会組織、風習、信仰、民具などを克明に描くとともに海女の起源・分布・交流を探り、わが国漁撈文化の古層としての海女の生活と文化をあとづける。四六判２９４頁 '93

74 刀禰勇太郎
蛸（たこ）
蛸をめぐる信仰や多彩な民間伝承を紹介するとともに、その生態・分布・捕獲法・繁殖と保護・調理法などを集成し、日本人と蛸との知られざるかかわりの歴史を探る。四六判３７０頁 '94

75 岩井宏實
曲物（まげもの）
桶・樽出現以前から伝承され、古来最も簡便・重宝な木製容器として愛用された曲物の加工技術と機能・利用形態の変遷をさぐり、手づくりの「木の文化」を見なおす。四六判３１８頁 '94

76-I 石井謙治
和船 I
★第49回毎日出版文化賞受賞
江戸時代の海運を担った千石船（弁才船）について、その構造と技術、帆走性能を綿密に調査し、通説の誤りを正すとともに、海難と信仰、船絵馬等の考察にもおよぶ。四六判４３６頁 '95

76-II 石井謙治
和船 II
★第49回毎日出版文化賞受賞
造船史から見た著名な船を紹介し、遣唐使船や遣欧使節船、幕末の洋式船における外国技術の導入について論じつつ、船の名称と船型を海船・川船にわたって解説する。四六判３１６頁 '95

77-I 金子功
反射炉 I
日本初の佐賀鍋島藩の反射炉と精錬方＝理化学研究所、島津藩の反射炉と集成館＝近代工場群を軸に、日本の産業革命の時代における人と技術を現地に訪ねて発掘する。四六判２４４頁 '95

77-II 金子功
反射炉 II
伊豆韮山の反射炉をはじめ、全国各地の反射炉建設にかかわった有名無名の人々の足跡をたどり、開国か攘夷かに揺れる幕末の政治と社会の悲喜劇をも生き生きと描く。四六判２２６頁 '95

78-I 竹内淳子
草木布（そうもくふ）I
風土に育まれた布を求めて全国各地を歩き、木綿普及以前に山野の草木を利用して豊かな衣生活文化を築き上げてきた庶民の知られざる知恵のかずかずを実地にさぐる。四六判２８２頁 '95

78-II 竹内淳子

草木布（そうもくふ）II

アサ、クズ、シナ、コウゾ、カラムシ、フジなどの草木の繊維から、どのようにして糸を採り、布を織っていたのか——聞書きをもとに忘れられた技術と文化を発掘する。四六判２８２頁 '95

79-I 増川宏一

すごろくI

古代エジプトのセネト、ヨーロッパのバクギャモン、中近東のナルド、中国の双陸などの系譜に日本の盤雙六を位置づけ、遊戯・賭博としてのその数奇なる運命を辿る。四六判３１２頁 '95

79-II 増川宏一

すごろくII

ヨーロッパの鵞鳥のゲームから日本中世の浄土双六、近世の華麗な絵双六、さらには近現代の少年誌の附録まで、絵双六の変遷を追って時代の社会・文化を読みとる。四六判３９０頁 '95

80 安達巖

パン

古代オリエントに起ったパン食文化が中国・朝鮮を経て弥生時代の日本に伝えられたことを史料と伝承をもとに解明し、わが国パン食文化二〇〇〇年の足跡を描き出す。四六判２６０頁 '96

81 矢野憲一

枕（まくら）

神さまの枕・大嘗祭の枕から枕絵の世界まで、人生の三分の一を共に過す枕をめぐって、その材質の変遷を辿り、伝説と怪談、俗信と民俗、エピソードを興味深く語る。四六判２５２頁 '96

82-I 石村真一

桶・樽（おけ・たる）I

日本、中国、朝鮮、ヨーロッパにわたる厖大な資料を集成してその豊かな文化の系譜を探り、東西の木工技術史を比較しつつ世界史的視野から桶・樽の文化を描き出す。四六判３８８頁 '97

82-II 石村真一

桶・樽（おけ・たる）II

多数の調査資料と絵画・民俗資料をもとにその製作技術を復元し、東西の木工技術を比較考証しつつ、技術文化史の視点から桶・樽製作の実態とその変遷を跡づける。四六判３７２頁 '97

82-III 石村真一

桶・樽（おけ・たる）III

樹木と人間とのかかわり、製作者と消費者とのかかわりを通じて桶樽と生活文化の変遷を考察し、木材資源の有効利用という視点から桶樽の文化史的役割を浮彫にする。四六判３５２頁 '97

83-I 白井祥平

貝I

世界各地の現地調査と文献資料を駆使して、古来至高の財宝とされてきた宝貝のルーツとその変遷を探り、貝と人間とのかかわりの歴史を「貝貨」の文化史として描く。四六判３８６頁 '97

83-II 白井祥平

貝II

サザエ、アワビ、イモガイなど古来人類とかかわりの深い貝をめぐって、その生態・分布・地方名、装身具や貝貨としての利用法などを豊富なエピソードを交えて語る。四六判３２８頁 '97

83-Ⅲ　白井祥平
貝Ⅲ
シンジュガイ、ハマグリ、アカガイ、シャコガイなどをめぐって世界各地の民族誌を渉猟し、それらが人類文化に残した足跡を辿る。参考文献一覧／総索引を付す。　四六判392頁　'97

84　有岡利幸
松茸（まつたけ）
秋の味覚として古来珍重されてきた松茸の由来を求めて、稲作文化と里山（松林）の生態系から説きおこし、日本人の伝統的生活文化の中に松茸流行の秘密をさぐる。　四六判296頁　'97

85　朝岡康二
野鍛冶（のかじ）
鉄製農具の製作・修理・再生を担ってきた農鍛冶の歴史的役割を探り、近代化の大波の中で変貌する職人技術の実態をアジア各地のフィールドワークを通して描き出す。　四六判280頁　'98

86　菅　洋
稲　品種改良の系譜
作物としての稲の誕生、稲の渡来と伝播の経緯から説きおこし、明治以降主として庄内地方の民間育種家の手によって飛躍的発展をとげたわが国品種改良の歩みを描く。　四六判332頁　'98

87　吉武利文
橘（たちばな）
永遠のかぐわしい果実として日本の神話・伝説に特別の位置を占めて語り継がれてきた橘をめぐって、その育まれた風土とかずかずの伝承の中に日本文化の特質を探る。　四六判286頁　'98

88　矢野憲一
杖（つえ）
神の依代としての杖や仏教の錫杖に杖と信仰とのかかわりを探り、人類が突きつつ歩んだその歴史と民俗を興味ぶかく語る。多彩な材質と用途を網羅した杖の博物誌。　四六判314頁　'98

89　渡部忠世／深澤小百合
もち（糯・餅）
モチイネの栽培・育種から食品加工、民俗、儀礼にわたってそのルーツと伝承の足跡をたどり、アジア稲作文化という広範な視野からこの特異な食文化の謎を解明する。　四六判330頁　'98

90　坂井健吉
さつまいも
その栽培の起源と伝播経路を跡づけるとともに、わが国伝来後四百年の経緯を詳細にたどり、世界に冠たる育種と栽培・利用法を築いた人々の知られざる足跡をえがく。　四六判328頁　'99

91　鈴木克美
珊瑚（さんご）
海岸の自然保護に重要な役割を果たす岩石サンゴから宝飾品として知られる宝石サンゴまで、人間生活と深くかかわってきたサンゴの多彩な姿を人類文化史として描く。　四六判370頁　'99

92-Ⅰ　有岡利幸
梅Ⅰ
万葉集、源氏物語、五山文学などの古典や天神信仰に表れた梅の足跡を克明に辿りつつ日本人の精神史に刻印された梅を浮彫にし、梅と日本人の二〇〇〇年史を描く。　四六判274頁　'99

92-II 有岡利幸
梅II
その植生と栽培、伝承、梅の名所や鑑賞法の変遷から戦前の国定教科書に表れた梅まで、梅と日本人との多彩なかかわりを探り、桜との対比において梅の文化史を描く。 四六判338頁 '99

93 福井貞子
木綿口伝（もめんくでん） 第2版
老女たちからの聞書を経糸とし、厖大な遺品・資料を緯糸として、母から娘へと幾代にも伝えられた手づくりの木綿文化を掘り起し、近代の木綿の盛衰を描く。増補版 四六判336頁 '00

94 増川宏一
合せもの
「合せる」には古来、一致させるの他に、競う、闘う、比べる等の意味があった。貝合せや絵合せ等の遊戯・賭博を中心に、広範な人間の営みを「合せる」行為に辿る。 四六判300頁 '00

95 福井貞子
野良着（のらぎ）
明治初期から昭和四〇年までの野良着を収集・分類・整理し、それらの用途と年代、形態、材質、重量、呼称などを精査して、働く庶民の創意にみちた生活史を描く。 四六判292頁 '00

96 山内昶
食具（しょくぐ）
東西の食文化に関する資料を渉猟し、食法の違いを人間の自然に対するかかわり方の違いとして捉えつつ、食具を人間と自然をつなぐ基本的な媒介物として位置づける。 四六判290頁 '00

97 宮下章
鰹節（かつおぶし）
黒潮からの贈り物・カツオの漁法から鰹節の製法や食法、商品としての流通までを歴史的に展望するとともに、沖縄やモルジブ諸島の調査をもとにそのルーツを探る。 四六判382頁 '00

98 出口晶子
丸木舟（まるきぶね）
先史時代から現代の高度文明社会まで、もっとも長期にわたり使われてきた刳り舟に焦点を当て、その技術伝承を辿りつつ、森や水辺の文化の広がりと動態をえがく。 四六判324頁 '01

99 有岡利幸
梅干（うめぼし）
日本人の食生活に不可欠の自然食品・梅干をつくりだした先人たちの知恵に学ぶとともに、健康増進に驚くべき薬効を発揮する、その知られざるパワーの秘密を探る。 四六判300頁 '01

100 森郁夫
瓦（かわら）
仏教文化と共に中国・朝鮮から伝来し、一四〇〇年にわたり日本の建築を飾ってきた瓦をめぐって、発掘資料をもとにその製造技術、形態、文様などの変遷をたどる。 四六判320頁 '01

101 長澤武
植物民俗
衣食住から子供の遊びまで、幾世代にも伝承された植物をめぐる暮らしの知恵を克明に記録し、高度経済成長期以前の農山村の豊かな生活文化を愛惜をこめて描き出す。 四六判348頁 '01

102 向井由紀子／橋本慶子
箸（はし）
そのルーツを中国、朝鮮半島に探るとともに、日本人の食生活に不可欠の食具となり、日本文化のシンボルとされるまでに洗練された箸の文化の変遷を総合的に描く。 四六判334頁 '01

103 赤羽正春
採集 ブナ林の恵み
縄文時代から今日に至る採集・狩猟民の暮らしを復元し、動物の生態系と採集生活の関連を明らかにしつつ、民俗学と考古学の両面から山に生かされた人々の姿を描く。 四六判298頁 '01

104 秋田裕毅
下駄 神のはきもの
古墳や井戸等から出土する下駄に着目し、下駄が地上と地下の他界を結ぶ聖なるはきものであったという大胆な仮説を提出、日本の神々の忘れられた側面を浮彫にする。 四六判304頁 '02

105 福井貞子
絣（かすり）
膨大な絣遺品を収集・分類し、絣産地を実地に調査して絣の技法と文様の変遷を地域別・時代別に跡づけ、明治・大正・昭和の手づくりの染織文化の盛衰を描き出す。 四六判310頁 '02

106 田辺悟
網（あみ）
漁網を中心に、網に関する基本資料を網羅して網の変遷と網をめぐる民俗を体系的に描き出し、網の文化を集成する。「網に関する小事典」「網のある博物館」を付す。 四六判316頁 '02

107 斎藤慎一郎
蜘蛛（くも）
「土蜘蛛」の呼称で畏怖される一方「クモ合戦」など子供の遊びとしても親しまれてきたクモと人間との長い交渉の歴史をその深層に遡って追究した異色のクモ文化論。 四六判320頁 '02

108 むしゃこうじ・みのる
襖（ふすま）
襖の起源と変遷を建築史・絵画史の中に探りつつその用と美を浮彫にし、衝立・障子・屏風等と共に日本建築の空間構成に不可欠の建具となるまでの経緯を描き出す。 四六判270頁 '02

109 川島秀一
漁撈伝承（ぎょろうでんしょう）
漁師たちからの聞き書きをもとに、寄り物、船霊、大漁旗など、漁撈にまつわる〈もの〉の伝承を集成し、海の道によって運ばれた習俗や信仰の民俗地図を描き出す。 四六判334頁 '03

110 増川宏一
チェス
世界中に数億人の愛好者を持つチェスの起源と文化を、欧米における膨大な研究の蓄積を渉猟しつつ探り、日本への伝来の経緯から美術工芸品としてのチェスにおよぶ。 四六判298頁 '03

111 宮下章
海苔（のり）
海苔の歴史は厳しい自然とのたたかいの歴史だった——採取から養殖、加工、流通、消費に至る先人たちの苦難の歩みを史料と実地調査によって浮彫にする食物文化史。 四六判172頁 '03

112 屋根 檜皮葺と柿葺 原田多加司
屋根葺師一〇代の著者が、自らの体験と職人の本懐を語り、連綿として受け継がれてきた伝統の手わざを体系的にたどりつつ伝統技術の保存と継承の必要性を訴える。 四六判340頁 '03

113 水族館 鈴木克美
初期水族館の歩みを創始者たちの足跡を通して辿りなおし、水族館をめぐる社会の発展と風俗の変遷を描き出すとともにその未来像をさぐる初の〈日本水族館史〉の試み。 四六判290頁 '03

114 古着（ふるぎ） 朝岡康二
仕立てと着方、管理と保存、再生と再利用等にわたり衣生活の変容を近代の日常生活の変化として捉え直し、衣服をめぐるリサイクル文化が形成される経緯を描き出す。 四六判292頁 '03

115 柿渋（かきしぶ） 今井敬潤
染料・塗料をはじめ生活百般の必需品であった柿渋の伝承を記録し、文献資料をもとにその製造技術と利用の実態を明らかにして、忘れられた豊かな生活技術を見直す。 四六判294頁 '03

116-I 道I 武部健一
道の歴史を先史時代から説き起こし、古代律令制国家の要請によって駅路が設けられ、しだいに幹線道路として整えられてゆく経緯を技術史・社会史の両面からえがく。 四六判248頁 '03

116-II 道II 武部健一
中世の鎌倉街道、近世の五街道、近代の開拓道路から現代の高速道路網までを通観し、道路を拓いた人々の手によって今日の交通ネットワークが形成された歴史を語る。 四六判280頁 '03

117 かまど 狩野敏次
日常の煮炊きの道具であるとともに祭りと信仰に重要な位置を占めてきたカマドをめぐる忘れられた伝承を掘り起こし、民俗空間の壮大なコスモロジーを浮彫りにする。 四六判292頁 '04

118-I 里山I 有岡利幸
縄文時代から近世までの里山の変遷を人々の暮らしと植生の変化の両面から跡づけ、その源流を記紀万葉に描かれた里山の景観や大和・三輪山の古記録・伝承等に探る。 四六判276頁 '04

118-II 里山II 有岡利幸
明治の地租改正による山林の混乱、相次ぐ戦争による山野の荒廃、エネルギー革命、高度成長による大規模開発など、近代化の荒波に翻弄される里山の見直しを説く。 四六判274頁 '04

119 有用植物 菅 洋
人間生活に不可欠のものとして利用されてきた身近な植物たちの来歴と栽培・育種・品種改良・伝播の経緯を平易に語り、植物と共に歩んだ文明の足跡を浮彫にする。 四六判324頁 '04

120-I 山下渉登
捕鯨I
世界の海で展開された鯨と人間との格闘の歴史を振り返り、「大航海時代」の副産物として開始された捕鯨業の誕生以来四〇〇年にわたる盛衰の社会的背景をさぐる。 四六判314頁 '04

120-II 山下渉登
捕鯨II
近代捕鯨の登場により鯨資源の激減を招き、捕鯨の規制・管理のための国際条約締結に至る経緯をたどり、グローバルな課題としての自然環境問題を浮き彫りにする。 四六判312頁 '04

121 竹内淳子
紅花（べにばな）
栽培、加工、流通、利用の実際を現地に探訪して紅花とかかわってきた人々からの聞き書きを集成し、忘れられた〈紅花文化〉を復元しつつその豊かな味わいを見直す。 四六判346頁 '04

122-I 山内昶
もののけI
日本の妖怪変化、未開社会の〈マナ〉、西欧の悪魔やデーモンを比較考察し、名づけ得ぬ未知の対象を指す万能のゼロ記号〈もの〉をめぐる人類文化史を跡づける博物誌。 四六判320頁 '04

122-II 山内昶
もののけII
日本の鬼、古代ギリシアのダイモン、中世の異端狩り・魔女狩り等々をめぐり、自然＝カオスと文化＝コスモスの対立の中で〈野生の思考〉が果たしてきた役割をさぐる。 四六判280頁 '04

123 福井貞子
染織（そめおり）
自らの体験と厖大な残存資料をもとに、糸づくりから織り、染めにわたる手づくりの豊かな生活文化を見直す。創意にみちた手わざのかずかずを復元する庶民生活誌。 四六判294頁 '05

124-I 長澤武
動物民俗I
神として崇められたクマやシカをはじめ、人間にとって不可欠の鳥獣や魚、さらには人間を脅かす動物など、多種多様な動物たちと交流してきた人々の暮らしの民俗誌。 四六判264頁 '05

124-II 長澤武
動物民俗II
動物の捕獲法をめぐる各地の伝承を紹介するとともに、全国で語り継がれてきた多彩な動物民話・昔話を渉猟し、暮らしの中で培われた動物フォークロアの世界を描く。 四六判266頁 '05

125 三輪茂雄
粉（こな）
粉体の研究をライフワークとする著者が、粉食の発見からナノテクノロジーまで、人類文明の歩みを〈粉〉の視点から捉え直した壮大なスケールの〈文明の粉体史観〉 四六判302頁 '05

126 矢野憲一
亀（かめ）
浦島伝説や「兎と亀」の昔話によって親しまれてきた亀のイメージの起源を探り、古代の亀卜の方法から、亀にまつわる信仰と迷信、鼈甲細工やスッポン料理におよぶ。 四六判330頁 '05

127 川島秀一
カツオ漁
一本釣り、カツオ漁場、船上の生活、船霊信仰、祭りと禁忌など、カツオ漁にまつわる漁師たちの伝承を集成し、黒潮に沿って伝えられた漁民たちの文化を掘り起こす。四六判370頁 '05

128 佐藤利夫
裂織（さきおり）
木綿の風合いと強靱さを生かした裂織の技と美をすぐれたリサイクル文化として見なおす。東西文化の中継地・佐渡の古老たちからの聞書をもとに歴史と民俗をえがく。四六判308頁 '05

129 今野敏雄
イチョウ
「生きた化石」として珍重されてきたイチョウの生い立ちと人々の生活文化とのかかわりの歴史をたどり、この最古の樹木に秘められたパワーを最新の中国文献にさぐる。四六判312頁〔品　切〕'05

130 八巻俊雄
広告
のれん、看板、引札からインターネット広告までを通観し、いつの時代にも広告が人々の暮らしと密接にかかわって独自の文化を形成してきた経緯を描く広告の文化史。四六判276頁 '06

131-I 四柳嘉章
漆（うるし）I
全国各地で発掘された考古資料を対象に科学的解析を行ない、縄文時代から現代に至る漆の技術と文化を跡づける試み。漆が日本人の生活と精神に与えた影響を探る。四六判274頁 '06

131-II 四柳嘉章
漆（うるし）II
遺跡や寺院等に遺る漆器を分析し体系づけるとともに、絵巻物や文学作品の考証を通じて、職人や産地の形成、漆工芸の地場産業としての発展の経緯などを考察する。四六判216頁 '06

132 石村眞一
まな板
日本、アジア、ヨーロッパ各地のフィールド調査と考古・文献・絵画・写真資料をもとにまな板の素材・構造・使用法を分類し、多様な食文化とのかかわりをさぐる。四六判372頁 '06

133-I 赤羽正春
鮭・鱒（さけ・ます）I
鮭・鱒をめぐる民俗研究の前史から現在までを概観するとともに、原初的な漁法から商業的漁法にわたる多彩な漁法と用具、漁場と社会組織の関係などを明らかにする。四六判292頁 '06

133-II 赤羽正春
鮭・鱒（さけ・ます）II
鮭漁をめぐる行事、鮭捕り衆の生活等を聞き取りによって再現し、人工孵化事業の発展とそれを担った先人たちの業績を明らかにするとともに、鮭・鱒の料理におよぶ。四六判352頁 '06

134 増川宏一
遊戯　その歴史と研究の歩み
古代から現代まで、日本と世界の遊戯の歴史を概説し、内外の研究者との交流の中で得られた最新の知見をもとに、研究の出発点と目的を論じ、現状と未来を展望する。四六判296頁 '06